Reinhard Junker

Schöpfung oder Evolution

Ein klarer Fall!?

Impressum

Reinhard Junker

Schöpfung oder Evolution – ein klarer Fall!?

Bibelzitate nach der Übersetzung von Dr. Hermann Menge, gemeinfrei.

Bestell-Nr.: 271746
ISBN: 978-3-86353-746-3

2. Auflage 2022

Christliche Verlagsgesellschaft Dillenburg
www.cv-dillenburg.de
Herausgegeben von der Studiengemeinschaft Wort und Wissen
www.wort-und-wissen.org

Satz: Johannes Weiss, SG Wort und Wissen, Freudenstadt
Umschlaggestaltung: Johannes Weiss, SG Wort und Wissen, Freudenstadt
Umschlagmotiv: stock.adobe.com
Druck: Gutenberg Beuys Feindruckerei GmbH, 30851 Langenhagen

Schöpfung oder Evolution

Ein klarer Fall!?

INHALT

Vorwort

Schöpfung oder Evolution – ein klarer Fall!?

Wie kann man herausfinden, was gestern, vor einer Woche, vor einem Jahr oder vor 100 Jahren passiert ist? Für einen Unbeteiligten kann die Antwort bereits dann schwierig sein, wenn ein Ereignis nur einen Tag zurückliegt – zum Beispiel, wenn geklärt werden soll, was sich letzte Nacht am Bahnhofsvorplatz zugetragen hat. Um zu einem schlüssigen Urteil zu gelangen, braucht man verlässliche Informationen. Man kann Augenzeugen befragen oder sachdienliche Hinweise sammeln. Passt alles widerspruchsfrei zusammen, scheint der Fall gelöst zu sein. Ein klarer Fall!

Je weiter ein Ereignis zurückliegt, desto schwieriger wird die Rekonstruktion. Die Meinungen darüber, was wirklich passiert ist, können stark auseinandergehen. Augenzeugen, die man befragen könnte, stehen nicht zur Verfügung. Man kann nur noch auf schriftliche oder archäologische Quellen zurückgreifen. Und es kann sein, dass ein „Fall" gar nicht geklärt werden kann, weil es einfach zu wenige klare Indizien gibt.

Gehen wir sehr weit zurück – an den Anfang des Lebens auf unserer Erde oder sogar ganz an den Anfang unserer Welt –, stehen uns bestenfalls nur noch Spuren zur Verfügung: vor allem Merkmale der heutigen Organismen oder Versteinerungen früherer Lebewesen. Kann man daraus erschließen, wie die Welt ihren Anfang genommen hat? Stand am Anfang ein Schöpfer, der willentlich mit klarem Ziel die Werke der Schöpfung hervorgebracht hat? Oder war am Anfang einfach nur tote Materie, aus der aufgrund ihrer Eigenschaften und Wechselwirkungen alles von alleine hervorgegangen ist, was wir heute beobachten: Sterne, Steine, Steinböcke, aber auch Musik, Freude und Leid, Freundschaften und Feindschaften, Gut und Böse? Wie kann man das herausfinden, da es doch keine Augenzeugen gibt?

Doch halt, es gibt eine eindrucksvolle Erzählung vom Anfang: „Am Anfang schuf Gott Himmel und Erde" (1. Mose 1,1). So beginnt die Bibel. Hat uns der Schöpfer selbst mitgeteilt, wie die Welt ins Dasein kam? Dann wäre der Fall klar. Aber viele sind skeptisch und schenken der Bibel keinen Glauben.

Es gibt aber noch einen anderen Zugang: Das, was wir heute in der Schöpfung beobachten. Für den Fall, dass Gott die Welt mit Plan und Ziel erschaffen hat, sollte man erwarten, Spuren zu finden, die zu einer Schöpfung passen. Und wenn man glaubt, dass kein Schöpfer seine Finger im Spiel hatte, sollte man eben keine Spuren finden, die auf einen Schöpfer hinweisen.

In der Geschichte der Menschheit war *dieser Fall* schon immer umstritten. In der christlich geprägten Welt war er dagegen lange Zeit klar – zugunsten eines Schöpfers! Doch Mitte des 19. Jahrhunderts wendete sich ausgerechnet in der Biologie das Blatt: Der britische Naturforscher Charles Darwin behauptete, mit „Evolution" und „Selektion" einen natürlichen Mechanismus gefunden zu haben, der ohne Plan und Ziel die phantastischen Designs der Lebewesen hervorgebracht haben soll. Ein Schöpfer, der „jedes nach seiner Art" geschaffen hat, erschien nun überflüssig. Der zeitgenössische Biologe Richard Dawkins triumphierte gut 100 Jahre später: Seit Darwin könne man guten Gewissens Atheist sein, ohne dass es verstandesmäßige Probleme gibt.[1] Der Fall sei jetzt endgültig klar – zu Ungunsten eines Schöpfers! Das sehen heute die meisten Naturwissenschaftler so.

Anmerkungen und Quellenangaben sind im Anhang zusammengestellt.

Charles Darwin hat sich immerhin mit dem Schöpfungsgedanken argumentativ auseinandergesetzt. Heute macht sich diese Mühe kaum noch jemand. Der Fall ist für viele so klar, dass man ausschließlich so forscht und denkt, als könne es keinen Schöpfer geben – als habe die Natur das Leben aus sich selbst hervorgebracht.

Doch ausgerechnet Evolutionsbiologen haben – ohne es zu wollen – in den letzten Jahrzehnten zunehmend Eigenschaften an den Lebewesen entdeckt, die Evolution stark in Frage stellen, aber problemlos zu Schöpfung passen. Es gibt daher gerade aufgrund neuerer naturwissenschaftlicher Daten guten Grund, den Fall „Schöpfung oder Evolution" neu aufzurollen!

In diesem Buch soll dies in allgemeinverständlicher Form erfolgen. Es hat einführenden Charakter und soll einen leichten Einstieg in das Thema „Schöpfung und Evolution" ermöglichen. Entlang des roten Fadens „Was sagen die Indizien?" erfolgt ein Gang durch die wichtigsten Teilgebiete der Biologie und Paläontologie.

Naturgemäß müssen die Fakten und Argumente in einem einführenden Text vereinfacht dargestellt werden. Mancher wird die Ausführungen mit Stirnrunzeln lesen, andere sind vielleicht neugierig, mehr Details zu erfahren. Dazu sind im Anhang ab Seite 183 weiterführende Publikationen zusammengestellt, die detaillierte Darstellungen und ausführliche Begründungen zu den einzelnen Themen bieten. Um dabei zielgenau fündig zu werden, werden an entsprechenden Stellen im Text Verweise in Form hochgestellter Zahlen gegeben.

Danken möchte ich auch all den Mitarbeitern der Studiengemeinschaft Wort und Wissen, die mich beim Verfassen dieses Buches unterstützt haben: Dr. Peter Borger verdanke ich Informationen zum Erbgut des Menschen, Dr. Michael Brandt und Benjamin Scholl unterstützten mich beim Abschnitt über den Ursprung des Menschen und beim Abschnitt über Verhaltensähnlichkeiten, Dr. Martin Ernst beim Kapitel über das Alter des Lebens, Dr. Boris Schmidtgall beim Thema „Entstehung des Lebens" und Prof. Dr. Henrik Ullrich im Bereich Embryologie. Deutliche Spuren hinterlassen hat auch Prof. Dr. Nigel Crompton, dessen Expertise über Mendel'sche Artbildung in die Darstellungen dieses Buches eingeflossen ist. Die Eingangsabschnitte über Methodenfragen und das Design-Argument haben sehr von der langjährigen Zusammenarbeit mit Dr. Markus Widenmeyer profitiert. Mein besonderer Dank geht an Katharina Ziegler, die das komplette Manuskript aus dem Blickwinkel einer Lehrerin gründlich durchgearbeitet und in eine einfachere Sprache übersetzt hat, an Marlies Rother für gründliches Korrekturlesen und an den Grafiker Johannes Weiss, der durch seine Gestaltung und sein engagiertes Mitdenken das Buch in eine sehr ansprechende Form gebracht hat.

Reinhard Junker,
im Dezember 2020

1. Ursprungsfragen

Weshalb gibt es unsere Welt? Weshalb existieren Sterne, Steine und Steinböcke? Woher kommt der Mensch? Woher kommen unsere Vorstellungen von Gut und Böse, unsere Empfindungen wie Liebe und Hass?

Auf Fragen dieser Art – **Ursprungsfragen** – gibt es zwei grundlegende Antworttypen. Entweder ist die Welt geplant und erschaffen worden oder sie ist ausschließlich Ergebnis von Naturgesetzen und Zufällen, also ungeplant.

Die eine Erklärung geht von Überlegung, Zielsetzung und dem kreativen Handeln eines Schöpfers aus.

Für die andere Erklärung ist ein Schöpfer überflüssig. Zufällige und ungesteuerte Naturprozesse genügen, um das Weltall, die Erde und alle Lebewesen, einschließlich des Menschen, hervorzubringen.

Beide Antworttypen werden zwar oft miteinander kombiniert, aber im Kern gibt es dennoch nur „geplant“ oder „ungeplant“ bzw. „kreativ und beabsichtigt“ oder „rein natürlich und unbeabsichtigt“.

Für den Menschen bedeuten diese beiden Möglichkeiten: Seine besonderen Kennzeichen wie Bewusstsein, Kreativität, Vorstellungen von Gut und Böse und Gottesglaube verdankt er entweder seinem Schöpfer oder sie sind zufällige Nebeneffekte seines überaus kompliziert gebauten Gehirns, das sich ohne Plan und Ziel irgendwie aus natürlichen Vorstufen entwickelt hat.

Die Sichtweise, dass es einen Schöpfer gibt, einen Gott, der die Welt erschaffen hat und auch weiterhin in ihr wirkt, nennen wir **Theismus** (nach

Theismus:
Es existiert ein Schöpfer-Gott, der die Welt erschaffen hat und auch weiterhin in ihr wirkt.

Naturalismus: Außer der materiellen Natur gibt es nichts und die Naturdinge sind aus sich selbst heraus entstanden.

gr. *theos*, Gott). Damit gehört die Schöpfungslehre zum Theismus. Der Begriff **„Schöpfung"** bezeichnet also ein willentliches, bewusstes, zielorientiertes Hervorbringen durch einen personalen, willensbegabten, kreativen Schöpfer (vgl. Tab. 2-1, S. 18).

Die zweite Sichtweise wird als **Naturalismus** bezeichnet, d. h. die Natur ist alles, was existiert und je existiert hat. Hier gibt es keinen Schöpfer, jedenfalls keinen, der aktiv und kreativ tätig ist. Nach dem Naturalismus beruht alles, was existiert, alleine auf physikalisch-chemischen Kräften und Gesetzmäßigkeiten. Es ist auch alles ausschließlich durch solche natürlichen Kräfte entstanden, ohne jedes Wirken eines Schöpfers. Diese Sicht führt automatisch zur **Evolutionsanschauung**, die heute in aller Regel naturalistisch verstanden wird. Evolutionstheoretiker verfolgen nämlich das Ziel, die Entstehung des Lebens und aller Lebewesen so zu rekonstruieren, dass ein Schöpfer dafür nicht benötigt wird. Entsprechend definiert man „**Evolution**" so: Alle heutigen Lebewesen stammen von andersartigen Vorfahren ab und sind in einem gemeinsamen Stammbaum aller Lebewesen verbunden (Abb. 1-1). Veränderungen erfolgten demnach ausschließlich durch natürliche Vorgänge, ohne Planung und Zielorientierung. Auch das Leben selbst ist alleine durch physikalisch-chemische Prozesse aus leblosen Stoffen entstanden.

Evolution: Alle heutigen Lebewesen stammen von andersartigen Vorfahren ab und sind in einem gemeinsamen Stammbaum aller Lebewesen verbunden.

Der Erklärungsansatz Evolution und der Erklärungsansatz Schöpfung sind somit Gegensätze. Nach dem Schöpfungsansatz ist die Kreativität des Schöpfers entscheidend dafür, dass die Welt überhaupt existiert. Befürworter der Evolutionslehre wollen dagegen gerade ohne einen schöpferischen Einfluss auskommen.

Evolutionstheorien, die nur Bezug auf natürliche Faktoren nehmen, sind daher mit dem Schöpfungsansatz nicht vereinbar. Natürliche Evolution und Schöpfung können also auch nicht miteinander harmonisiert werden; das wäre ein Widerspruch in sich.[1]

Auf Überlegungen, ob man Evolution und Schöpfung dennoch miteinander harmonisieren kann, gehen wir in Kapitel 12 ein.

Schöpfung: Die Lebewesen wurden willentlich, planvoll und zielorientiert in fertiger Form hervorgebracht.

Warum Evolution und Schöpfung nicht zusammenpassen

Befürworter der Evolutionslehre versuchen, die Geschichte der Lebewesen alleine durch Zufall und Naturgesetze zu erklären – ohne Plan und Ziel. Sie kalkulieren daher das Handeln eines Schöpfers bewusst nicht ein. Schöpfung dagegen verfolgt ein Ziel und beruht auf einem Plan und einer Absicht. Schöpfung beruht daher gerade darauf, dass der Zufall weitestgehend ausgeschaltet wird: „Intelligenz vernichtet effektiv den Zufall" (Arthur Ernest Wilder Smith).

Wie können wir herausfinden, wie die Welt entstanden ist?

Um herauszufinden, wie die Welt tatsächlich entstanden ist, gibt es zwei sehr verschiedene Zugänge. Der erste ist eine persönliche Mitteilung:

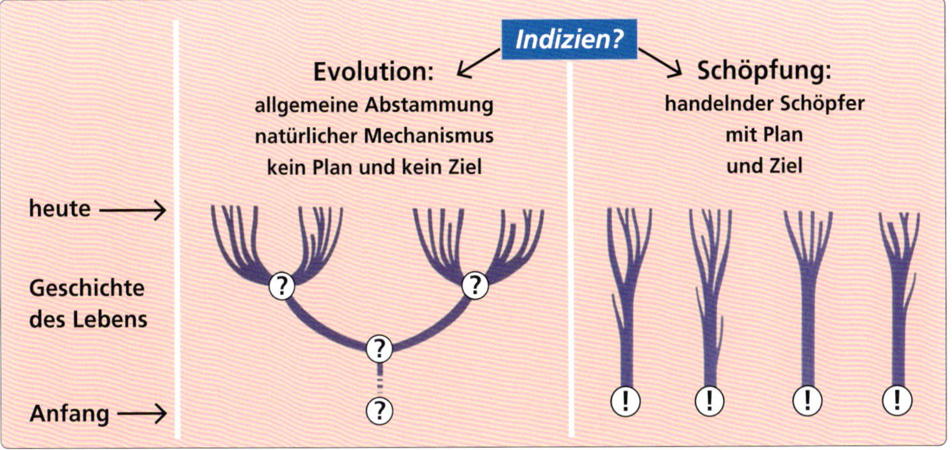

Abb. 1-1: Zum Anfang und zur Geschichte der Lebewesen gibt es zwei grundsätzlich verschiedene Ansätze: „Evolution" heißt: Von einfachsten Anfängen zur Vielfalt aller Lebewesen. Entsprechend gibt es einen einzigen Baum des Lebens, der sich ohne Plan und Ziel entfaltet.
„Schöpfung" bedeutet umgekehrt einen Beginn mit planvoll und kreativ hervorgebrachten Lebewesen, die als Grundtypen bezeichnet werden. Deren unterschiedliche Ausprägungen (kleine Bäumchen) beruhen auf schöpfungsgemäßer Programmierung. Dies wird genauer in Kapitel 4 erklärt.

Wenn es einen Schöpfer gibt, könnte es sein, dass er seinen Geschöpfen mitgeteilt hat, dass und auch wie er die Welt und die Lebewesen erschaffen hat. Genau das behaupten die Schreiber der Bibel. Theologen sprechen von Offenbarung, also von einer persönlichen Mitteilung Gottes. Glaubt man den Autoren des Alten und Neuen Testaments, so hat uns Gott tatsächlich einiges über die Schöpfung mitgeteilt und er stellt sich selber als der Schöpfer vor.

Der zweite Zugang ist unsere eigene, menschliche Erkenntnis. Dazu zählen unsere Erfahrungen, Beobachtungen, die wir machen können, und alle unsere Überlegungen, die wir dazu anstellen. Das führt auf das Gebiet der Naturwissenschaften. Wir können die Natur bzw. die Schöpfung mit unseren Sinnen und mithilfe verschiedener Messgeräte und Methoden untersuchen. Wir können erforschen, wie der Kosmos, die Erde und die Lebewesen aufgebaut sind und wie die Prozesse funktionieren, die im Weltall und in der belebten und unbelebten Welt ablaufen. Und wir können dann beurteilen, ob die Forschungsergebnisse eher zu Schöpfung oder zu Evolution passen.

Entscheidend für die Methode der Naturwissenschaft sind sogenannte **empirische Daten**. „Empirisch" heißt „auf Er-

Empirische Daten: Beobachtungen in der Natur, im Freiland oder im Labor.

Abb. 1-2 Naturwissenschaftler arbeiten empirisch, d. h. sie untersuchen die belebte und unbelebte Natur durch Beobachtung und Experiment. Die Vergangenheit ist nur indirekt erschließbar. Denn die Prozesse, die zum Beispiel zur Bildung von Schichtgesteinen oder zur Entstehung von Fossilien geführt haben, können nicht beobachtet werden. Naturwissenschaftler versuchen, die vergangenen Prozesse so zu rekonstruieren, dass die mutmaßlichen Szenarien durch die Beobachtungen unterstützt werden und ihnen nicht widersprechen.

fahrung beruhend"; gemeint sind damit Beobachtungen in der Natur – sei es im Freiland (Abb. 1-2) oder im Labor. Naturwissenschaftliche Beschreibungen nehmen also Bezug auf empirische Daten, auf Dinge, die beobachtbar bzw. erfahrbar sind.

Die empirischen Daten der Naturwissenschaften können als Indizien genutzt werden, um den Fall „Schöpfung oder Evolution?" aufzuklären.

Mit den Methoden der Naturwissenschaft kann man jedoch nicht direkt untersuchen, ob die Welt auf irgendeine Weise erschaffen wurde oder ob sie Ergebnis rein natürlicher Vorgänge ist. Weder Schöpfung noch eine vergangene Evolution sind beobachtbar. Die Geschichte des Lebens ist einmalige Vergangenheit. Wir können nicht wie in einer Zeitmaschine zurück in die Erdgeschichte reisen und direkt beobachten, was passiert ist – so spannend das auch wäre. Naturwissenschaftler können nur den heutigen vorläufigen Endzustand der Naturgeschichte direkt untersuchen: die Natur, wie sie sich heute darstellt, seien es Sterne, Steine oder Steinböcke, und welche gesetzmäßig beschreibbaren Vorgänge in ihr ablaufen.

Das bedeutet aber ganz und gar nicht, dass Naturwissenschaften keinen Beitrag zur Klärung von Ursprungsfragen leisten könnten. Im Gegenteil: Das Wissen, das wir durch naturwissenschaftliche Forschung gewinnen, also die empirischen Daten, können wir als *Indizien* nutzen, um den Fall „Schöpfung oder Evolution?" aufzuklären. „Indiz" bedeutet „Anzeiger". Man erhofft sich von Indizien, dass sie anzeigen, was passiert ist. Solche Indizien sollten mindestens zur bevorzugten Weltsicht passen (also ihr nicht widersprechen). Am aussagekräftigsten sind jedoch Indizien, die zu einer Sicht besser passen als zur anderen, also Beobachtungen, die entweder besser zu Schöpfung oder zu Evolution passen. Das können wir uns durch einen anschaulichen Vergleich deutlich machen: durch den Vergleich mit einer Kriminalgeschichte.

Der Fall „Schöpfung oder Evolution" als Kriminalgeschichte

Wenn Wissenschaftler vergangene Ereignisse (in unserem Fall: Schöpfung oder Evolution) rekonstruieren möchten, arbeiten sie ähnlich wie ein Kriminalist, der einen Todesfall aufzuklären hat. War es Mord oder Selbstmord? Oder trat der Tod auf natürlichem Weg ein? Wenn ein natürlicher Tod und Selbstmord ausgeschlossen werden können, stellen sich die Fragen nach dem Täter und dem Tathergang.

Hier wird es spannend, wenn Augenzeugen fehlen und wenn der Täter kein Geständnis ablegt. Dann ist nur ein Indizienbeweis möglich. Das ist kein Beweis im mathematischen Sinne, sondern eine zu den Indizien passende Erklärung der am Tatort gefundenen Spuren; im Idealfall gibt es nur eine einzige stimmige Erklärung, und der Fall scheint damit gelöst zu sein. Unter Umständen bleibt der Fall aber mangels aussagekräftiger Indizien ungelöst, weil die Indizien zu mehreren Szenarien passen. Bei einem Strafprozess heißt es dann „mangels Beweisen freigesprochen". Mit „Beweis" sind hier sachdienliche Indizien gemeint.

Der Kommissar nutzt bei seinen Recherchen auch naturwissenschaftliche Forschung, z. B. Kenntnisse über Vorgänge, die nach dem Tod einsetzen, um den Todeszeitpunkt zu ermitteln. Er untersucht möglichst genau und umfassend die Spuren am Tatort und bezieht sie in seine Versuche ein, den Tathergang zu rekonstruieren.

Wenn der Kommissar seine Arbeit unvoreingenommen macht, sammelt er nicht nur so viele Indizien wie möglich, um zu einem möglichst vollständigen Gesamtbild zu kommen. Er wird auch nach allen Seiten ermitteln und allen Spuren nachgehen. Ganz wichtig dabei ist, dass er für alle möglichen Antworten offen ist. Niemand würde einen Kommissar ernst nehmen, der eine der möglichen Erklärungen grundsätzlich ausschließen würde. Oder was würden Sie von einem Kommissar halten, der „Mord" von vornherein ausschließt, mit der Begründung, es müsse unter allen Umständen eine Erklärung dafür geben, dass der Tod auf natürlichem Weg eingetreten sei? Die Möglichkeit, dass ein Täter absichtsvoll gehandelt habe, dürfe nicht berücksichtigt werden? Ein solcher Kommissar hätte seinen Beruf verfehlt.

Genauso seltsam wie ein Kommissar, der sich von vornherein auf eine natürliche Todesursache festlegt, ist aber tatsächlich die Herangehensweise der überwältigenden Mehrheit der heutigen Naturwissenschaftler in ihren Forschungen zur Entstehung des Lebens und zur Geschichte der Lebewesen. Die Möglichkeit, dass ein Schöpfer absichtsvoll gehandelt hat und dass daher Schöpfung die korrekte Erklärung für die Existenz der Lebewesen ist, wird fast durchweg grundsätzlich ausgeschlossen. Der amerikanische Immunologe Scott C. Todd drückt das so aus:

> „Selbst wenn alle Daten auf einen intelligenten Schöpfer weisen, würde eine solche Hypothese aus der Wissenschaft ausgeschlossen werden, weil sie nicht naturalistisch ist."[2]

Wir erinnern uns: „Naturalistisch" bedeutet, dass Gott als Schöpfer überflüssig ist.

Der berühmte Genetiker Richard Lewontin hat sich ähnlich geäußert (wobei „Materialismus" und „Naturalismus" praktisch gleichbedeutend sind):

> „Wir sind … durch unsere von vornherein getroffene Grundsatzentscheidung für den Materialismus dazu gezwungen, Forschungsansätze und Erklärungskonzepte zu entwickeln, die sich auf materialistische Erklärungen beschränken. Dabei spielt es keine Rolle, wie sehr sie der Intuition der Nichteingeweihten entgegenstehen oder ob sie ihnen rätselhaft erscheinen. Darüber hinaus ist dieser Materialismus absolut, denn wir können keinen göttlichen Fuß in der Tür zulassen."[3]

Die Mehrheit der Wissenschaftler berücksichtigt die Möglichkeit einer Schöpfung nicht. Damit aber geben sie die Wahrheitssuche auf.

Die Mehrheit der Wissenschaftler hat sich darauf festgelegt, dass es auf alle Ursprungsfragen eine naturalistische Antwort geben muss. Ein Schöpfer muss ausgeschlossen werden.

Es gibt viele ähnlich lautende Zitate, auch wenn selten so offen zugegeben wird, dass es nicht um die Suche nach der Wahrheit geht, sondern um die Verteidigung eines naturalistischen bzw. materialistischen Weltbildes, in dem ein handelnder Gott unerwünscht ist. Stattdessen wird meistens behauptet, man müsse Gottes Handeln aus *methodischen* Gründen ausschließen. Man könne Gott mit naturwissenschaftlichen Methoden nicht erfassen. Die Annahme eines Schöpfers sei unwissenschaftlich.

Doch hier liegt ein Missverständnis vor: Es geht hier nicht um die Methode der Naturwissenschaft, sondern um Ursprungsfragen, um vergangene Geschehnisse, die niemand beobachtet hat und die uns nur durch verbliebene Spuren *indirekt* zugänglich sind.

Naturwissenschaft kommt erst ins Spiel, wenn es darum geht, Spuren des vergangenen Geschehens (sei es Schöpfung oder Evolution) zu entdecken und auszuwerten (s. o.). Es ist natürlich korrekt, dass man die Schöpfungstätigkeit Gottes weder beobachten noch in eine naturwissenschaftliche Beschreibung einbauen kann. Aber auch die vergangene Evolution – sofern es sie gegeben hat – ist nicht beobachtbar. Es kann hier grundsätzlich nur darum gehen, relevante Indizien zusammenzutragen und zu bewerten. Auf das naturwissenschaftliche Arbeiten an sich hat das gar keine Auswirkungen.

Wer einen Schöpfer bei der Suche nach Antworten auf Ursprungfragen grundsätzlich ausschließt, hat sich vor jeder Beweisaufnahme bereits auf den einen Antworttyp festgelegt. Damit aber wird ein Grundprinzip wissenschaftlichen Arbeitens aufgegeben, nämlich die Orientierung an der zutreffenden Antwort.[4] Stattdessen findet Forschung heutzutage – mit viel wissenschaftlicher Genauigkeit und großem Aufwand – nur im naturalistischen Denkrahmen statt. Alle empirischen Daten werden ausschließlich naturalistisch interpretiert. Diese Festlegung ist nicht wissenschaftlich begründet, sondern eine weltanschauliche Entscheidung, die man auch anders treffen könnte.

Wir werden im Folgenden sehen, dass die Suche nach Antworten ausschließlich im Rahmen des Naturalismus ein Holzweg ist. Genauso wie man auf der falschen Spur ist, wenn man die Existenz eines Mörders ausschließt, obwohl die Indizien am Tatort auf einen Mord hinweisen.

2. Schöpfungsindizien

Woran erkennt man Schöpfungsindizien?

In der Frage nach Schöpfung oder Evolution gibt es von vornherein einen gewichtigen Grund, die Antwortmöglichkeit „Schöpfung" zu berücksichtigen: Man sollte für alle denkbaren Antworten offen sein. Das gilt unabhängig von Glaubensüberzeugungen. Besonders in der belebten Welt (aber nicht nur dort) gibt es darüber hinaus starke Indizien für einen Schöpfer. Woran erkennt man solche Indizien?

Was starke Indizien für Schöpfung sind, können wir uns leicht klarmachen, denn wir sind als Menschen selbst kreativ und künstlerisch tätig. Daher haben wir in der Regel ein sehr gutes Gespür dafür, welche Merkmale geschaffene Gegenstände kennzeichnen. Solche Kennzeichen kommen bei bloßen Naturprodukten nicht vor. Eine entscheidende, für uns als geistbegabte, kreative Wesen kennzeichnende Fähigkeit ist, dass wir in der Lage sind, uns Dinge vorzustellen, die noch gar nicht existieren. Das betrifft vor allem zukünftige Dinge, zum Beispiel eine Maschine, die wir bauen wollen, oder ein Bild, das wir gerne malen würden. Entsprechend können wir uns Ziele setzen, Wege überlegen, wie wir diese Ziele erreichen werden, und für diesen Zweck geeignete Mittel auswählen. So entwerfen und konstruieren Techniker Maschinen, Programmierer schreiben Computerprogramme und Künstler modellieren einen Gegenstand oder malen ein Gemälde.

Zweck-Mittel-Beziehungen

Kreativ hervorgebrachte Gegenstände, z. B. Maschinen, sind häufig so gestaltet, dass ihre Teile in äußerst komplexen und vielschichtigen Zweck-Mittel-Beziehungen stehen. Das bedeutet: Die Merkmalsmuster der Teile und ihre Anordnung sind oftmals hochgradig speziell ausgeführt. Diese Spezifität kann nicht anders erklärt werden als durch die Funktionen (Zweck), die ausgeübt werden sollen, und die Art und Weise (Mittel), wie diese Funktionen möglichst optimal ausgeführt werden (vgl. Abb. 2-1). Auf die Frage, warum ein solches Teil so ist, wie es ist, lautet die meist einzige nachvollziehbare Antwort: Es ist deshalb so, damit es seine Funktionen (möglichst optimal) ausüben kann, also einer Zweck-Mittel-Beziehung entspricht.

Abb. 2-1 Leonardo da Vinci entwarf etwa um 1478 ein Automobil, welches dank eines ausgeklügelten Systems aus Federn, Zahnrädern, Seilzügen und Zahnstangen ohne Anschieben in Bewegung gesetzt werden kann.

Wichtig ist nun: *All das können Zufall und Naturgesetze nicht*. Dinge und Abläufe, die auf natürlichem Weg ohne Einfluss eines geistbegabten Wesens entstanden sind, haben die genannten Merkmale einer kreativen Verursachung nicht. Natürliche Prozesse sind sozusagen „blind" in Bezug auf Ziele oder das Erreichen eines Zieles durch geeignete Mittel. Sie können keine Ziele analysieren oder geeignete Mittel bei der Verfolgung eines Zieles auswählen. Die Dinge laufen einfach so ab, wie es die Naturgesetze und zufälligen Rahmenbedingungen vorgeben. So ist das z. B. bei einem Wasserfall, bei der Erosion von Fels durch Wind und Wasser, beim Fallen von Gegenständen, bei der Anziehung oder Abstoßung geladener Teilchen, bei der Entstehung von Wolken und Niederschlag, bei der Bildung von Rippeln an einem sandigen Ufer usw.

Es ist ein enormer Unterschied, ob die Gestaltungsmöglichkeiten einer kreativen Person zur Verfügung stehen oder nur natürliche Prozesse und zufällige Effekte.

Es ist ein enormer Unterschied, ob die Gestaltungsmöglichkeiten einer kreativen Person zur Verfügung stehen oder nur natürliche Prozesse und zufällige Effekte. Entsprechend groß sind auch die Unterschiede zwischen geistig (kreativ) verursachten Gegenständen und rein natürlich entstandenen Dingen. Es verwundert daher nicht, dass sich die Merkmale von Gegenständen, die rein natürlichen Ursprungs sind, in allen klaren Fällen[1] sehr deutlich von kreativ verursachten Gegenständen unterscheiden (vgl. Abb. 2-2 und 2-3). Schöpfungsindizien und Indizien einer rein natürlichen Verursachung sind in der Regel sehr verschieden und klar unterscheidbar[2]:

Kennzeichen von Schöpfung bzw. kreativer Verursachung

- Zielsetzung (Zukunftsorientierung)
- Planung
- Wahl (der Mittel)
- Überlegungen zu Zwischenschritten
- Einkalkulieren möglicher Hindernisse
- Gedankliche Vorstellung von Weg und Ziel

Natürliche Vorgänge können das nicht.

Tab. 2-1 Kennzeichen von Schöpfung.

Abb. 2-2 Der Felskopf befindet sich in den Stubaier Alpen unterhalb des Kalbenjochs bei der Gemeinde Trins/Tirol, die Figuren auf den Osterinseln.

Der meist grundlegende Unterschied zwischen kreativer und natürlicher (nicht-kreativer) Verursachung soll anhand von einigen Beispielen verdeutlicht werden.

Die Form des Felskopfes auf dem linken Bild von Abb. 2-2 ist zwar kein reines Zufallsprodukt, da ihm natürliche Ordnungen (z. B. Naturgesetze) zugrunde liegen. Jedoch fehlen ihm spezifische Merkmale, die auf eine besondere kreative Urheberschaft schließen lassen. Die Form kann alleine auf die Wirkung natürlicher, regelhafter Kräfte und Materialeigenschaften (härtere und weichere Bereiche des Felsens, Einwirkung von Wind und Wetter) zurückgeführt werden. Es ist daher überflüssig, die Tätigkeit z. B. eines Bildhauers anzunehmen.

Das rechte Bild zeigt die berühmten Steinköpfe auf den Osterinseln. Hier wird niemand auf die Idee kommen, sie alleine durch Erosion und Materialeigenschaften zu erklären. Die Formen (Darstellung von Köpfen von Menschen) entsprechen ganz offensichtlich einer bestimmten Zielsetzung kreativ tätiger Wesen. Da die natürlichen Prozesse, die in der Lage sind, Steine zu formen, ausreichend bekannt sind, kann ausgeschlossen werden, dass diese Figuren natürlich entstanden sind.

Abb. 2-3 Funktionale und nicht-funktionale Komplexität.

Abb. 2-3 zeigt zwei komplexe Konstellationen, links den Teil einer Lokomotive, rechts eine Halde aus grobem Geröll und Felsbrocken im Gebirge. Nur im Fall der Maschine ist die Komplexität zugleich funktional und organisiert. Genau *dafür – für das Funktionieren der Maschine* – müssen die Form und die Anordnung der Teile hochspezifisch sein. Das heißt: Die Struktur ist nur von ihrem Zweck bzw. von ihrer Zielsetzung her zu verstehen. Intuitiv erfassen wir sofort, dass die Organisiertheit der Maschine Planung und Konstruktion voraussetzt. Bei der Geröllhalde reichen Naturprozesse aus, um die vorliegende Konstellation zu erklären.

Die Gründe, weshalb wir in einem Fall eine nichtgeistige und im anderen eine geistige Verursachung annehmen, kann man allgemein gemäß Tab. 2-2 zusammenfassen.

Tab. 2-2 Zwei Arten von Verursachung

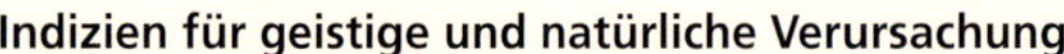

Indizien für geistige und natürliche Verursachung

Indizien für geistige Verursachung (Schöpfung)

- Spezifische, komplexe Muster mit erkennbarer Zielsetzung
- Bei hinreichenden Kenntnissen über natürliche Vorgänge (was läuft naturgesetzmäßig ab, was nicht?): Keine natürlichen Mechanismen für Entstehung der zweckmäßigen Struktur in Sicht
- Bei Lebewesen und in der Technik: Zweckmäßigkeit des Gebildes; dazu erforderlich: mehrere aufeinander abgestimmte spezifische Teile

Indizien für natürliche Entstehung

- Unspezifische (zufällige) Formen in Bezug auf einen Zweck / eine Funktion im technischen Sinne
- Natürliche Gesetzmäßigkeiten reichen nach aller bisherigen Kenntnis aus
- Keine Zweckmäßigkeit in sich

Die beim Design verwendeten Mittel spielen keine Rolle

Für die Feststellung, dass ein Bild von einem Künstler gemalt, also geistigen Ursprungs ist, spielt es keine Rolle, ob er es mit einem (auch geistig verursachten) Aquarellmalkasten oder einem (nicht geistig verursachten) verkohlten Stöckchen, das er nach einem Waldbrand gefunden hat, gemalt hat. Wenn wir z. B. sagen, dass Diamanten allein durch naturgesetzliche Prozesse entstanden, also nicht-geistigen Ursprungs sind, lassen wir dadurch offen, ob die Naturgesetze und die Ausgangsbedingungen geistigen Ursprungs sind oder nicht.

Design (Schöpfung, geistige, kreative Verursachung) und Nicht-Design (natürliche, zufällige Verursachung) schließen einander aus.

Wichtig ist dabei: Design (Schöpfung, geistige, kreative Verursachung) und Nicht-Design (natürliche, zufällige Verursachung) schließen einander aus. Entweder liegt *im Wesentlichen* eine kreative Verursachung eines Gegenstandes vor oder dieser ist *alleine* aufgrund natürlicher Prozesse entstanden. Bei der kreativen Verursachung können natürliche materielle Dinge und natürliche Abläufe beteiligt sein, aber sie sind nicht die entscheidende Ursache.

Wenden wir den geschilderten Sachverhalt auf Lebewesen an, so besteht kein Zweifel, dass an ihnen Schöpfungsindizien in Hülle und Fülle zu finden sind. An einigen ausgewählten Beispielen sollen vier Typen von Schöpfungsindizien vorgestellt werden (es gibt noch mehr).

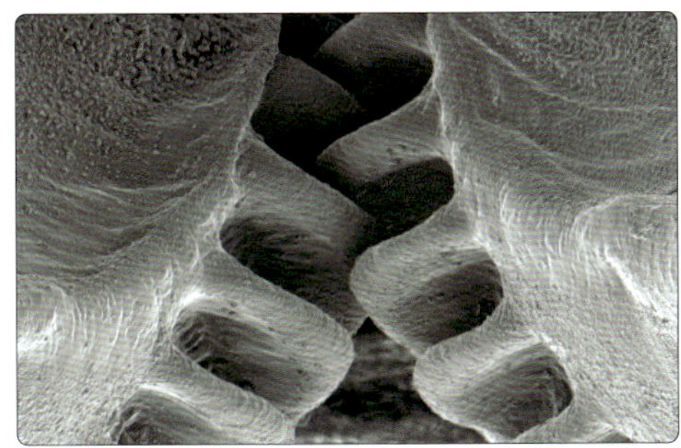

Beispiele von Schöpfungsindizien

Alles oder nichts – nichtreduzierbare Komplexität

Maschinen oder Teilstrukturen davon funktionieren nur dann, wenn ihre minimal erforderlichen Bauteile *vollständig* vorhanden und allesamt aufeinander abgestimmt sind. Das wissen wir aus unseren Erfahrungen mit technischen Konstruktionen. Lässt man einen Teil oder eine Abstimmung weg, funktioniert die Maschine nicht mehr oder ist unbrauchbar. Vielleicht funktionieren zwar noch Teile der Maschine irgendwie, aber die Maschine erfüllt nicht mehr ihren eigentlichen Zweck.[3] Die Funktion ist auch nicht einfach nur schwächer, wenn eines der erforderlichen Bauteile fehlt, sondern sie geht komplett verloren.

Abb. 2-4 Käferzikade *Issus coleoptratus* (links). Die winzigen Zahnräder sitzen an den Innenseiten der Schenkel ihrer Larven (unten). Der im rechten Bild gezeigte Ausschnitt umfasst nur eine Breite von weniger als 0,1 mm.

Ein einfaches Beispiel ist die Kraftübertragung durch Zahnräder (siehe Kasten „Zweck-Mittel-Beziehungen" auf S. 18). Damit die Kraftübertragung ohne Spiel, ohne Einklemmen und ohne Abrieb funktioniert, müssen die Zähne eine spezielle abgerundete Form aufweisen, um den Kraftschluss permanent aufrechtzuerhalten. Die Zähne müssen an zwei aufeinander abgestimmten Rädern äußerst regelmäßig angeordnet sein. Außerdem ist geeignetes Baumaterial erforderlich. Niemand käme ernsthaft auf die Idee, dass ein Zahnradsystem ohne intelligenten Plan und kontrollierten Bau entstehen könnte, obwohl die Komplexität noch vergleichsweise gering ist. Es sind einfach zu viele Teile und ihre Abstimmungen aufeinander nötig. Nichts davon darf weggelassen (reduziert) werden. Es gilt: alles oder nichts. Tatsächlich wurden solche Zahnräder auch an den Innenschenkeln der Larve der Käferzikade *Issus coleoptratus* entdeckt (Abb. 2-4).[4] Sie synchronisieren beim Absprung die Bewegung der Beine. Solche nichtreduzierbar komplexen Bauteile gibt es bei allen Lebewesen in großer Zahl. Sie sind klare **Design-Indizien** bzw. Schöpfungsindizien.[5]

Ohne ein Minimum von Bauteilen und ihren Abstimmungen aufeinander funktioniert eine Konstruktion überhaupt nicht.

Der Schlagbaum in der Blüte. Ein zweites Beispiel: Dem Wanderer sind sie bestens vertraut – sie versperren Unbefugten den motorisierten Zugang in den Wald: Schranken, die als Schlagbäume konstruiert sind. Das lange und das kurze Ende einer Stange sind über ein Gelenk mit einem Pfosten verbunden. Durch Bewegung des kurzen Endes kann das lange Ende in die gewünschte Stellung gebracht werden. Ein einfacher, aber wirkungsvoller Mechanismus.

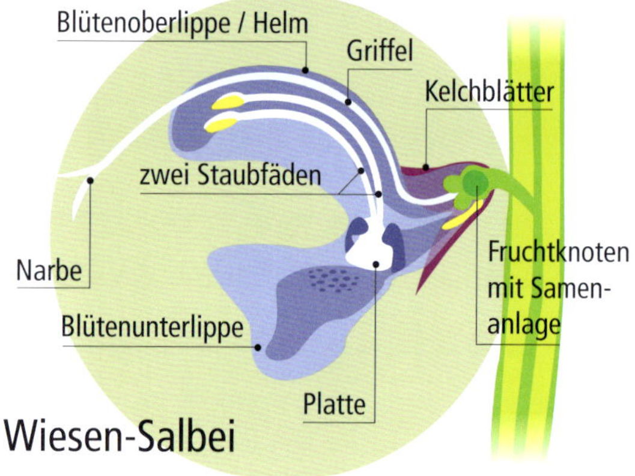

Abb. 2-5 Wiesen-Salbei. Die als „Staubfäden" beschrifteten Elemente sind eigentlich ein verlängerter Fortsatz des Bereichs zwischen den Staubfächern.

Erfunden wurde der Schlagbaum aber nicht von einem Menschen. Schon die Blüten verschiedener Salbei-Arten sind mit einer miniaturisierten Form dieser Vorrichtung ausgestattet, beispielsweise die Blüten des Wiesen-Salbei (Abb. 2-5), der vielerorts Böschungen und magere Wiesen schmückt.

Wie funktioniert dieser Schlagbaum in der Blüte? Die Salbeiblüte besteht aus Ober- und Unterlippe. Zwei lange, gebogene Staubfäden liegen direkt unter dem „Helm" der Oberlippe. Sie sind am unteren, röhrenförmigen Teil der Blüte seitlich mit der Kronröhre verwachsen. Dort befindet sich außerdem ein Gelenk. Von der Gelenkstelle aus ragen die Staubfäden nach oben, auf der anderen Seite des Gelenks befinden sich zwei kurze Platten. Somit sind alle Bestandteile eines Schlagbaums vorhanden – ein langes und ein kurzes Ende, Gelenk und Pfosten.

Fragt sich noch, wozu dieser Schlagbaum gut ist und wer ihn betätigt. Bienen beispielsweise landen auf der Blütenunterlippe, die für sie eine regelrechte Landebahn darstellt. Zielsicher steuern sie auf den Blütengrund in der Blütenröhre zu, wo sich nahrhafter Nektar befindet. Doch dabei versperrt ihnen die Platte – das kurze Ende des Schlagbaums – den Weg. Die Blütenbesucher wissen aber Bescheid und drücken mit dem Kopf die Platte nach hinten – und die langen Staubfäden schnellen somit nach unten (s. Abb. links). Dabei wird der Pollen aus den Staubfächern fest auf den Rücken des Insekts gedrückt. Der Schlagbaum funktioniert. Beim Verlassen der Blüte bewegen sich die Staubfäden wieder in ihre ursprüngliche Stellung zurück, während das Insekt – den Rücken mit klebrigem Pollen beladen – seinen Flug fortsetzt.

Die Geschichte ist damit noch nicht zu Ende, denn der Pollen muss nicht nur abgeholt, sondern auch wieder an der richtigen Stelle abgegeben werden: am oberen Ende des Blütengriffels (der Narbe) einer anderen Pflanze. Das kann erst geschehen, wenn das Insekt eine ältere Blüte besucht. Denn nach einigen Tagen Blühzeit wird zunächst nur der Griffel etwas welk und hängt dann aus dem „Helm" heraus (s. Abb. 2-5, rechts). Beim Lande-

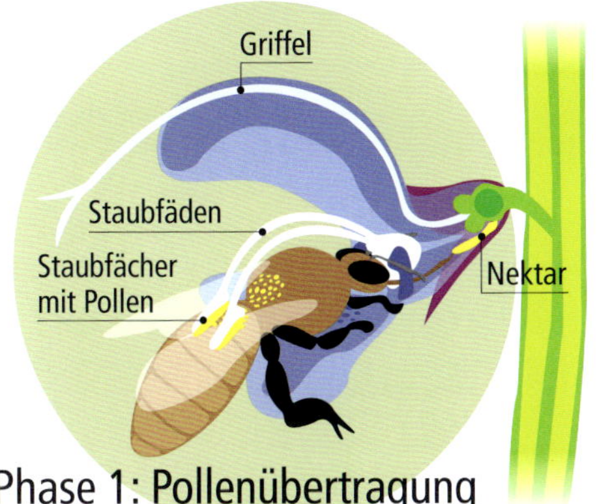

Phase 1: Pollenübertragung

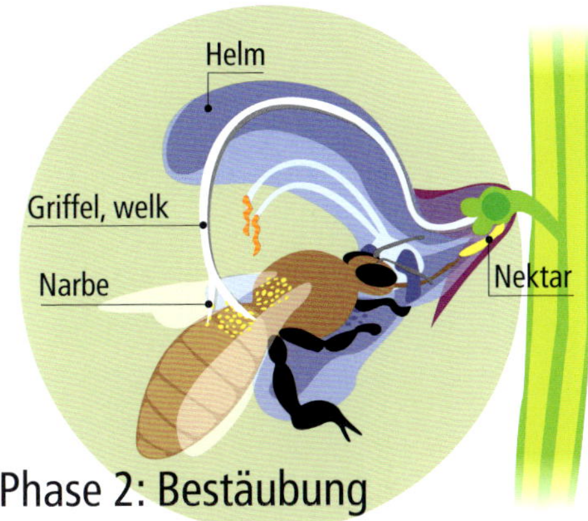

Phase 2: Bestäubung

anflug streift das Insekt mit seinem Rücken den herunterhängenden Griffel, sodass der mitgebrachte Pollen an der Narbe abgesetzt werden kann – er ist angekommen. Anschließend kann die Befruchtung stattfinden, wenn der abgesetzte Pollen zu einem Schlauch auswächst und im Griffelgewebe zur Samenanlage wandert.

Alles passt bei diesem ausgetüftelten Blütenbau zusammen: die seitliche Verbindung der Staubfäden mit der Kronröhre, die Gelenke, die plättchenförmigen Fortsätze der Staubfäden und das Welken des Griffels zum richtigen Zeitpunkt (neben weiteren Kennzeichen, die aber auch andere Lippenblütler besitzen). Alle diese Merkmale müssen verwirklicht sein. Teilweise erfordert das einigen Aufwand (man denke an das Gelenk). Darüber hinaus müssen die einzelnen Bauelemente auch passend aufeinander abgestimmt sein. Fehlt ein beliebiger Teil oder eine Abstimmung, führt das zum totalen Funktionsausfall der Schlagbaumkonstruktion. Gerade ein fein abgestimmtes Zusammenspiel mehrerer Bauteile, um einen bestimmten Zweck bzw. eine bestimmte Funktion zu erzielen, ist ein typisches Kennzeichen für kreative Verursachung (vgl. Tab. 2-1 und 2-2). Außerdem ist der Miniatur-Schlagbaum in der Blüte in seinen Details anspruchsvoller als menschengemachte Schlagbäume. Auch das macht ihn zu einem Indiz für einen Schöpfer (s. u. die Ausführungen über Bionik).

Ein fein abgestimmtes Zusammenspiel mehrerer Bauteile, um einen bestimmten Zweck bzw. eine bestimmte Funktion zu erzielen, ist ein typisches Kennzeichen für kreative Verursachung.

Wir kommen im nächsten Kapitel darauf zurück, wenn wir uns der Frage widmen, ob natürliche Prozesse solche Design-Indizien hervorbringen können.

Spielerische Komplexität

Der Wiesen-Salbei trägt noch ein zweites Design-Indiz. Nicht alle Salbeiarten besitzen diesen ungewöhnlichen Schlagbaummechanismus. Beispielsweise fehlt er beim Quirlblättrigen Salbei oder beim Gartensalbei; hier sind die Staubfäden einfacher gebaut. Diese Arten existieren und gedeihen trotzdem genauso gut. So gesehen erscheint der Schlagbaummechanismus überflüssig, denn es ist nicht ersichtlich, inwiefern er (Fremd-)Bestäubung besser ermöglicht als dies bei den Arten ohne Schlagbaum der Fall ist. Warum gibt es diesen komplizierten Mechanismus also überhaupt? Eine solch aufwändige Konstruktion ohne merklichen Nutzen ist Luxus. Derartiges kann ein natürlicher Evolutionsvorgang nicht hervorbringen, denn Evolution hat keinen „Sinn" für Luxus. Das ist nur unnötige Verschwendung, die schnellstmöglich wieder eingespart würde. Aus Sicht der Evolution zählt nur Überlebens- und Konkurrenzfähigkeit und erfolgreiche Nachkommenproduktion (vgl. Kapitel 3). Aber dafür bringt der Schlagbaummechanismus offenbar keinen Vorteil. Die Evolutionstheorie

Warum einfach, wenn es auch anspruchsvoller geht?

Besonders im Pflanzenreich gibt es viele Beispiele, bei denen sich der Gedanke an spielerische Komplexität aufdrängt. So ist beispielweise die Blüte des Lerchensporns eigenartig gebaut und besitzt einen seltsamen Bürstenmechanismus für die Bestäubung (Abb. 2-6). Auch die kompliziert gebauten Blüten der Veilchen (Abb. 2-7) oder des Rittersporns lassen die Frage aufkommen, weshalb die Konstruktion so ausgefallen ist. Gleiches gilt für die geniale Ausstreu-Apparatur der Früchte der Veilchen, durch die die einzelnen Samen meterweit aus der Frucht herauskatapultiert werden können. Das ist besonders bemerkenswert, weil andere Arten an ähnlichen Standorten auch ohne solche Selbstverbreitungsmechanismen bestens auskommen. Außerdem werden die Samen aufgrund von anhängenden Ölkörperchen durch Ameisen ohnehin viel effektiver verbreitet als durch die „Abschusseinrichtung".

Phantasievoll: die Blüte des Lerchensporns

Die Blüte des Lerchensporns ist eigenartig gestaltet. Zwei Kronblätter sind zu einem „Schiffchen" verwachsen. Der darin befindliche Griffel ist an der Spitze (also im Bereich der Narbe) scheibenförmig verbreitert. Am Rand dieser Scheibe sind Fransen. Um den Griffel herum ist eine Staubblattröhre geschmiegt. Aus den Staubfächern wird der klebrige Pollen entlassen und an die Fransen geschmiert. Von dort wird er auf die blütenbesuchenden Insekten übertragen, die sich in die Blüte hineinzwängen, um an den Nektar zu gelangen, der sich im Blütensporn befindet. Das geschieht dadurch, dass durch die Last des Insekts das Schiffchen nach unten gedrückt wird und so die Narbenscheibe heraustritt und das Insekt berührt.

Abb. 2-6 Eigenartig gebaute Blüte des Lerchensporns.

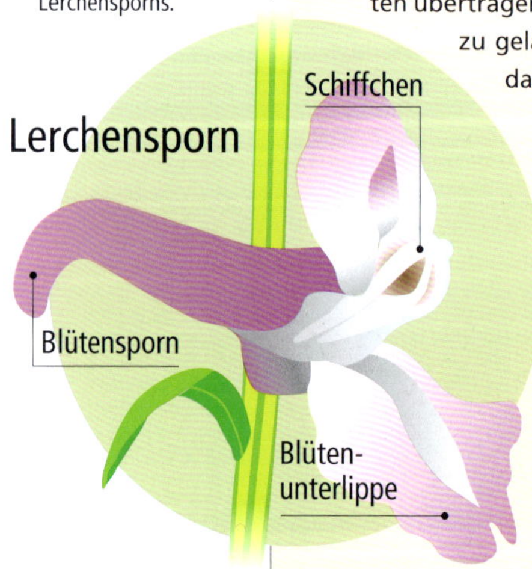

kennt keinen überzeugenden Auslesedruck, der die Entstehung von komplexeren oder ausgefalleneren Strukturen begünstigen könnte, als sie für das Überleben erforderlich sind. Und doch gibt es in der Natur Strukturen dieser Art in Hülle und Fülle (vgl. Kasten „Warum einfach, wenn es auch anspruchsvoller geht?").

Warum also scheinbar unnötig kompliziert, wenn es auch einfach geht, könnte man fragen. Von einem richtungslosen evolutionären Entstehungs-

Ausgefallen: Blüten und Früchte des Veilchens

Die Bestäubung der Veilchenblüte erfolgt trickreich: Das untere Kronblatt besitzt hinten einen Sporn, die beiden oberen bilden eine Fahne. Über dem Blüteneingang stehen fünf Staubbeutel und in der Mitte der Griffel mit der Narbe an der Spitze. Sie bilden zusammen einen Hohlraum, in dem sich der Pollen befindet. Die besuchenden Insekten landen auf der Blütenunterlippe. Haare zu beiden Seiten des Eingangs richten die Bewegung des in die Kronröhre eingeführten Rüssels auf die Narbe zu aus. Der Rüssel berührt die Narbe und bestäubt sie gegebenenfalls. Die Bewegung des blütenbesuchenden Insekts spreizt die Staubfäden auseinander, sodass etwas Pollen auf das Insekt herausrieselt. Auf dem angefeuchteten Rüssel haftet er bestens. Die Details sind noch komplizierter. Dabei funktioniert die Pollenübertragung bei den meisten anderen Blüten viel einfacher. Warum also so kompliziert?

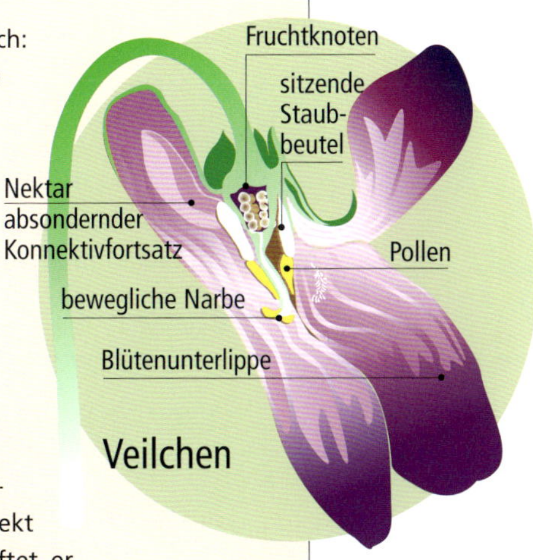

Abb. 2-7 Blüte und Früchte des Wald-Veilchens

Nicht minder erstaunlich sind die Früchte der Veilchen: Wenn die Fruchtwände auszutrocknen beginnen, spreizen sich ihre drei Klappen nach außen, bis sie etwa in einer Ebene liegen, und bilden gegenüber der Erdoberfläche einen Winkel von 45°. Die drei Fruchtwände sind dann bootförmig ausgebildet. Beim weiteren Austrocknen pressen sich die beiden Klappenwände gegen das Innere, wo die harten Samen eingeklemmt sind. Schließlich wird der Druck auf die eingeschlossenen Samen so stark, dass sie schlagartig herausgepresst werden und über zwei Meter weit fliegen – eine faszinierende Weise der Selbstverbreitung.

Farbenprächtig: ausstaffiert für die Liebe

Im Tierreich werden spielerisch erscheinende Merkmale und Schönheit oft mit der Balz in Verbindung gebracht. Beispielsweise seien ausgefallene Gefiedermerkmale (z.B. beim Pfau oder bei Paradiesvögeln, vgl. Abb. 2-8) evolutiv zum Zweck der Balz entstanden, um Weibchen für die Paarung zu gewinnen. Doch bei vielen Arten betreiben die Männchen keinen solchen Aufwand und pflanzen sich dennoch fort. So greift auch der evolutionäre Erklärungsversuch über das Balzverhalten nicht. Die Schönheit der Lebewesen und ausgefallene Strukturen scheinen sich hartnäckig gegen eine Erklärung unter einem bloßen Nützlichkeitsaspekt zu sperren und können als Design-Indiz gewertet werden.

Abb. 2-8 Männchen (oben) und Weibchen (unten) des Lavendel-Paradiesvogels, *Paradiesaea decora*.

prozess sollte man einfache, sparsame Lösungen erwarten. Diese gibt es ja auch – und sie funktionieren. Aus der Perspektive eines Schöpfers sind phantasie- und kunstvolle „Extras" aber durchaus bedeutungsvoll. Denn ein Schöpfer ist nicht darauf festgelegt, nur auf Zweckmäßigkeit hin zu konstruieren. Bei kreativ verursachten Dingen können auch Schönheit, spielerische Elemente, Ausgefallenheit oder Phantasiereichtum eine Rolle spielen. Alle diese Kennzeichen scheinen keinen unmittelbaren Nutzen zu haben, aber sind dennoch da. Solche spielerische Komplexität kennen wir aus unserer eigenen kreativen Tätigkeit: Wir schmücken unsere Balkone mit Blumen. Wir legen Wert auf Extras und schönes Design. Eine Wohnung soll nicht nur zweckmäßig, sondern auch gemütlich sein, und vieles mehr. Auch bei Lebewesen kann man solche spielerischen oder künstlerischen Elemente häufig finden.

Programmierte Anpassung – Plastizität

Die Organe von Lebewesen werden häufig mit menschlicher Technik verglichen. Gemeinsam ist beiden eine hochgradige funktionale Komplexität. Davon war schon die Rede. Dabei erweisen sich die Lebewesen als sehr viel ausgefeilter und leistungsfähiger als jede vom Menschen konstruierte Technik. Wir werden darauf etwas genauer im Abschnitt über Bionik eingehen. Hier soll es zunächst um eine Eigenschaft von Lebewesen gehen, die sie menschlicher Technik (mindestens nach derzeitigem Stand der Ingenieurskunst) weit überlegen sein lässt. Diese besondere Eigenschaft wird

Plastizität genannt. Lebewesen bestehen nicht nur aus einzelnen Teilen (Stoffwechselwege, Zellbestandteile, Zellen, Organe usw.), sondern sie besitzen auch zahlreiche Variationsprogramme: Als Reaktion auf wahrgenommene Umweltreize können sie sich individuell verändern (nicht im Sinn von Evolution). Solche Reaktionen nennt man plastisch. Ein bekanntes Beispiel beim Menschen ist die Verdickung der Hornhaut bei mechanischer Beanspruchung: Wer häufig barfuß geht, bekommt dicke Hornhaut an den Füßen. Wer oft ein Saiteninstrument spielt, hat dicke Hornhaut an den Fingerkuppen (Abb. 2-9). Fällt die Beanspruchung weg, wird die Haut wieder dünner. Auch die Bräunung der Haut bei erhöhter UV-Strahlung ist eine plastische Reaktion. Ein anderes Beispiel ist die Erhöhung der Anzahl der roten Blutkörperchen, wenn man sich längere Zeit in dünnerer Luft (im Hochgebirge) aufhält. Der Körper ist also in der Lage, Umweltreize (Reibung, UV-Strahlung, dünnere Luft usw.) zu messen und bei Bedarf in gewissen Grenzen darauf zu reagieren.

Abb. 2-9 Wer häufig ein Saiteninstrument spielt, dessen Hornhaut wird an den Fingerkuppen dicker. Die Haut reagiert auf die mechanischen Reize beim Druck auf die Saiten mit einer Verdickung. Dahinter steckt ein anspruchsvoller Prozess.

Die Fähigkeit zu plastischen Reaktionen ist zukunftsorientiert, denn sie wird nur bei Bedarf benötigt, teilweise nur selten oder im Extremfall nicht einmal in jeder Generation. Aber für diesen Bedarf ist vorgesorgt; es wurde sozusagen zuvor bereits in die Zukunft gedacht.[6]

Zukünftige Anforderungen kann nur eine denkfähige Person einkalkulieren; natürliche Prozesse können das nicht. Zukunftsorientierung, wie hier die Abrufbarkeit von Fähigkeiten, falls diese benötigt werden, ist ein klares Schöpfungsindiz. Nur eine kreative, geistbegabte Person kann sich die Zukunft vorstellen und ihr Handeln entsprechend ausrichten. Wenn man von Schöpfung ausgeht, lassen sich solche bei Bedarf verfügbaren Fähigkeiten leicht verstehen. Ein Schöpfer kann in die Zukunft vorausdenken und seine Geschöpfe dafür vorbereiten.

Die Fähigkeit zu plastischen Reaktionen ist zukunftsorientiert, denn sie werden nur bei Bedarf benötigt. Zukünftige Anforderungen kann nur eine denkfähige Person einkalkulieren.

Die Variationsprogramme, die eine plastische Reaktion ermöglichen, sind sehr aufwändig. „Zwischen der Reizaufnahme und der Ausprägung des Phänotyps können Dutzende von Schritten liegen, die durch Hunderte von Genen und zahllose Umweltfaktoren und physiologische Faktoren beeinflusst werden", stellen zwei Experten fest.[7] Plastische Reaktionen erfordern auch nichtreduzierbar komplexe Konstellationen (s. o.), d. h. sie funktionieren nur, wenn sie komplett sind. Man kann sie mit einem Regelkreis vergleichen, wie er etwa bei einem Thermostat und der mit ihm gekoppelten Heizung vorkommt. Für die Temperaturregelung über einen Thermostat sind drei Dinge gleichzeitig nötig: 1. Der Thermostat muss den Istwert feststellen, also die *gerade herrschende* Temperatur messen. 2. Er muss den Istwert mit dem Sollwert vergleichen; der Sollwert ist die *gewünschte* Temperatur. 3. Wenn der Unterschied zwischen Istwert und Sollwert einen bestimmten Wert überschreitet, muss der Thermostat eine Reaktion einleiten. Ist es z. B. zu kalt, muss er veranlassen, dass stärker geheizt wird. Zudem muss der Sollwert dem System von außen vorgegeben werden. Es ist also noch eine übergeordnete Ebene erforderlich, auf der eine Entscheidung getroffen worden sein muss: Wie hoch soll die Temperatur sein? Fehlt nun eine dieser Komponenten, ist das System funktionslos. Es funktioniert dann nicht schlechter oder nur ein bisschen, sondern gar nicht. Das System muss also von vornherein in den wesentlichen Komponenten komplett sein.

Bei den plastischen Systemen der Lebewesen ist das nicht anders. Die drei genannten Komponenten und eine übergeordnete Vorgabe von Sollwerten sind für plastische Reaktionen bei Lebewesen genauso erforderlich: 1. Relevante Umweltreize müssen erkannt und ihre Intensität gemessen werden. Dabei muss oft ein Mittelwert über einen bestimmten Zeitraum hinweg festgestellt werden. Meistens müssen darüber hinaus verschiedene Umweltreize berücksichtigt werden, um ein Gesamtbild zu

Abb. 2-10 Buschwindröschen können ihre Blüten in zweifacher Weise bewegen: Sie können sie je nach Witterung schließen und öffnen, und sie können dem Stand der Sonne folgen.

Regelkreise beim Buschwindröschen

Beim Buschwindröschen *(Anemone nemorosa)* gibt es ein schönes Beispiel für plastische Reaktionen: die Bewegung der Blüten. Es öffnet bereits im zeitigen Frühjahr seine weißen Blüten bei Wärme und Sonnenschein, kann sie aber nachts und bei kühler Witterung zum Schutz der Staubblätter schließen. Dies geschieht durch Wachstumsbewegungen: Die Außenseite der Perigonblätter (Blütenblätter) wächst schneller als die Innenseite. Ein ähnlicher Vorgang spielt sich beim Blütenstiel ab, was dazu führt, dass dieser abwärts gebogen werden kann. Das ist keine Kleinigkeit. Die Pflanze benötigt drei Dinge gleichzeitig: 1. Sollwerte passend zur Witterung; 2. die Fähigkeit, Ist- und Sollwert zu vergleichen (ist die Blütenstellung passend für die Witterung?), also eine Art Messfühler; 3. passende Reaktionen und deren Steuerung. Fehlt davon eine Fähigkeit bzw. Vorgabe, kann der Mechanismus nicht funktionieren. Alles oder nichts – ein typisches Schöpfungsindiz.

Bei Sonnenschein „strahlen" die Buschwindröschen auch und öffnen ihre Blüten so weit, dass die Perigonblätter eine Art Hohlspiegel bilden und so die Wärme zu den inneren Blütenorganen hin konzentrieren. Dabei folgen sie dem Lauf der Sonne – ein weiterer Mechanismus, der auf einem Regelkreis beruht und auch bei vielen anderen Arten vorkommt (z. B. bei der Sonnenblume). Die Position der Sonne wird registriert und die Stellung der Blüte kontinuierlich nachgeführt. Woher kommen Sollwerte, Messfühler und die zugleich erforderliche Fähigkeit zur Nachführung? Wir haben ein teleologisches (zielorientiertes) System vor uns – jeder Regelkreis ist das. Man kann solche Vorgänge mit etwas Geduld leicht selbst beobachten und so schon vor der Haustür dem Schöpfer auf die Spur kommen.

Tiere, die ihr Aussehen verändern können

Die Fähigkeit, auf Umweltreize in passender Weise zu reagieren, ist auch im Tierreich weit verbreitet. Wenn eine junge Raupe der Motte *Nemoria arizonaria* Eichenblüten frisst, entwickelt sie sich in ihrer äußeren Form zu einem „Eichen-Blütenkätzchen". Dadurch sieht sie ähnlich aus wie der als „Blütenkätzchen" bezeichnete männliche Blütenstand der Eichen (Abb. 2-11). Frisst eine andere Raupe aus demselben Gelege dagegen Blätter, wird sie in ihrer Gestalt zu einem „Zweig".

Wenn eine Raupe in ein Blatt beißt, erkennen manche Pflanzen den Speichel der Raupe und lösen eine Signalkette aus, die zur Bildung eines Giftstoffes in der ganzen Pflanze und zur Freisetzung eines flüchtigen Pheromons (Sexuallockstoff) führt. Dieser wird von benachbarten Pflanzen erkannt, die dadurch vor dem Pflanzenfresser gewarnt werden. Das stimuliert diese zu ihrer eigenen chemischen Abwehr. Als Reaktion auf das Gift produziert die betreffende Raupe Magenenzyme, die das Gift unschädlich machen können.

Manche Heuschrecken bilden starke Kiefer und Kiefermuskeln aus, weil sie sich von qualitativ minderwertiger faseriger Nahrung ernähren, andere entwickeln einen größeren Magen. Wieder ein anderer Grashüpfer bildet als Reaktion auf die Konfrontation mit zahlreichen chemischen Stoffen mehr Geruchssinneszellen auf seinen Antennen aus.

Ein berühmtes Beispiel ist die Entwicklung eines Helm- und Schwanzstachels beim Wasserfloh *Daphnia pulex* (Abb. 2-12). Die Bildung dieser Stacheln wird durch die Anwesenheit eines Räubers ausgelöst, der sich durch Botenstoffe im Wasser bemerkbar macht.

Bei vielen Schmetterlingen gibt es eine Frühjahrs- und eine Sommerform. Die Falter haben unterschiedliche Musterungen, je nachdem, unter welchen Bedingungen ihre Raupen gelebt haben. Ein Beispiel aus der heimischen Tierwelt ist das Landkärtchen (Abb. 2-13). Es handelt sich bei diesen Beispielen immer um anspruchsvolle Programme, die bei Bedarf abgerufen werden können, wenn entsprechende Reize wie Nahrung oder Geruchsstoffe auftreten.

Abb. 2-11 Die Raupe des Spanners *Nemoria arizonaria* kann je nach Umgebung Äste oder Blütenkätzchen von Eichen nachahmen.

Abb. 2-12 Der Wasserfloh *Daphnia* ist in der Lage, einen Helm- und Schwanzstachel zu bilden.

Abb. 2-13 Das Landkärtchen hat zwei Flügelmuster im Repertoire. Sie werden ausgebildet, je nachdem, zu welcher Jahreszeit sich seine Raupen entwickeln.

erhalten. 2. Die Signale müssen weitergeleitet werden; im Extremfall über mehrere Zwischenstationen bis zum Gehirn (z. B. durch Hormone oder das Nervensystem). 3. Die Fähigkeit für passende Reaktionen muss vorhanden sein. Solche Regelsysteme kommen bei Lebewesen auch in anderen Zusammenhängen häufig vor wie z. B. Zeitpunkt für die Blüte, Laubverfärbung, Laichzeit oder Aufzucht einer neuen Bienenkönigin.

Jede einzelne Komponente eines Regelkreises für sich genommen ist anspruchsvoll, etwa wenn man bedenkt, dass es so etwas wie Messgeräte geben muss. Aber selbst wenn zwei der drei anspruchsvollen Komponenten vorhanden wären, wäre das System in Bezug auf plastische Reaktionen noch völlig funktionslos.

Da Plastizität eine zukunftsorientierte, anspruchsvolle Fähigkeit ist, kann sie als Schöpfungsindiz und als Ausdruck weiser Voraussicht interpretiert werden.

Abb. 2-14 Früchte mit Schirmchen beim Löwenzahn und beim Berg-Baldrian (Mitte). Beim Hasen-Klee (rechts) bildet der Blütenkelch ein Schirmchen.

Mehrfachverwendung und Baukastensystem

Bei zahlreichen nicht näher verwandten Organismen treten sehr ähnliche Konstruktionen oder Merkmale auf. Auch das ist ein interessantes und häufig vorkommendes Schöpfungsindiz. Weshalb spricht das für Schöpfung? Ein Vergleich soll das klarmachen.

Stellen Sie sich vor, jemand soll mit verbundenen Augen vom Mittelpunkt eines Sportplatzes ohne Vorgabe eines Zieles 100 Schritte in beliebige Richtungen gehen. Die Richtung darf er dabei bei jedem Schritt ändern. Die Stelle, an der er dann angekommen ist, wird markiert. Anschließend soll eine zweite Person ohne Wissen über den Endpunkt der Schrittfolge der ersten Person in gleicher Weise ziellos 100 Schritte gehen – und kommt genau an derselben Stelle an. Da kommen Sie ins Grübeln. Spätestens wenn eine dritte Person unter denselben Bedingungen nach 100 Schritten wieder an demselben Punkt ankommt, schließen Sie Zufall aus und gehen davon aus, dass es eine unerkannte Steuerung gibt.

Konvergenzen: Ähnliche Konstruktionen oder Einrichtungen, die mehrfach unabhängig entstanden sind.

Ein erstes Beispiel aus dem Pflanzenreich soll eine analoge Situation bei den Lebewesen illustrieren: Jeder kennt die Pusteblume, die Früchte des Löwenzahns. Sie sind als Schirmchen ausgebildet (Abb. 2-14) und aufgrund einer ausgefeilten Konstruktion sehr gut flugfähig. Solche Schirmchen finden sich aber nicht nur bei den Korbblütlern, zu denen der Löwenzahn gehört, sondern auch bei anderen nicht näher verwandten Arten wie z. B. den Baldriangewächsen. Die Baldriangewächse sind insgesamt im System der Blütenpflanzen so weit von den Korbblütlern entfernt, dass man nicht umhinkommt, eine unabhängige Entstehung der Schirmchen bei ihnen anzunehmen. Die Schirmchen lassen sich nicht auf gemeinsame Vorfahren zurückführen (vgl. Kapitel 5).

Evolutionstheoretiker sprechen in solchen Fällen von **Konvergenz** und meinen damit die Annäherung an eine sehr ähnliche Konstruktion, ausgehend von Vorfahren, die diese Konstruktion nicht besaßen. Auf zwei unabhängigen Wegen soll ein sehr ähnliches Bauelement, hier das Schirmchen, entstanden sein. Ein ähnliches Schirmchen bilden zudem die Kelche des wiederum nicht-verwandten Hasen-Klees aus.

Rekordverdächtige Konvergenzen

Viele Pflanzen locken Ameisen an, indem sie Nektar abgeben, der nicht von den Blüten gebildet wird. Dieser zuckerhaltige Saft wird in Nektardrüsen z. B. an Blattstielen produziert, in sogenannten extrafloralen Nektarien (Abb. 2-16). Die Ameisen wiederum entfernen schädliche Raupen, Insekteneier usw. und schützen dadurch die Pflanze vor Fressfeinden. Man spricht daher auch von „Polizistenfutter". Solche extrafloralen Nektarien sind bei etwa 4000 Pflanzenarten aus 108 verschiedenen Pflanzenfamilien nachgewiesen. Im System der Blütenpflanzen sind sie so unsystematisch verteilt, dass man annehmen muss, dass sie über 400-mal konvergent entstanden sind.

Ein zweites Beispiel: Die Samen vieler Blütenpflanzen tragen kleine Anhängsel, sogenannte Ölkörperchen, die nahrhafte Öle und manchmal auch Zucker enthalten (Abb. 2-15). Ameisen lieben diese „Kalorienbomben". Deswegen schleppen sie die Samen weit von der Mutterpflanze weg. Sie fressen nur die Ölkörperchen, die Samen selbst bleiben übrig. So tragen sie wirkungsvoll zur Ausbreitung der Samen bei. Dafür werden sie durch die Ölkörperchen gleichsam belohnt. Auch hier sind die Arten, deren Samen solche Ölkörperchen besitzen, im System der Arten so verstreut, dass eine über 100-malige unabhängige Entstehung angenommen werden muss.

Abb. 2-15 An Samen anhängende Ölkörperchen bei (von oben)
A Schöllkraut
B Haselwurz
C Herzblume
D Schneeglöckchen
E Lerchensporn

Abb. 2-16 Extraflorale Nektarien beim Schneeball, bei der Kirsche und beim Staudenknöterich.

Abb. 2-17 Federschweife bei der Alpen-Küchenschelle (links) und bei der Kriechenden Nelkenwurz.

Ähnlich ist es bei Federschweifflieger-Früchten (Abb. 2-17). Arten bzw. Gattungen, die diese Art von Früchten oder Samen besitzen, sind z. T. ebenfalls nicht näher verwandt, sodass auch hier eine mehrfach unabhängige Entstehung angenommen werden muss.

Wie kommt es, dass vielfach dieselben Konstruktionselemente verwirklicht oder dieselben Fähigkeiten gegeben sind? Aus der Schöpfungsperspektive ist das leicht verstehbar: Ein genialer Schöpfer kann eine Bauplanidee (z. B. die Schirmchenkonstruktion) immer wieder beliebig oft in verschiedensten Zusammenhängen verwenden, wo er möchte oder es für zweckmäßig hält. Mehrfachverwendungen und daraus folgend eine Art *Baukastensystem* sind typische Kennzeichen ausgeklügelter Planung, also Schöpfungsindizien. Man kann das mit Computerprogrammen vergleichen: So unterschiedliche Programme wie *Excel* und *Word* haben gleiche Programmcodes für Aufgaben, die beide Programme erfüllen müssen (Datei öffnen, speichern, kopieren usw.). Warum sollte man auch einen neuen Code erfinden, wenn es bereits eine Lösung gibt?

Tab. 2-3 Überblick über Design-Indizien. Alle diese Kennzeichen sind Hinweise auf einen Schöpfer (= Design-Indizien), weil sie ein Vorausschauen bzw. Planung erfordern. Nur eine kreative Person kann das, natürliche Vorgänge können das nicht.

Design-Indizien

Kennzeichen, die nach aller unserer Erfahrung typisch sind für eine kreative Entstehung.

Robustheit:	Ein System kann Störungen ausgleichen.
Fehlertoleranz:	Ein gewisses Ausmaß an Fehlern führt nicht zum Funktionsausfall.
Redundanz:	Wichtige Teile sind doppelt vorhanden oder das System ist so konstruiert, dass bei Ausfall eines Teiles ein anderes wenigstens notdürftig „einspringen" kann.
Modularität:	Einzelne Organe bzw. Konstruktionselemente weisen eine gewisse Selbständigkeit auf, wodurch Störungen nicht gleich das Lebewesen in seiner Ganzheit bedrohen.
Optimalität:	Eine Konstruktion könnte nicht besser für den gewünschten Zweck gebaut sein.
Schönheit:	Ein Schöpfer legt auch auf ästhetische Aspekte Wert.

In derselben Weise kann ein Schöpfer wie bei einem „Baukastensystem“ unterschiedliche Bauteile beliebig verwenden und kombinieren, so wie es die Lebensweise der einzelnen Geschöpfe erfordert. Diese Freiheit hat ein evolutiver Prozess jedoch nicht. Und es ist extrem unwahrscheinlich, dass auf der Basis zufälliger Schritte ohne Steuerung mehrfach dasselbe Ergebnis erreicht wird (siehe den obigen Vergleich). Wir werden darauf in Kapitel 3 zurückkommen.

Abb. 2-18 Leimruten (lange, klebrige, ausstülpbare Zungen) sind sehr anspruchsvolle Organe. Trotzdem müssen sie mindestens fünfmal unabhängig entstanden sein. Auch das Chamäleon besitzt eine Leimrute.

Das Phänomen der Konvergenz ist keine Randerscheinung, mit der es die Biologen nur in seltenen Sonderfällen zu tun hätten, sondern es ist weit verbreitet. Gerade bei Blüten, Samen und Früchten von Samenpflanzen ist es geradezu normal, dass bestimmte Konstruktionen mehrfach oder vielfach unabhängig vorkommen (vgl. Kasten „Rekordverdächtige Konvergenzen“ S. 31).

Auch aus dem Tierreich sind unzählige Beispiele von Konvergenzen bekannt und ihre Zahl nimmt durch den Fortschritt der Forschung ständig zu. Eindrucksvolle Beispiele sind die sogenannten Leimruten, das sind lange, ausstülpbare, klebrige Zungen. Leimruten sind so unsystematisch im System der Tiere verteilt, dass sie fünfmal unabhängig entstanden sein müssen, nämlich beim Ameisenbären, Schuppentier, Erdferkel, Specht und Chamäleon (Abb. 2-18). Mit den „Leimruten“-Zungen werden kleine Insekten (vornehmlich Ameisen oder Termiten) aufgenommen. Im Einzelnen gibt es zwar mehr oder weniger große Unterschiede im Bau der einzelnen Leimruten, doch insbesondere bei den drei Säugergruppen (Ameisenbär, Schuppentier und Erdferkel) und beim Specht weisen sie einige tiefgreifende Gemeinsamkeiten auf: Der Kiefer ist schmal und zahnlos (oder die Zähne sind nur schwach ausgebildet), die Schnauze ist verlängert und die Mundöffnung verengt. Die Zunge ist sehr lang (bis zu 60 cm) und klebrig. Für ihre Betätigung werden besondere Muskeln benötigt. Als Kauapparat dient der Magen, der als Kaumagen ausgebildet ist. Das heißt: Die aufgenommene Nahrung wird im Magen z. B. durch Platten und Muskeltätigkeit mechanisch zerrieben und ausgepresst. Insgesamt handelt es sich um eine komplizierte Apparatur. Dass sie *einmalig* durch evolutionäre Zufalls- und Auslesevorgänge (Mutation und Selektion, s. Kapitel 3) entstanden sein könnte, ist schon unplausibel. Eine *mehrmalige* Entstehung einer solch komplizierten Konstruktion auf Zufallswegen ist noch viel unglaubhafter. Dieses Beispiel zeigt darüber hinaus, dass aufgrund von Ähnlichkeit gar nicht automatisch auf gemeinsame Abstammung geschlossen werden kann. Denn die Tiere, die Leimruten besitzen, sind sich in anderen Merkmalen insgesamt so unähnlich, dass sie auf ganz verschiedene Äste des evolutionären Stammbaums gesetzt werden (vgl. Kapitel 5).

Ein Schöpfer kann wie bei einem „Baukastensystem“ unterschiedliche Bauteile beliebig verwenden und kombinieren.

Auch bei Insekten sind beeindruckende Konvergenzen entdeckt worden. Erst seit kurzem weiß man, dass das Heuschrecken-Ohr, das sich in

Hörorgan von Säugetieren und Heuschrecken: erstaunlich ähnlich

Eine überraschend detaillierte Konvergenz wurde bei Mechanismen des Hörvorgangs von Säugetieren und Katydiden-Heuschrecken entdeckt.[9] In der Grafik sind die drei Stadien Schallaufnahme über das Trommelfell, Verstärkung im Mittelohr und Frequenzanalyse in einem flüssigkeitsgefüllten Medium dargestellt.

Der grundsätzliche Aufbau dieser Ohren ist erstaunlich ähnlich:
1. Die Schallaufnahme mittels eines Trommelfells. 2. Die Impedanzwandlung mit Gehörknöchelchen bzw. einer Platte. Impedanzwandlung ist die Umwandlung niedriger Schalldrücke und hoher Auslenkungen der Luft in hohe Drücke und geringe Auslenkungen in der Flüssigkeit des Innenohrs. Sie führt zu einer Verstärkung des Schalldrucks. Das wäre nicht möglich, wenn die Flüssigkeit des Innenohres direkt an das Trommelfell angrenzen würde. 3. Analyse der Frequenzen der übertragenen Geräusche in einem flüssigkeitsgefüllten Medium, in das zahlreiche Sinneshärchen hineinragen. Diese werden durch die erzeugten Wanderwellen in der Flüssigkeit verbogen. Dadurch werden in den Sinneszellen des Innenohres elektrische Signale erzeugt, was zur Erregung des Hörnervs führt. Auf diese Weise wird letztlich der ankommende Schall in Nervenimpulse umgesetzt und über den Hörnerv sowie die zentralen Hörbahnen ans Gehirn weitergeleitet.

Abb. 2-19 Katydiden-Männchen der Gattung *Scudderia*: Mechanismus beim Hörvorgang im Vergleich mit einem Säugetier.

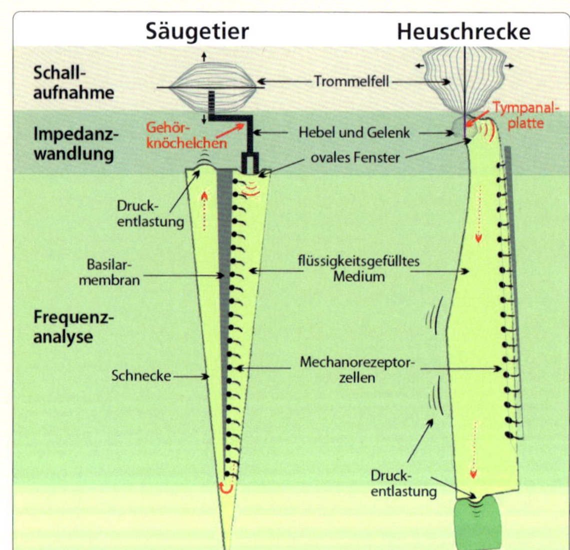

den Beinen befindet, erstaunlich ähnlich wie das Mittel- und Innenohr von Säugetieren aufgebaut ist (Abb. 2-19). Ein detaillierter Vergleich zahlreicher Insektengruppen ergab, dass das Blutsaugen 12-mal konvergent entstanden sein muss, Endoparasitismus, also die Entwicklung von Larven in den Körpern anderer Organismen, sogar 17-mal. Dabei muss man bedenken, welche komplexen physiologischen und verhaltensbiologischen Merkmale dafür erforderlich sind. Von einer 10-maligen unabhängigen Entstehung muss beim Ektoparasitismus (Parasitismus an der Körperoberfläche von Wirtsarten) ausgegangen werden.[10]

Anders als früher angenommen hat sich herausgestellt, dass das Phänomen „Konvergenz“ bzw. „Baukastensystem“ so verbreitet ist, dass mehrere Forscher ganze Bücher diesem Thema gewidmet haben. Der Paläontologe Simon Conway Morris betreibt sogar eine Webseite mit einer Sammlung von Konvergenzen (mapoflife.org).

Das Design-Merkmal „Baukastensystem“ ist häufig mit anderen Design-Indizien gekoppelt, besonders mit dem Indiz der nichtreduzierbaren Komplexität, da viele Konvergenzen dieses Kennzeichen ganz klar tragen. Auch plastische Fähigkeiten müssen häufig mehrfach unabhängig voneinander entstanden sein. Beispielsweise sind die Blüten vieler Pflanzen in der Lage, dem Stand der Sonne zu folgen. Dies ist sprichwörtlich der Fall bei der Sonnenblume, aber z. B. auch beim nur sehr entfernt verwandten Buschwindröschen (vgl. Abb. 2-10).

Es gibt weitere Typen von Schöpfungsindizien, die hier nur kurz erläutert werden sollen. Dazu gehören Robustheit und Fehlertoleranz, Redundanz, Modularität, Optimalität und Schönheit (vgl. Tab. 2-3). „Robustheit“ bedeutet, dass ein System Störungen oder selten vorkommende, ungewöhnliche Belastungen in einem gewissen Rahmen ausgleichen kann, ohne dass seine Funktion verlorengeht. Viele technische Geräte sind stoßsicher und funktionieren auch dann noch, wenn sie zu Boden fallen. Robustheit gibt es auch bei Lebewesen; so ist z. B. unser Gehirn sehr gut stoßgedämpft. Der genetische Code (Kasten S. 40) ist so genial angelegt, dass viele Mutationen (Erbgutfehler) folgenlos bleiben (Fehlertoleranz). Dieses Kennzeichen ist ein Design-Indiz, weil eine Zukunftsorientierung erkennbar wird: Für den Fall einer Störung ist *vorgesorgt*. Das gilt auch für Redundanz. Das Erbgut und die Stoffwechselprozesse sind so aufgebaut, dass bei Ausfällen einzelner Gene bzw. Proteine oft wenigstens notdürftig ähnliche Gene und Abläufe „einspringen“ können.[11] In diesem Zusammenhang können auch Heilungsprozesse und Regenerationsfähigkeit genannt werden.

Was hätte der Schöpfer noch tun können, um seine Schöpferkraft unter Beweis zu stellen?

Lebewesen sind in großen Teilen modular aufgebaut. Das heißt: Einzelne Organe bzw. Konstruktionselemente weisen eine gewisse Selbständigkeit auf, wodurch Störungen nicht gleich das Lebewesen in seiner Ganzheit

Molekulare Maschinen

Auf S. 49-50 werden sogenannte „molekulare Maschinen“ vorgestellt, die in den Zellen vorkommen und deren Größe im Nanometer-Bereich liegt (Nanometer = Millionstel Millimeter). Solche Miniatur-Maschinen sind aus mehreren Proteinen zusammengesetzt, die genau aufeinander abgestimmt sein müssen, damit das gesamte Gebilde eine Maschinenfunktion ausüben kann. Die molekularen Maschinen eröffnen eine ganz neue Dimension von zellulärer Komplexität und sind eindrucksvolle Design-Indizien.

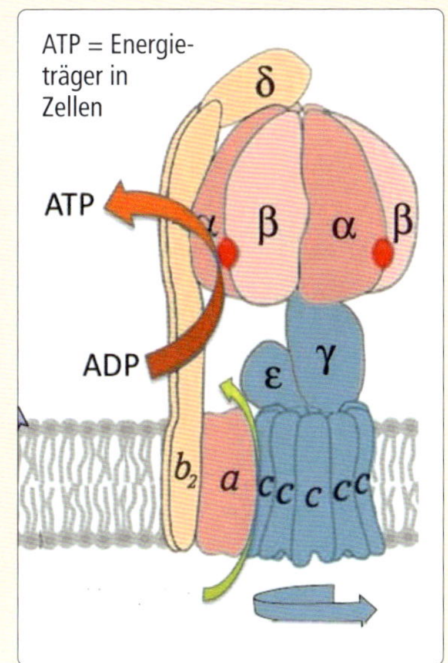

Die bakterielle ATP-Synthase als Beispiel einer molekularen Maschine in schematischer Darstellung in Seitenansicht. Der innere Komplex aus den c-Untereinheiten (= Blautöne) sowie der ε- und γ-Untereinheit wird durch einen Protonenstrom ins Innere der Zelle (gelber gebogener Pfeil) in Rotation versetzt (Rotor). Der Rest der Maschine (Rottöne) bleibt unbeweglich (Stator).

bedrohen. Diese Modularität hat aber Grenzen, denn selbstverständlich sind die einzelnen Module vernetzt.

Interessant ist auch, dass in manchen Fällen gezeigt werden kann, dass Einrichtungen der Lebewesen wirklich optimal sind. In sehr beeindruckender Weise ist das der Fall beim genetischen Code, also der „Vorschrift", wie die Abfolge der Nukleotide auf der DNA in Abfolgen von Aminosäuren der Proteine übersetzt wird (Kasten S. 40). Hier sind die Erfordernisse der Robustheit, Fehlertoleranz und Sparsamkeit optimal gekoppelt.[12] Allerdings wird oft behauptet, dass es im Erbgut auch Fehler gäbe. Darauf wird in Kapitel 6 eingegangen.

Angesichts der Fülle von Design-Merkmalen drängt sich die Frage auf: Was hätte der Schöpfer noch tun können, um seine Schöpferkraft und Weisheit bei den Lebewesen unter Beweis zu stellen?

Das Bionik-Argument

In der Bionik (**Bio**logie und Tech**nik**) werden Eigenschaften und Konstruktionen von Lebewesen untersucht mit dem Ziel, diese innovativ für technische Anwendungen nutzbar zu machen. Bioniker versuchen diese konstruktiven Lösungen in der Technik umzusetzen. Die Einrichtungen und Fähigkeiten der Lebewesen dienen dabei als Inspiration für einen Nachbau in technischen Konstruktionen. Das heißt aber nichts anderes, als dass die Natur nach Planung aussieht. Ein berühmtes Beispiel ist der Lotoseffekt (Abb. 2-20): Dabei sind Oberflächen wie beim Blatt der Lotos-Pflanze mit mikroskopischen Strukturen so komplex gestaltet, dass Wasser darauf nicht haften kann. Stattdessen perlt es ab und nimmt dabei ggf. kleine Schmutzteilchen mit. Auf diese Weise wird die Oberfläche gereinigt. Angewendet wird dieser Effekt zum Beispiel bei Bootsrümpfen, bei der Beschichtung von Fensterglas oder bei Textilien.

Abb. 2-20 Indische Lotosblume mit Wasser auf einem Blatt (Lotoseffekt) und eine Computergrafik der bei Benetzung sich selbst reinigenden Oberfläche des Lotosblatts.

Zwei Zitate sollen zeigen, dass die Überlegenheit der Schöpfung gegenüber menschlicher, nur nachahmender Technik anerkannt wird:

> „Voller Neid blicken Ingenieure auf derart geniale Leistungen der Baumeisterin Natur, neben denen sich ihre Kreationen so plump ausnehmen wie ein Faustkeil neben einem Präzisionsfräskopf. Stümperhaft erscheint etwa die Tragfläche eines Segelflugzeugs, verglichen mit einem Libellenflügel." (Der Spiegel)[13]

„Mittlerweile sind viele Forscher überzeugt: Computer und eine noch so leistungsfähige Software können nicht konkurrieren mit dem Erfindungsreichtum von drei bis vier Milliarden Jahren Evolution." (Gerd Binnig)[14]

Bionik:
Wenn schon die Nachahmung von Strukturen der Lebewesen einen großen Aufwand an Planung und viel *Know-how* erfordert, gilt dies erst recht für die Entstehung der haushoch überlegenen Vorbilder.

Niemand hat freilich gezeigt, dass die „Natur" etwas erfunden hat; es wird hier einfach zum Ausdruck gebracht, dass die Konstruktionen und Programmierungen, die bei den Lebewesen entdeckt werden, dem haushoch überlegen sind, was Ingenieure und Programmierer mit großem Aufwand erreicht haben.

Wenn aber Konstrukteure biologische Vorbilder nachahmen, lernen sie dabei von zukunftsblinden Prozessen oder von einem überlegenen Schöpfer? Lernen Designer von Designern oder von Zufallsprozessen, um möglichst effizient und zielgerichtet vorzugehen? „Etwas, was nicht in sich zweckmäßig ist, kann auch kein Vorbild für zweckmäßige technische Gestaltung sein."[15]

Winfried Borlinghaus kommentiert: „Es ist klar, dass jede technische Entwicklung Geist und Intelligenz erfordert. Sollte das ausgerechnet für die Natur, die doch um ein vielfaches genialer und effizienter funktioniert als jede menschliche Erfindung, nicht gelten?"[16]

Das Bionik-Argument besagt also: Wenn schon menschliche Programmierkunst und Technik nur durch umfangreiche Überlegungen und Planung zum Erfolg führt, muss dies erst recht für die haushoch überlegenen Konstruktionen und informationsgesteuerten Systeme der Lebewesen gelten.[17]

Abb. 2-21 Die Libelle ist ein Fluggenie. Bioniker haben einen Nachbau versucht, sodass die Flugbewegungen einer künstlichen Libelle denen von lebenden Libellen ähneln. Diese können ihre Flügel unabhängig voneinander bewegen und blitzschnell vom Vorwärts- in den Schwebeflug übergehen. Und sie können ihre Flugrichtung in weniger als einer Sekunde wechseln.

Fazit

In der Regel können Gegenstände, die durch eine kreative Tätigkeit entstanden sind, leicht von Gebilden unterschieden werden, die ihren Ursprung alleine dem Zufall und Naturgesetzen verdanken. Denn eine kreative Handlung hinterlässt typische Spuren an den durch sie gestalteten Dingen. Solche Spuren kreativer Tätigkeit finden wir in verschiedenartiger Ausprägung bei Lebewesen in Hülle und Fülle, und sie begegnen einem auf Schritt und Tritt. Der Schluss, dass die Lebewesen erschaffen wurden, ist daher sehr gut begründet.

ON

THE ORIGIN OF SPECIES

BY MEANS OF NATURAL SELECTION,

OR THE

PRESERVATION OF FAVOURED RACES IN THE STRUGGLE FOR LIFE.

BY CHARLES DARWIN, M.A.,

LONDON:
JOHN MURRAY, ALBEMARLE STREET.
1859.

„Über den Ursprung der Arten" – das berühmte Buch von Charles Darwin.

3. Ersetzen Mutation und Selektion den Schöpfer?

Im vorigen Kapitel haben wir auf unserer Spurensuche zahlreiche Indizien für einen Schöpfer kennengelernt. Viele Kennzeichen und Eigenschaften der Lebewesen kann man sehr gut verstehen, wenn man davon ausgeht, dass sie geplant und geschaffen wurden.

Seit aber Charles Darwin im Jahr 1859 sein epochemachendes Werk *Über den Ursprung der Arten* veröffentlicht hat, haben nach Auffassung der meisten Biologen alle diese Schöpfungsindizien als Hinweise auf einen Schöpfer ausgedient. Stattdessen glauben sie, einen natürlichen Mechanismus für die Entstehung der Arten gefunden zu haben, der einen Schöpfer überflüssig mache.

Das Wechselspiel von Mutation und Selektion

Mutation: zufällige Änderung des Erbguts, Kopierfehler bei der Verdopplung der DNA.

An die Stelle des Schöpfers sollen nach Auffassung der meisten heutigen Biologen natürliche Mechanismen treten. Sie sollen alleine auf der Basis von Zufällen und Naturgesetzen alle Arten von Lebewesen hervorgebracht haben. Zunächst hatte Darwin seine Selektionstheorie vorgestellt, später wurden auch **Mutationen** und andere natürliche Prozesse entdeckt. Gemeinsam sollen diese natürlichen Mechanismen auch die ausgefeiltesten Designs der Lebewesen hervorgebracht haben, und zwar ohne jede

Ein bisschen Molekularbiologie

Die wichtigsten Begriffe zum Erbgut und zu Proteinen

Einige der in diesem und in weiteren Kapiteln benutzen Begriffe betreffen molekulare Details der Lebewesen. Die wichtigsten, die in diesem Buch verwendet werden, sollen hier erklärt und illustriert werden.

Zunächst sind Gene und Proteine (Eiweiße) zu nennen. Beide sind langkettige Moleküle. Das Gen-Molekül wird DNA genannt. Die Gene bestehen aus einer Abfolge von vier Typen von Bausteinen, die als Nukleotide bezeichnet und mit den Buchstaben A, C, G und T abgekürzt werden (Abb. a). Die DNA ist als verdrehte Doppelkette ausgebildet.

Die Gene tragen die Erbinformation, in gewissem Sinne sozusagen die Software. Diese Information wird in den Zellen in Proteine übersetzt; diese könnte man als Hardware bezeichnen. Die Proteine werden für den Aufbau und den Stoffwechsel des Körpers benötigt. Die Übersetzung von Genen in Proteine ist ein anspruchsvoller Vorgang und erfolgt grob in zwei Stufen: Umschreibung (Transkription) in mRNA (messenger-RNA = Boten-RNA), danach deren Übersetzung (Translation) in Proteine (Abb. b). Proteine sind wie die DNA langkettige Moleküle und bestehen aus 20 verschiedenen Einzelbausteinen, den Aminosäuren (Primärstruktur). Die Aminosäurekette faltet sich dreidimensional in eine bestimmte Form, erst dadurch ist das Protein dann brauchbar.

Die Zuordnung der Bausteinabfolge der DNA zur Abfolge der Aminosäuren der Proteine wird durch den genetischen Code geregelt. Dabei entsprechen Dreiergruppen (Tripletts) von Nukleotiden jeweils bestimmten Aminosäuren. Bei der Zellteilung wird die DNA, die sich im Zellkern befindet, verdoppelt und dann auf die Tochterzellen verteilt. Falls bei dieser Verdopplung in Geschlechtszellen (Ei- oder Samenzelle) Fehler auftreten, spricht man von einer Mutation (= Veränderung). Es gibt verschiedene Arten von Mutationen, von denen drei in Abb. c) gezeigt werden.

Abb. b) Vom Erbgut zum Protein

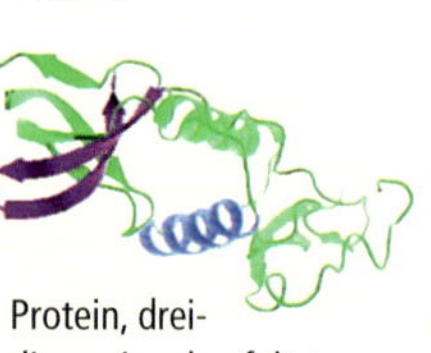

Protein, dreidimensional gefaltet

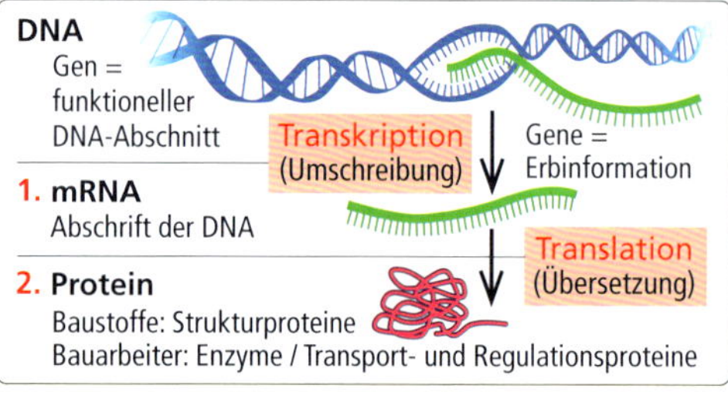

Primärstruktur: -Tyr-Lys Ala-Ala-Val-Asp-Leu-Ser-His-Phe-Leu-Lys-Glu-Lys-
-Asp-Trp-Trp-Glu-Ala-Arg-Ser-Leu-Thr-Thr-Gly-Glu-Thr-Gly-Tyr-Pro-Ser-

Abb. c) Beispiele von Mutationen auf der Ebene der Gene (Nukleotide).
A Punktmutation
B Verlust (Deletion)
C Einschub (Insertion)

Schimpanse: ACGTACATAGTACGTACGTACG--CGT
Mensch: ACGTACGTAGTAC----GTACGTACGT

A Punktmutation | B Verlust | C Einschub

Abb. a) Aufbau des DNA-Moleküls („Wendeltreppe"). Die Buchstaben A, C, G und T stehen für die vier Nukleotide Adenin, Cytosin, Guanin und Thymin.

Mutationen führen häufig zu Verlusten

Abb. 3-1 Flügelmutanten bei der Taufliege *Drosophila* (links Normalform, daneben Formen mit verkümmerten bzw. aufgebogenen Flügeln).

Abb. 3-2 Farbmutanten beim Wellensittich. Beim linken Exemplar ist die Synthese des gelben Farbstoffs ausgefallen, beim rechten fehlt der blaue Farbstoff. Mitte: Normalform.

Abb. 3-3 Albino des normalerweise kräftig blauen Stengellosen Enzians.

Abb. Seite 39 Blätter von Erbsen. Fiederblättchen fehlen bei der Mutante (links) und an ihrer Stelle befinden sich Ranken, die es normalerweise nur am Ende der Blätter gibt (rechts normale Form).

Zielvorgabe alleine durch Zufall und Naturgesetze. Ein Schöpfer werde nicht mehr benötigt, wird behauptet.

Der „Darwin'sche Mechanismus", das Zusammenwirken von Mutation und Selektion, ist bis heute Kernstück von Evolutionstheorien, ohne das eine Evolution der Lebewesen nicht denkbar erscheint.

Was leistet dieser Mechanismus? Zunächst zu den Mutationen: Dabei handelt es sich um Kopierfehler im Erbgut (DNA; s. Kasten „Ein bisschen Molekularbiologie"), die in aller Regel mehr oder weniger schädlich sind. Mutationen treten ungerichtet auf, d. h. ohne einen Zusammenhang zu gegenwärtigen und zukünftigen Bedürfnissen. Auf gewisse Ausnahmen wird im Kasten „Wiederkehrende Mutationen" eingegangen (S. 49).

Man kann Mutationen mit einem ziellosen blinden Herumtasten vergleichen. Da das Erbmolekül DNA eine lange Kette von Einzelbausteinen bildet (aufgeteilt in einzelne Chromosomen), besitzt es in gewissem Sinne Ähnlichkeiten mit einem geschriebenen Text. Mutationen entsprechen in diesem Vergleich Schreibfehlern. Treten Mutationen in den Geschlechtszellen auf, werden sie an die Nachkommen weitergegeben und können zu Änderungen z. B. im Stoffwechsel oder im äußeren Erscheinungsbild führen, z. B. zu einer Änderung der Fellfarbe oder der Schnabelform (Beispiele: siehe Kasten auf dieser Seite).

Abb. 3-4 Homöotische Mutationen. Bei solchen Mutationen werden ganze Körperteile an einer falschen Stelle ausgebildet. Der Kopf einer Taufliege mit Beinen anstelle der Antennen.

Mutierte Blüte der Acker-Schmalwand (links). Die Staubblätter und Fruchtblätter sind durch zusätzliche Kelchblätter und Kronblätter ersetzt. Es gibt auch Blütenmutanten, die nur aus Fruchtblättern, nur aus Kelchblättern oder sogar nur aus Laubblättern bestehen. Rechts: Normalform.

Meistens sind durch Mutationen verursachte Veränderungen geringfügig, in manchen Fällen können sie aber auch sehr weitreichend sein. Erhebliche, durch Mutationen ausgelöste Veränderungen sind z. B. bei Taufliegen bekannt, wenn Beine anstelle der Antennen oder ein zweites Flügelpaar anstelle eines Paares von Schwingkölbchen ausgebildet werden. Bei solchen Mutationen ist ein Regulationsgen betroffen. Diese Gene werden aktiviert, wenn während der Ontogenese (individuelle Entwicklung) die Ausbildung eines bestimmten Organs, z. B. der Augen oder der Gliedmaßen, beginnt. Hier kann ein kleiner Fehler tatsächlich eine große Wirkung haben, z. B. dass die Augenbildung ausbleibt oder dass falsche Körperanhänge gebildet werden (Abb. 3-4). Man nennt solche Mutationen „homöotisch", das bedeutet „gleichmachend", denn durch sie werden verschiedene Körperteile gleich (z. B. zwei Flügelpaare statt Flügelpaar plus ein Paar von Schwingkölbchen, vgl. auch S. 94).

Selektion: Auslese der am besten angepassten Individuen einer Art. Entscheidend ist dabei, wer die meisten Nachkommen hat.

Evolutionstheoretiker kalkulieren damit, dass ein kleiner Teil dieser Kopierfehler *glückliche* Fehler sind, also zufällig zu vorteilhaften Änderungen führen. Hier nun kommt der zweite Faktor, **Selektion**, zum Zuge. Selektion heißt Auslese. Bei Tieren und Pflanzen derselben Art gibt es so gut wie keine identischen Individuen. Die Unterschiede (z. B. in Größe, Schnelligkeit, Fellfarbe) sind zwischen den einzelnen Individuen zwar meist gering, können aber dennoch einen Überlebensvorteil bedeuten. Von den verschiedenen Ausprägungen einer Art werden nun in einem bestimmten Gebiet in der Regel diejenigen Individuen die meisten Nachkommen haben, die am besten mit den gerade herrschenden Umweltbedingungen zurechtkommen und damit am konkurrenzfähigsten sind. Das bedeutet Selektion. Kommt eine neue vorteilhafte Mutation ins Spiel, die ihren Trägern einen Überlebensvorteil verschafft, wird sie sich im Laufe der Zeit durch Auslese durchsetzen. Evolutionstheoretiker sind der Überzeugung, dass auf diese Weise letztlich alle Baupläne der Lebewesen entstanden sind.

Ist das schlüssig? *Hier muss man bedenken, dass sowohl Mutation als auch Selektion die Zukunft nicht vorhersehen können.* Die Fähigkeiten einer kreativen Person, nämlich Vorstellungsvermögen, Überlegung, Planung, Ein-

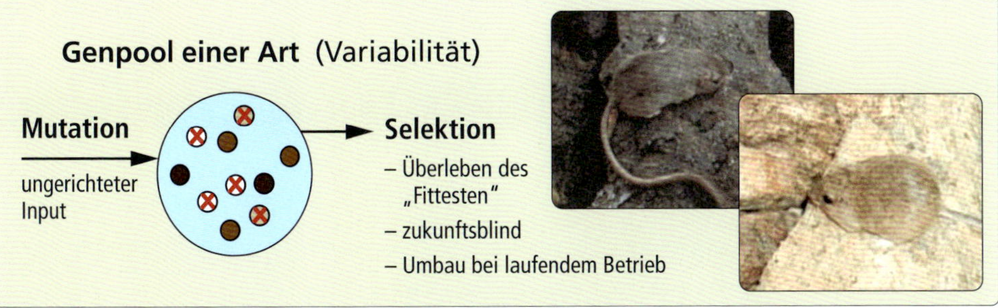

Abb. 3-5 Mutation und Selektion gelten als die zentralen Mechanismen der Evolution. Der Genpool umfasst alle Genvarianten der einzelnen Merkmale, z. B. Genvarianten für verschiedene Fellfarben. Durch Mutationen können neue Farben in den Genpool kommen. Durch Selektion (Auslese) kann ein Teil verlorengehen. Beispiel: Mäuse mit hellem Fell auf dunklen Böden sind auffälliger und werden leichter erbeutet und bringen dadurch weniger oder gar keine Nachkommen hervor. Die hellen Varianten werden durch Selektion entfernt (rote Kreuze).

kalkulieren von Hindernissen usw., stehen allesamt nicht zur Verfügung. Kreative, willensbegabte Personen (also erst recht ein Schöpfer) können uferlos mehr leisten, als es bloße natürliche Prozesse zuwege bringen. Mutation und Selektion folgen physikalischen und chemischen Gesetzmäßigkeiten. Ihre „Erfolgschancen" sind durch statistische Wahrscheinlichkeiten bestimmt. Dabei beinhalten sie keinerlei Zielorientierung oder Planung.

Sowohl Mutation als auch Selektion können die Zukunft nicht vorhersehen.

Schließlich muss beim Wechselspiel von Mutation und Selektion berücksichtigt werden, dass die Lebewesen – bildlich gesprochen – immer „am Markt" sind. Sie können nicht „wegen Umbau schließen" (G. Osche), sondern müssen jederzeit und in jeder Generation überlebensfähig sein. Das heißt: Jeder Mutationsschritt, der irgendwann zu einer evolutionären Innovation führen soll, darf mindestens das Überleben nicht gefährden, muss aber auch einen gewissen Selektionsvorteil bieten. Abb. 3-5 zeigt das Mutations-Selektions-Schema in grafischer Form.

Zweifellos ist das Wechselspiel von Mutation und Selektion eine Quelle für Veränderungen. Man kennt Zehntausende von Mutationen aus dem Freiland und durch Laborexperimente. Durch Langzeitstudien konnte man auch das Wirken von Selektion vielfach nachweisen. Ein berühmtes Beispiel ist der Birkenspanner (Abb. 3-6), der in hellen und dunklen Formen vorkommt, die je nach Untergrund unterschiedlich auffällig für Fressfeinde sind. Die Unterschiede zwischen beiden Formen werden durch ein springendes Gen verursacht (vgl. Kasten S. 67). Schlecht getarnte For-

Abb. 3-6 Dunkle und helle Form des Birkenspanners. Die Unterschiede zwischen beiden Formen werden durch ein springendes Gen verursacht. Welche Form häufiger ist, hängt wahrscheinlich von den vorwiegend herrschenden Umweltbedingungen ab. Je nach Untergrund der Ruheplätze der Falter sind diese besser oder schlechter getarnt. Bessere Tarnung bedeutet mehr Schutz vor Fressfeinden; schlecht getarnte Formen werden eher erbeutet und haben dadurch weniger oder keine Nachkommen (Selektion).

Abb. 3-7 Verschiedene Arten der Darwinfinken, die nur auf den Galapagos-Inseln vorkommen, unterscheiden sich u. a. durch Form und Größe ihrer Schnäbel. Im Laufe mehrerer trockener Jahre wurden die Schnäbel kräftiger, vermutlich in Anpassung an ein relativ größeres Angebot hartschaliger Samen. Formen mit kräftigeren Schnäbeln konnten sich besser ernähren und dadurch eher überleben (Selektion).

men werden eher erbeutet und haben dadurch weniger oder keine Nachkommen (Selektion). Ein weiteres Beispiel sind die Schnabelgrößen bei den Darwinfinken (Abb. 3-7). Im Laufe von Jahren wurden Variationen beobachtet, die offenbar mit dem Ausmaß von Trockenheit zusammenhingen.[1] Ein drittes Beispiel sind Eidechsen der Gattung *Anolis*, die auf den karibischen Inseln vorkommen. Bei ihnen wurden wiederholt Veränderungen in der Körperform, der Beinlänge und bei den Zehenpolstern beobachtet, je nachdem, ob die Tiere sich eher auf Stämmen, dicken oder dünnen Ästen, auf Blättern oder am Boden fortbewegen. Die verschiedenen Ausprägungen konnte man auf Unterschiede im Erbgut zurückführen. In Kapitel 4 kommen wir auf diese Eidechsen zurück (vgl. S. 66), denn sie haben eine interessante Geschichte zu erzählen. In der Tier- und Pflanzenzucht wird der Mutations-Selektions-Mechanismus nachgeahmt.

Aber die auf diese Weise verursachten Veränderungen haben nach allem, was bisher beobachtet wurde, klare Grenzen. Das wird deutlich, wenn wir auf die in Kapitel 2 besprochenen Schöpfungsindizien zurückkommen:

1. Eine **nichtreduzierbar komplexe Struktur** benötigt – ausgehend von einer Vorläuferkonstellation – viele aufeinander abgestimmte Änderungen von einer Generation zur nächsten, also *gleichzeitig*. Denn solange noch keine neue Funktion (z. B. Zahnradfunktion) vorliegt, kann eine Mutation nicht ausgelesen werden. Sie wird einfach wieder verschwinden, da sie nichts bringt. Man muss hierbei daran denken, dass die Lebewesen eben nicht „wegen Umbau schließen" können. Auch erste Schritte eines Umbaus müssen sich in der Umwelt bereits bewähren, sonst werden sie sich in der Regel nicht durchsetzen können. Sie werden also selektiv nicht bevorzugt werden – im Gegenteil, sie werden meistens wieder verloren gehen, selbst wenn sie nicht schädlich sind.[2]

Nichtreduzierbar komplexe Strukturen sind Hürden, die durch Mutation und Selektion nicht genommen werden können.

Viele passende und aufeinander abgestimmte Mutationen werden daher *gleichzeitig* von einer Generation zur nächsten benötigt. Da Mutationen völlig zufällig (ungerichtet und zukunftsblind) sind, wurde ein solcher Vorgang nie beobachtet und ist auch nicht zu erwarten. Nichtreduzierbar komplexe Strukturen sind Hürden, die durch Mutation und Selektion nicht genommen werden können.

Rein theoretisch könnten sehr selten zwei oder noch viel seltener drei in einer Generation auftretende Mutationen zufällig auch einmal zusammenpassen. Weil bekannt ist, wie oft Mutationen überhaupt auftreten, kann man berechnen, wie viel Zeit dafür erforderlich wäre. Bei vielzelligen Lebewesen (Pflanzen, Tiere) sind diese Zeiträume viel zu groß, als dass solche passend abgestimmten Mutationen zu erwarten wären.

Abb. 3-8 Das Auge der Pfauenfeder: spielerische Komplexität? Zwar setzen die Pfauenmännchen die Federn bei der Balz ein, aber die meisten Vogelarten kommen zu diesem Zweck ohne solche aufwändigen Muster aus, ohne dass dies mit einem erkennbaren Nachteil verbunden wäre.

Auch die erwähnten homöotischen Mutationen helfen hier nicht weiter, obwohl sie sprunghafte große Veränderungen auslösen können. Aber diese Veränderungen führen nicht zu neuen Konstruktionselementen oder neuen Stoffwechselwegen, sondern zu einer Angleichung zuvor verschiedener Bauelemente (vgl. Abb. 3-4). Somit führen sie nicht zu neuen Konstruktionen und können den Ursprung von Innovationen nicht erklären.

Manche Biologen haben die Idee geäußert, dass Mutationen gelegentlich auch sprunghaft größere konstruktive Veränderungen verursachen könnten. Doch viele Experimente haben gezeigt, dass größere Änderungen durch Mutationen zu Missbildungen führen und keine Chance haben, erhalten zu bleiben. Der Grund dafür ist einsichtig: Um größere Änderungen zu bewirken, muss man sehr tief in ein Entwicklungs-Netzwerk eingreifen. Das aber hat viele schädliche Nebenwirkungen zur Folge.[3] Sprunghafte Änderungen sind zudem eher ein Indiz für „Schöpfung". Das alles war bereits Charles Darwin klar, weshalb er gefordert hat, dass Evolution kleinschrittig verlaufen müsse. Aber mit kleinen Schritten gelangt man wie gezeigt nicht zu nichtreduzierbar komplexen Strukturen.

2. Bei **spielerischer Komplexität** geht es um phantasievolle Extras, die keinen zusätzlichen Nutzen für die Funktion bringen. Sie verbessern daher die Konkurrenzfähigkeit nicht. Im Gegenteil scheinen manche dieser Extras eher das Gegenteil zu bewirken – man denke nur an das bunte, auffällige Gefieder mancher Vogelarten (Abb. 2-8; 3-8). Ein Erklärungsversuch durch Mutation und Selektion stößt hier an Grenzen. Denn Selektion bedeutet letztlich, dass der bessere Fortpflanzungserfolg im Vergleich zu Konkurrenten zählt. Wenn dieser Erfolg bei spielerisch-komplex gestalteten Merkmalen aber gar nicht nachweisbar ist, wie soll Selektion solche Kennzeichen „bewerten"? Daraus ergibt sich die Frage, *warum* solche spielerisch-komplexen Merkmale wie z. B. der Schlagbaummechanismus beim Wiesen-Salbei (S. 22) überhaupt entstehen konnten. Denn Selektion kann im Zusammenspiel mit Mutationen die Existenz solcher phantasievollen

Abb. 3-9 Ein weiteres Beispiel für vielfache Konvergenzen, also unabhängige Entstehung (vgl. S. 30–32), sind Beerenfrüchte, hier (von links) bei Heckenkirsche, Schattenblümchen und Salomonsiegel.

Extras oder extravaganten Merkmale nicht erklären. Dazu müssten sie irgendwie im Dienste der Nachkommenproduktion stehen, wofür es aber keine Hinweise gibt.

3. Den **plastischen Merkmalen** (wie z. B. Hornhautverstärkung bei mechanischer Beanspruchung) liegen anspruchsvolle Anpassungsprogramme zugrunde, die nur bei Bedarf abgerufen werden. Durch Selektion kann aber nichts ausgelesen werden, was einen möglichen *zukünftigen* Bedarf abdeckt. Selektion kann immer nur den gegenwärtigen Nutzen „bewerten", also nur das, was augenblicklich das Überleben fördert. In Hinblick auf Merkmale, die erst in der Zukunft nützlich werden könnten, kann nicht selektiert werden. Daher ist auch die in Lebewesen angelegte Plastizität eine kaum überwindbare Hürde für natürliche, zukunftsblinde Evolutionsprozesse.

Die enorme Häufigkeit von Konvergenzen widerspricht der Entstehung durch Evolution.

4. Das den Lebewesen zugrunde liegende **Baukastensystem** (Mehrfachverwendungen, Konvergenzen) erfordert aus evolutionstheoretischer Sicht die Annahme, dass bei Lebewesen ähnliche Konstruktionen mehrfach voneinander unabhängig entstanden sind (vgl. Abb. 2-14 bis 2-17 und Abb. 3-9). Das geschah dabei völlig zufällig, ohne jede Zielvorgabe.

Wir kommen auf den Vergleich zurück, in dem verschiedene Personen mit verbundenen Augen nach 100 zufällig gewählten Schritten denselben Punkt erreichen, obwohl sie kein bestimmtes Ziel erreichen mussten. Jeder Zufallsschritt kann hier für eine Zufallsmutation stehen, die durch Selektion ausgelesen und beibehalten wurde. Also: Jeder Schritt ist ein Mutations-*plus-Selektions*-Schritt. Schritt für Schritt wird so weitergegangen. Dabei können sich aber die Selektionsbedingungen jederzeit ändern. Das entspricht in unserem Vergleich der Möglichkeit, bei jedem Schritt die Richtung zu ändern. Es gibt ja kein übergeordnetes Ziel, auf das die einzelnen Schritte hin ausgerichtet werden könnten.

Im Rahmen unseres Vergleichs ist nicht zu erwarten, dass die Personen unabhängig voneinander und ohne Zielvorgabe denselben Endpunkt erreichen werden. Genauso ist – aus dem Blickwinkel von Evolution – nicht

Gibt es eine evolutionstheoretische Erklärung für Konvergenzen?

Wie erklären Evolutionstheoretiker das Auftreten von Konvergenzen? Im Wesentlichen werden zwei Ursachen genannt:

1. Gleichgerichtete Selektion. Die Idee ist hier, dass ein gleichartiger starker Auslesedruck zu ähnlichen Konstruktionen führen soll. Es gibt aber mindestens zwei Probleme mit dieser Erklärung. Ein Auslesedruck kann nur dazu führen, dass eine schon vorhandene Funktion *verbessert* wird, z. B. dass Ölkörperchen (S. 31) nahrhafter werden. Dadurch kann aber nicht erklärt werden, wie die neue Funktion *erstmals entstanden* ist. Ein Auslesedruck ist höchstens eine notwendige *Voraussetzung* für Neubildungen, nicht aber eine ausreichende Ursache. Konvergente Ähnlichkeiten können zudem gar nicht durch Anpassung und gleichgerichtete Auslese erklärt werden, wenn die betreffenden Merkmale keinen erkennbaren Überlebensvorteil bringen, wie das bei spielerischer Komplexität der Fall ist. Dafür gibt es viele Beispiele.[4]

2. Kanalisierung durch Vorkonstruktion. Dieser Erklärungsversuch besagt, dass ein mutmaßlicher evolutiver Umbau immer mit einer bereits vorhandenen Konstruktion beginnt. Diese Vorkonstruktion erlaubt weitere Änderungen nur in bestimmte Richtungen. Man spricht von „konstruktiven Zwängen". Wie im Fall der Auslese sind jedoch auch konstruktive Zwänge nur Begleitumstände, aber keine Ursachen. Welche konstruktiven Zwänge sollten z. B. Ölkörperchen hervorbringen? Dabei handelt es sich um ganz neue Strukturen, deren Entstehung nicht durch irgendwelche konstruktiven Details von Samen erklärt werden kann. Oder: Welche konstruktiven Zwänge sollen bei Fledermäusen und einigen Walartigen (Abb. 3-10) zu ausgefeilter Echoortung geführt haben, obwohl dies bei anderen Säugetieren nicht so geschehen ist?

Konvergenzen stellen daher zurecht große Probleme für evolutionstheoretische Modelle dar, besonders, da sie sehr häufig vorkommen und oft auch komplexe Merkmale betreffen.

Abb. 3-10 Warum betreiben gerade z. B. Fledermäuse und Delfine eine ausgefeilte Echoortung?

zu erwarten, dass gleiche oder jedenfalls sehr ähnliche komplexere Merkmale der Lebewesen mehrfach unabhängig voneinander entstehen, und zwar in einem schrittweisen Prozess, der völlig ohne übergeordnete Zielvorgabe abläuft. Konvergenzen galten daher verständlicherweise lange Zeit als unwahrscheinlich. Aus Sicht von Evolutionstheorien wurde erwartet, dass Konvergenzen von komplexen Merkmalen nicht oder nur höchst selten vorkommen.[5]

Mittlerweile hat sich aber ganz klar gezeigt, dass die Erwartung, Konvergenzen seien seltene Ausnahmen, nicht der Wirklichkeit entspricht. Das überaus zahlreiche Auftreten von Konvergenzen (s. Kapitel 2) widerspricht ganz klar evolutionstheoretischen Erwartungen. Dabei sollten Konvergenzen umso seltener auftreten, je komplexer ein Merkmal ist (vgl.

Abb. 2-17). Ebenso wird im obigen Vergleich das gleiche Ergebnis umso unwahrscheinlicher, je mehr Schritte gemacht werden müssen, um einen bestimmten Punkt zu erreichen. Die enorme Häufigkeit von komplexen Konvergenzen in der Welt der Lebewesen liefert somit ein klares Argument gegen eine Entstehung durch zukunftsblinde evolutionäre Mechanismen.

Übrigens: Gerade weil Ähnlichkeiten eben kein Zufall sein können und nur selten konvergent auftreten sollten, werden ähnliche Baupläne gewöhnlich als Hinweis auf eine gemeinsame Abstammung interpretiert. Man argumentiert: Da die Ähnlichkeiten kein Zufall sein können, müsse es einen gemeinsamen Vorfahren geben, der die betreffende Struktur bereits besaß. Wir kommen in Kapitel 5 darauf zurück.

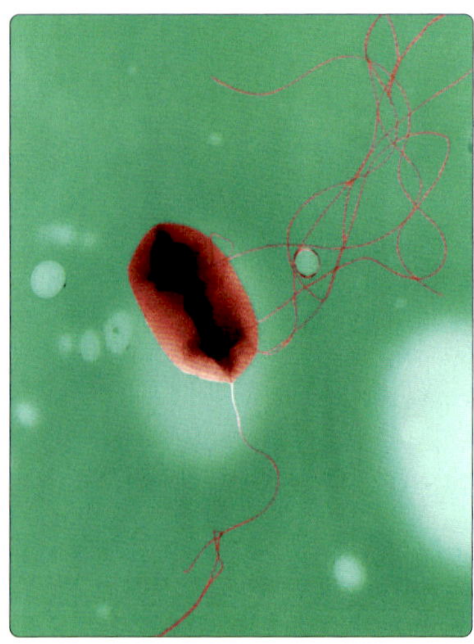

Abb. 3-11 Darmbakterium *Escherichia coli* mit Flagellen (Geißeln)

30 Jahre Evolution im Labor – das „LTEE"

Bei diesem Forschungsprojekt geht es um ein bemerkenswertes, groß angelegtes Mutations-Experiment. Die Rede ist vom „LTEE" – Long Term Evolution Experiment –, einem seit 1988 laufenden Langzeit-Evolutions-Experiment mit dem Darmbakterium *Escherichia coli* (Abb. 3-11). Zwölf Linien von *E. coli* wurden – Stand 2020 – über 70.000 Generationen lang unter Laborbedingungen gehalten. Dabei wurden sie verschiedenen Einflüssen ausgesetzt, um Mutationen auszulösen und Selektionsexperimente durchzuführen.

Hunderte verschiedene Mutationen und spezielle Anpassungen wurden beobachtet. Die Bakterien konnten sich beispielsweise im Laufe der Zeit schneller teilen. Die bemerkenswerteste Veränderung ist der Erwerb der Fähigkeit, Zitronensäure auch bei Anwesenheit von Sauerstoff aufnehmen und im Stoffwechsel nutzen zu können. Gegenüber dem, was eine Evolutionstheorie erklären müsste, ist aber selbst diese Fähigkeit sehr bescheiden. Sie konnte auf eine Abfolge weniger Mutationen zurückgeführt werden. Diese waren jeweils selektiv begünstigt. Wirklich neu ist dabei nicht die Nutzung von Zitronensäure, sondern, dass sie auch bei Anwesenheit von Sauerstoff ins Bakterium aufgenommen werden kann. Zuvor war die Aufnahme nur unter sauerstofffreien Bedingungen möglich gewesen. Sowohl die Fähigkeit zur Aufnahme von Zitronensäure als auch den Abbauweg zu ihrer Nutzung besaß das Bakterium schon vorher.

Enzym: Ein Protein oder ein Ribozym, das einen Stoffwechselschritt beschleunigen kann.

Umgekehrt: Was müsste passieren, damit man tatsächlich von einer echten Evolution des Stoffwechsels im Sinne eines Neuerwerbs sprechen könnte? Nötig wäre die Entstehung neuer Proteine, z. B. von **Enzymen** (vgl. Abb. 3-12) mit neuartigen Funktionen (zu Proteinen siehe Kasten „Ein bisschen Molekularbiologie", S. 40). Solche Enzyme müssten z. B. einen neuartigen Abbau- oder Aufbauschritt ermöglichen. Außerdem müssten sie zu neuen Stoffwechselwegen zusammengeschaltet werden. Letztendlich müssten auch ganz neue Reaktionszyklen wie der Zitronensäurezyklus erklärt werden. Dieser verläuft über 12 Teilschritte mit 12 Enzymen, bis wieder der Anfangspunkt des Reaktionszyklus erreicht ist. Es gibt in den Zellen unzählige solcher Zyklen sowie lineare Stoffwechselwege (Aufbau- und Abbauwege), die in komplizierter Weise miteinander vernetzt sind. Einer der weltweit führenden Experten auf diesem Gebiet, der Zellbiologe Bruce Alberts, stellte schon vor etwa 20 Jahren fest:

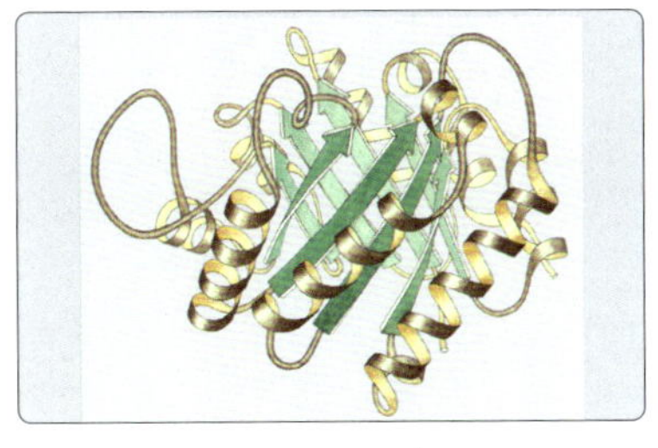

Abb. 3-12 Bändermodell des Enzyms Triosephosphatisomerase. Dieses Enzym ist beim Abbau von Zuckern beteiligt.

> „Tatsächlich kann die gesamte Zelle als Fabrik mit einem komplizierten Netzwerk ineinander greifender Fertigungsstraßen betrachtet werden, welche jeweils aus einem Satz großer Proteinmaschinen zusammengesetzt sind."[6]

Eine Entwicklung von neuartigen Proteinen konnte experimentell jedoch nicht gezeigt werden. Das LTEE kann somit zur Entstehung der „Zell-Fabrik" keine nennenswerte Aussage machen. Die Veränderungen, die experimentell nachweisbar waren, sind sehr weit von dem entfernt, was eigentlich aus Sicht von Evolution erklärt werden müsste.

Aber selbst der Aufbau von Stoffwechselwegen wäre noch nicht ausreichend. In den Zellen sind darüber hinaus noch ganz erstaunliche Gebilde am Werk, sogenannte **molekulare Maschinen** (Beispiel: Abb. 3-13). Die Größe dieser Miniaturmaschinen liegt im Nanobereich (1 Nanometer = 1 Millionstel Millimeter). Genauer kennt man sie erst seit etwa 30 Jahren, aber mittlerweile sind Dutzende entdeckt worden. Diese Gebilde werden als „Maschinen" bezeichnet, weil sie von Menschen gemachten Maschinen ähneln. Sie bestehen aus vielen Einzelteilen, die allesamt zweckmäßig aufeinander abgestimmt sind, sodass sie eine Funktion ausüben können. Die wohl berühmteste molekulare Maschine ist ein Außenbord-Rotationsmotor. Er wurde in verschiedenen Versionen bei vielen Bakterienarten entdeckt und besteht aus etwa 40 Einzelteilen (Abb. 3-13). Diese Teile sind einzelne Proteine. Die Länge seiner Motorachse beträgt nur 30 Nano-

Wiederkehrende Mutationen

Mutationen sind in der Regel einfache Kopierfehler, die zufällig auftreten. Allerdings mehren sich die Befunde, dass dies nicht für alle Mutationen gelten könnte. Ein Teil der Mutationen scheint nicht beliebig im Erbgut der Organismen aufzutreten, sondern gehäuft in ähnlicher Form in bestimmten Bereichen, sogenannten Hotspots. Man kann in diesen Fällen von wiederkehrenden Mutationen sprechen. Beispielsweise sind die Muster von Mutationen in verschiedenen Arten von Taufliegen bemerkenswert ähnlich. Möglicherweise werden sie von molekularen Mechanismen angetrieben; doch sind zur Klärung weitere Untersuchungen erforderlich.[7]

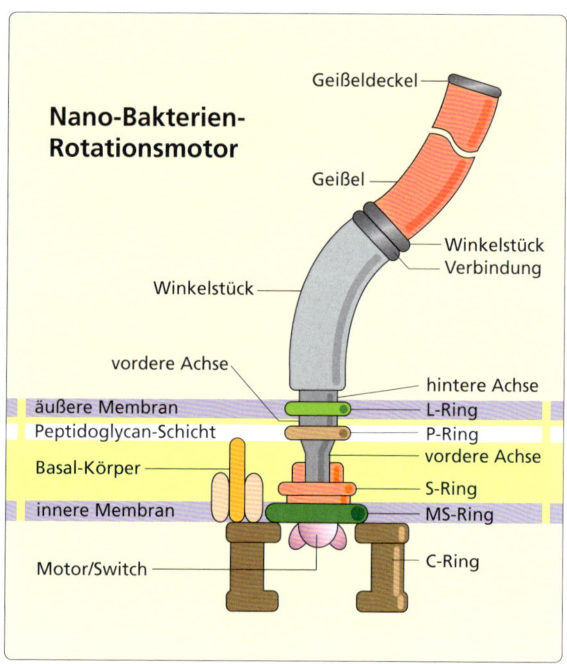

Abb. 3-13 Der Nano-Bakterien-Rotationsmotor von *Escherichia coli* in zwei modellartigen Darstellungen. Der Motorkomplex besteht aus ca. 40 Proteinen, die allesamt vorhanden und außerdem passend aufeinander abgestimmt sein müssen, damit der Motor funktioniert.

meter! Man müsste die Motorachse etwa 2250 Mal hintereinander legen, um die durchschnittliche Dicke eines menschlichen Haares zu erreichen.

Es gibt keine experimentell nachweisbaren Vorgänge, die auch nur in groben Zügen erklären, wie solche Maschinen schrittweise durch Mutation und Selektion aufgebaut worden sein könnten.[8] Im Fall des Bakterien-Außenbord-Rotationsmotors kennt man zwar einen molekularen Apparat, der etwas einfacher gebaut ist (eine Art Injektionsapparat). Dieser könnte theoretisch als Vorstufe gelten. Aber von diesem Injektionsapparat bis zum funktionsfähigen Motor klafft eine riesige Lücke. Dabei muss außerdem immer bedacht werden, dass Mutationen ungerichtet auftreten. Sie können nicht auf eventuelle zukünftige Bedürfnisse hin ausgelesen werden, sondern müssen in der Regel einen sofortigen Nutzen haben. Der Schritt von einem Gebilde ohne Motorfunktion hin zu einer molekularen Maschine mit einer wenigstens minimalen Motorfunktion erfordert aber viele passende und aufeinander abgestimmte Änderungen von einer Generation zur nächsten. Solche enormen Änderungen wurden nie beobachtet und sind nach allem, was wir wissen, unmöglich. Zwischenstufen, die keine neue Funktion aufweisen, könnten nicht ausgelesen (durch Selektion „festgehalten") werden und würden daher in der Regel wieder verschwinden.

Eine Auslese auf eventuelle zukünftige Bedürfnisse hin ist nicht möglich.

Zusammenfassend kann gesagt werden: Die Entstehung neuartiger Enzyme, neuer Stoffwechselwege oder gar neuer molekularer Maschinen liegt weit außerhalb der Reichweite bekannter Evolutionsmechanismen. Das LTEE zeigt nach 70.000 Generationen eher die Grenzen der Veränderungsmöglichkeiten auf, als dass es die Hoffnung auf echte Innovationen stützt.[9] Lange Zeiträume würden – sofern vorhanden – hier auch nicht entscheidend weiterhelfen. Dann es wird eine andere *Qualität* von Veränderungen für die Entstehung neuer Stoffwechselwege und molekularer Maschinen benötigt, als sie beim LTEE und anderen Experimenten beobachtet wurden.

Programmierte Anpassungsfähigkeit

Mutation und Selektion ermöglichen ein durchaus bemerkenswertes Ausmaß an Variation und Spezialisierung. Doch das beruht auf bereits vorhandenen, funktionierenden Systemen (molekulare Maschinen, zelluläre Stoffwechselsysteme, Organe oder irgendwelche anderen Bauteile). Die experimentell nachgewiesenen Evolutionsmechanismen können programmierte Variation und präexistente Programme abrufen. Sie scheinen aber nicht dafür geeignet zu sein, grundlegend neue Konstruktionen und Fähigkeiten aufzubauen. Charles Darwin hat diese Variationsfähigkeit der Organismen erkannt und durch viele Beobachtungen belegt. In seinen Schlussfolgerungen ist er aber viel zu weit gegangen. Die Veränderlichkeit der Lebewesen ist zwar enorm, aber begrenzt, und lebt von Programmierung. Damit ist gemeint: Alle möglichen Varianten oder Bauelemente stehen als „Programme" im Erbgut zur Verfügung. Diese Programme müssen nur aktiviert oder neu miteinander kombiniert werden, um die Veränderungen zu bewirken. Die Entstehung eines vollkommen neuen, vorher noch nicht vorhandenen Programms wurde nie beobachtet. Sie wäre aber Voraussetzung für die Entstehung neuer Organe mit neuartigen Funktionen oder müsste mit einer solchen Hand in Hand gehen.

Die Veränderlichkeit der Lebewesen ist zwar enorm, aber begrenzt, und lebt von bereits vorhandenen Variationsprogrammen.

Man kann Veränderungen, die letztlich auf Programmierung beruhen, als Mikroevolution bezeichnen und von Makroevolution klar abgrenzen. Makroevolution ist echte Innovation, z. B. die Entstehung neuer Organe mit neuartigen Funktionen. Mikroevolution wird vielfach direkt beobachtet; Makroevolution nicht.

Mikroevolution und Makroevolution

Wir sind damit bei einem wichtigen Begriffspaar angelangt: Mikroevolution und Makroevolution (Abb. 3-14). **Mikroevolution** bedeutet, dass *bereits vorhandene funktionierende* Konstruktionen verändert werden. Typische Beispiele dafür sind: Die Schnabelformen von Vögeln verändern sich im Laufe von Generationen in Anpassung an die verfügbare Nahrung. Zur besseren Tarnung in einem speziellen Gelände verändert sich die Fellfarbe. Man kann hier auch von *Feinabstimmung* und *Spezialisierung* sprechen. Hier haben wir es oft mit der Ausprägung bereits angelegter Fähigkeiten zu tun (vgl. Kapitel 4).

Mikroevolution: Bereits vorhandene funktionierende Konstruktionen werden verändert (spezialisiert, angepasst).

Etwas ganz anders hingegen ist **Makroevolution**. Darunter versteht man die hypothetische Entstehung neuer Konstruktionen mit ganz neuen Funktionen. Beispiele dafür wären: die erstmalige Entstehung von flugtauglichen Vogelfedern; die Umgestaltung von Säugetiergliedmaßen zum Flugapparat von Fledermäusen; die Entstehung des Schlagbaum-

Abb. 3-14 Mikro- und Makroevolution. Mikroevolution ist beispielsweise die Entstehung der verschiedenen Hunderartigen aus einer Urform, während die Entstehung der Säugetiere aus Reptilien und einfacher organisierten Lebewesen Makroevolution wäre. Im ersten Falle werden bereits vorhandene Strukturen verändert (Eigenschaften des Fells, Form der Schnauze usw.), während im zweiten ganz neue Strukturen gebildet werden müssten: Haare, Milchdrüsen, Einrichtungen für die Temperaturregulation und was sonst die Säugetiere, nicht aber die Reptilien oder andere mutmaßliche Vorfahren charakterisiert.

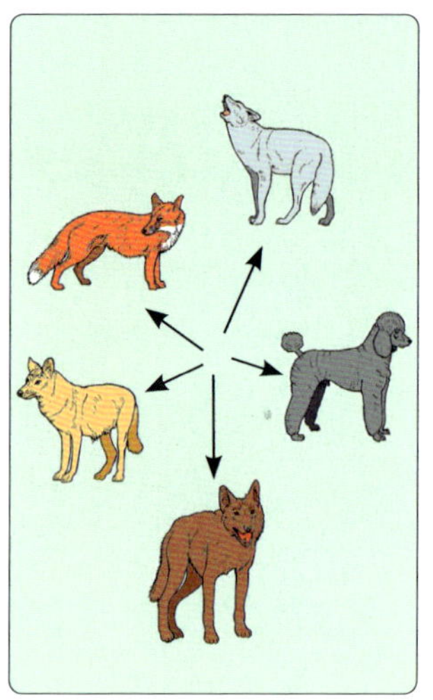

mechanismus in der Salbeiblüte oder der Zahnräder an den Innenschenkeln der Zikadenlarve (Abb. 2-4), die wir schon kennengelernt haben. Es geht hier also gleichsam um Neuerfindungen. Evolutionstheoretiker sprechen auch von „Innovationen" oder „Neuheiten". Wichtig ist, dass es nicht um die Ausprägung bereits angelegter Merkmale oder von vorhandenen Variationsprogrammen geht, sondern um deren erstmalige Entstehung.

Makroevolution: Hypothetische Entstehung neuer Konstruktionen mit ganz neuen Funktionen.

Was ist die „besondere Herausforderung" bei Makroevolution? Ein entscheidender Aspekt ist die Tatsache, dass die meisten Konstruktionen der Lebewesen nichtreduzierbar komplexe Gebilde sind (vgl. Kapitel 2). Diese Konstruktionen funktionieren genauso wie in technischen Systemen nur, wenn folgende Voraussetzungen gleichzeitig erfüllt sind: 1. Die absolut notwendigen Bauelemente sind alle vorhanden. 2. Die Bauelemente haben eine geeignete Form und sind aus geeignetem Material aufgebaut. 3. Alle Bauelemente sind passend aufeinander abgestimmt.

Wenn die Entstehung einer neuen Konstruktion durch Evolution erklärt werden soll, muss man dabei zwei Aspekte berücksichtigen:

1. Es muss bekannt sein, was überhaupt erklärt werden muss. Damit ist gemeint, dass die Details einer Konstruktion (z. B. einer flugtauglichen Vogelfeder) möglichst gut erforscht und in ihrer Funktion verstanden sein müssen.

2. Es muss geklärt werden, was die bekannten Mechanismen leisten, durch die Lebewesen verändert werden können (das sind u. a. die Mechanismen, die in diesem Kapitel besprochen wurden). Es genügt nicht, einen Nutzen oder einen Selektionsvorteil des fertigen Produkts nachzuweisen. Vielmehr wird ein plausibler, kleinschrittiger Weg dorthin benötigt, bei dem alle Zwischenstadien überlebensfähig sein müssen.

Diese beiden Punkte sollen am Beispiel von flugtauglichen Vogelfedern verdeutlicht werden: Flugfedern sind trotz ihrer erstaunlichen Leichtheit zugleich auch sehr robust, biegsam, drehbar und knickfest. Sie kombinieren also sehr unterschiedliche Eigenschaften. Dafür ist zunächst geeignetes Baumaterial erforderlich. Dieses Material sind lange Proteinfasern aus

Der ausgeklügelte Bau einer Flugfeder

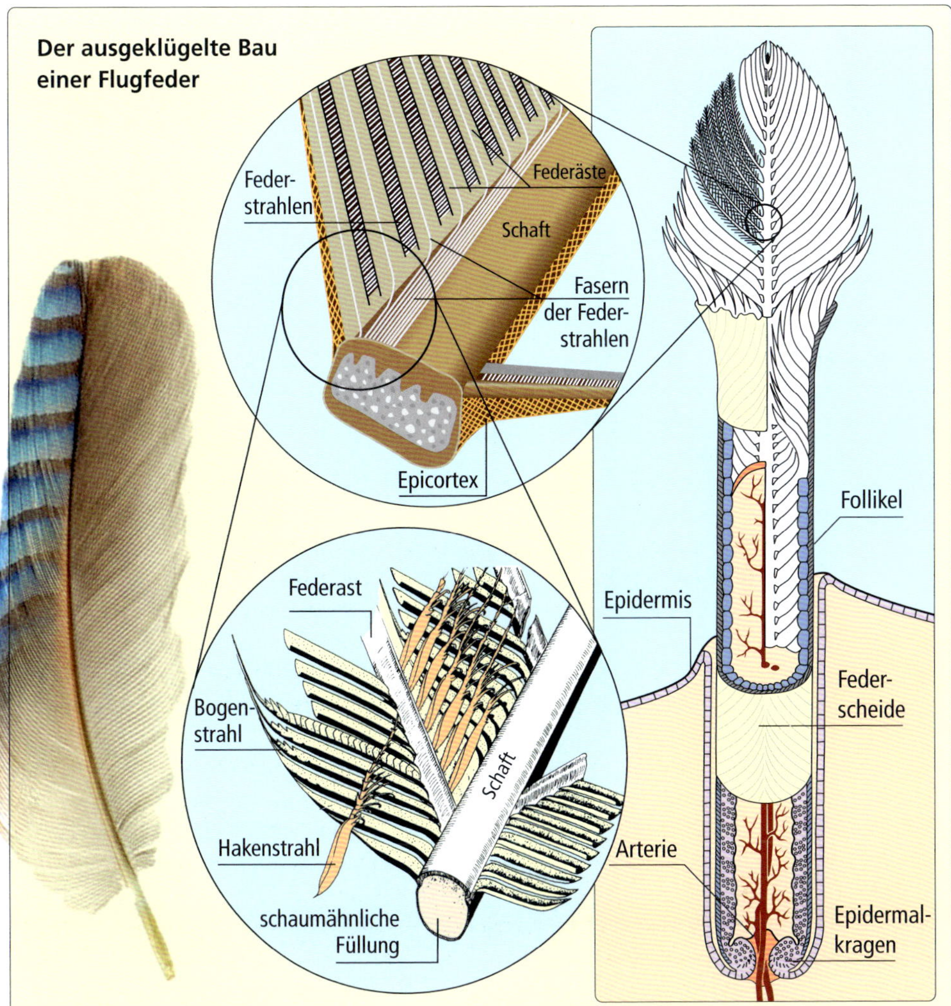

Die Bildung von Vogelfedern verläuft sehr kompliziert (vgl. auch S. 102). Rechts ist eine noch unfertige Feder und ihr in den Körper eingesenkter Teil (Follikel) dargestellt. Mitte: Vom Schaft gehen beidseitig zahlreiche Äste ab, an denen ebenfalls beidseitig die Federstrahlen sitzen (unten). Davon gibt es zwei Arten: Hakenstrahlen und Bogenstrahlen. Die Hakenstrahlen besitzen im vorderen Teil mehrere Fortsätze, die sich in die gegenüberliegenden Bogenstrahlen des Nachbarastes verhaken. Haken- und Bogenstrahlen können wie ein Reißverschluss geöffnet und wieder verschlossen werden. Der Ausschnitt oben zeigt, wie Faserzüge aus Keratinfasern vom Schaft in die Äste abbiegen, welche dadurch im Schaft gleichsam „verwurzelt" sind. Diese Konstruktion verleiht der Feder ihre Robustheit bei gleichzeitig extrem geringem Gewicht.

einem speziellen Eiweiß-Stoff, dem beta-Keratin, aus dem über 80 % der Feder bestehen. Außerdem muss das Keratin in Federschaft, -ästen und -strahlen auf eine ganz bestimmte, passende Weise „verbaut" sein. Nur dann weisen die Federn ihre besonderen Eigenschaften auf. Die Fasern stehen zum Teil über Kreuz. Einzelne Faserzüge zweigen in die Federäste

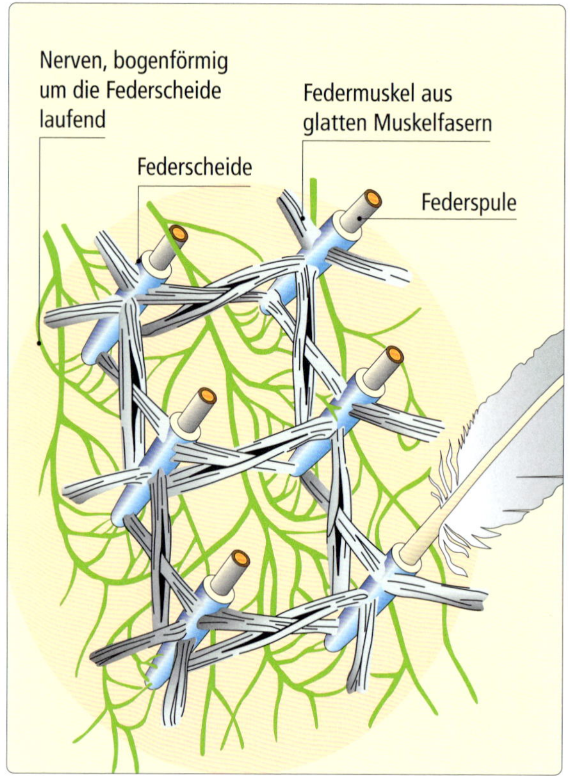

Abb. 3-15 Geflecht von Muskelfasern und Nerven im Bereich der Follikel (= in den Körper eingesenkte Teile der Federn).

ab, die Federäste „wurzeln" also sozusagen im Schaft. Das trägt zu ihrer Stabilität und Knickfestigkeit bei.

Ganz speziell gebaut sind auch die Federstrahlen, die von den Federästen nach beiden Seiten hin abgehen. Die Strahlen auf der einen Seite – die sogenannten Hakenstrahlen – haben winzige Haken, die sich mit den Strahlen des benachbarten Astes wie bei einem Reißverschluss verhaken. Sie schließen dabei so dicht, dass die Federfahne luftundurchlässig ist. Bei zu starker Belastung kann der Reißverschluss kontrolliert aufreißen, ohne dass die Feder beschädigt wird. Der Vogel kann die Feder mithilfe des Schnabels einfach wieder in Ordnung bringen. Auch der Schaft hat es in sich: In seinem Inneren befindet sich ein schaumartiges Netzwerk von Fasern. Diese Fasern sind mit einem chemischen Stoff beschichtet, der Gase bindet. Das führt dazu, dass die Feder unter schwachem Druck steht. So kann sie nicht so leicht geknickt werden und springt nach einer Verbiegung in die normale Form zurück.

Aber selbst die allerbesten Federn ermöglichen noch lange keinen Flug. Es wird auch eine zweckmäßige Verankerung im Körper benötigt (Abb. 3-15). Die Federn dürfen nicht zu locker und nicht zu fest sitzen. Dafür sorgen Bindegewebe und Fettpolster. Am eingesenkten Teil der Feder, der Federspule, setzt ein Muskelgeflecht an. Damit können die Federn koordiniert bewegt werden. Für die Funktion dieser Muskeln sind wiederum Blutgefäße und Verbindungen zu den Nervenbahnen nötig. Außerdem registrieren Sinneskörperchen und spezielle Fadenfedern die Positionen der einzelnen Federn. Das wird ans Gehirn gemeldet, damit von dort aus die gerade passenden Federbewegungen ausgelöst werden können.

Auch diese Mechanismen zur Bewegung und Steuerung der Federn sind nur ein Teil der Voraussetzungen für die Flugfähigkeit. Aus unterschiedlich geformten Federn muss darüber hinaus ein passendes *Federkleid* ausgebildet sein. Dieses erfordert wieder eine Steuerung, bei der zahlreiche Muskelpartien und die einzelnen Teile des Federkleids zusammenwirken. Das ganze Skelett muss leicht, sehr robust und relativ starr gebaut sein. Außerdem bedürfen die Federn ständiger Pflege, wofür neben den entsprechenden Verhaltensmustern auch Drüsensekrete benötigt werden. In dieser Weise könnte man noch weitere Dinge aufzählen.

Wir merken: Materialeigenschaften, Feinbau, Federstrukturen, die Verankerung und Steuerung der einzelnen Federn, der Aufbau des ganzen Federkleids und vieles mehr sind genau aufeinander abgestimmt. Alles muss zusammenpassen, von den kleinsten Details im Aufbau der Feder bis hin zu den Bewegungen des Vogels im Flug. Diese besonderen Eigenschaften der Federn und alle Abstimmungen müssen komplett vorhanden sein, damit Federn flugtauglich sind.

Die heute bekannten evolutionären Mechanismen können nicht erklären, wie flugtaugliche Federn mit all den vielfältigen Anforderungen an ihren Aufbau und die zahlreichen nötigen Abstimmungen erstmals zustande gekommen sind.[10] Hält man sich die einzelnen Aspekte vor Augen, wird klar, dass viele aufeinander abgestimmte Änderungen gleichzeitig nötig wären. Ein Konstrukteur kann entsprechend planen und handeln, aber Zufallsmutationen und Auslese sind damit hoffnungslos überfordert.

4. Jedes nach seiner Art?

Abb. 4-1 Der Augustinermönch Gregor Mendel (1822-1884) ist vor allem durch seine Erbgesetze bekannt. Er hat aber auch ein Modell entwickelt, wie Arten sich in gewissen Grenzen durch Abrufen angelegter (präexistenter) Erbinformation verändern können.

Wir haben bisher festgestellt:

1. Es gibt eine Reihe typischer Kennzeichen von Lebewesen, die als klare Schöpfungsindizien interpretiert werden können.
2. Die bekannten Evolutionsmechanismen sind nicht geeignet, diese Kennzeichen hervorzubringen und so an die Stelle eines Schöpfers zu treten.
3. Evolutionsmechanismen ermöglichen zwar vielfältige Veränderungen, diese sind aber begrenzt und zumindest teilweise auf Programmierung zurückzuführen. Durch präexistente Vielfalt und Variationsprogramme sind Lebewesen enorm anpassungsfähig.

Die Indizienlage spricht somit dreifach für Schöpfung: Es liegen klare Design-Indizien vor, eine Erklärung dieser Indizien durch natürliche Evolution fehlt und es gibt Hinweise auf Grenzen der Veränderlichkeit.

Das lässt die Schlussfolgerung zu, dass alle Lebewesen von Beginn an fertige, anpassungsfähige Formen waren, in denen viele Merkmale angelegt, aber nicht alle von Anfang an auch ausgeprägt waren. Die Bibel spricht davon, dass Gott am Anfang die Lebewesen „nach ihrer Art" erschaffen hat. Was genau diese „geschaffenen Arten" waren, geht aus dem Schöpfungsbericht jedoch nicht hervor. Auf den oben zusammengefassten Indizien (vor allem 2. und 3.) basiert folgendes Modell: Die geschaffenen Arten waren von Anfang an mit Variationspotenzial ausgestattet. Das ermöglichte ihnen zweierlei: individuelle Anpassungen an Umwelt-

Mischerbigkeit und Reinerbigkeit: Bei Mischerbigkeit in Bezug auf ein Merkmal liegt das zugrundeliegende Gen in zwei verschiedenen Ausprägungen vor. Andernfalls ist das Merkmal reinerbig (nur eine Ausprägung des Gens vorhanden).

schwankungen (Plastizität, vgl. Kapitel 2, S. 26–28) und im Laufe von Generationen Anpassungen durch Abruf der angelegten, programmierten Ausprägungsmöglichkeiten.[1]

Schon der berühmte Augustinermönch Gregor Mendel (Abb. 4-1) – ihm verdanken wir die Entdeckung der nach ihm benannten Regeln der Vererbung – hatte etwa zur Zeit von Darwins Veröffentlichung erkannt, dass in der Mischerbigkeit ein enormes Potenzial an Merkmalsausprägungen verborgen sein kann (vgl. Abb. 4-11). In den Nachkommen der mischerbigen Individuen wird das genetische Material neu kombiniert. Wenn dadurch Reinerbigkeit entsteht, können anfangs verborgene Merkmale gleichsam freigeschaltet werden (vgl. Abb. 4-10). Dazu kommen Mutationen und Selektion, die wie oben erläutert Feinabstimmungen und Spezialisierungen ermöglichen. In jüngerer Zeit sind weitere Mechanismen entdeckt worden, die als programmierte Variationen interpretiert werden können, zum Beispiel springende Gene (s. u.).

Wie das Konzept angelegter, aber zunächst noch verborgener Merkmalsausprägungen funktioniert, wird weiter unten genauer erklärt. Zuvor wenden wir uns der Frage zu, wie man sich nach dem heutigen Stand des Wissens die „geschaffenen Arten" vorstellen und sie voneinander abgrenzen kann. Im Folgenden soll dafür der Begriff „Grundtypen" verwendet werden. Ein Grundtyp ist also eine geschaffene Art inklusive der Formenvielfalt, die daraus bis heute durch Mikroevolution hervorgegangen ist, z. B. alle Pferdeartigen (Pferde, Esel, Zebras; s. u.) oder alle Entenartigen (Enten, Gänse, Schwäne).

Abb. 4-2 Pferd und Zebra können sich in der Regel nicht fruchtbar kreuzen und gehören daher verschiedenen Biospezies an. Es kommen zwar gelegentlich Mischlinge vor (sog. Zebroide, unten); diese können sich aber nicht untereinander fortpflanzen.

Was sind Grundtypen?

Die Biologie kennt verschiedene Artbegriffe. Meist wird bei heute lebenden Arten der Begriff **„Biospezies"** (**„biologische Art"**) verwendet. Eine Biospezies ist eine Gruppe von Individuen oder Populationen, die unter *natürlichen Bedingungen* miteinander *fruchtbare* Nachkommen hervorbringen können.

Wichtig ist dabei, dass diese Nachkommen in den natürlichen Lebensräumen auftreten müssen (künstliche Besamung oder Bestäubung sowie Nachkommen in Gefangenschaft werden nicht berücksichtigt). Mit „fruchtbar" ist gemeint,

Abb. 4-3: Himbeere und Brombeere sind verschiedene Biospezies, weil sie sich in der Natur normalerweise nicht kreuzen. Man kann aber Mischlinge aus beiden erzeugen (jeweils in der Mitte des Bildes; sie werden Tay-, Logan- und Boysenbeeren genannt). Bei den Mischlingen bleibt der Fruchtboden auch bei Fruchtreife an der Frucht hängen, während man die Himbeerfrüchte leicht vom Fruchtboden abzupfen kann, wenn sie reif sind.

dass die Nachkommen außerdem miteinander weiterhin Nachkommen hervorbringen können. Maultier und Maulesel, die Mischlinge aus Pferd und Esel, sind z. B. unfruchtbar; daher sind Pferd und Esel verschiedene, aber nächstverwandte Biospezies (vgl. Abb. 4-2).

Weitere Beispiele für zwei jeweils nächstverwandte Biospezies sind Himbeere und Brombeere (Abb. 4-3), Grünspecht und Grauspecht (Abb. 4-4) oder Löwe und Leopard. Verwandte, aber verschiedene biologische Arten sind einander meist ziemlich ähnlich, aber in manchen Merkmalsausprägungen spezialisiert und häufig auf bestimmte Standorte beschränkt.

Sehr viel weiter gefasst und vielseitiger sind dagegen Grundtypen. Zu einem **Grundtyp** gehören alle biologischen Arten (Biospezies), die durch Kreuzungen miteinander verbunden sind, die also echte Mischlinge mit Merkmalen beider Elternarten bilden können.

Anders als bei den Biospezies ist es dabei nicht nötig, dass die Nachkommen (also die *Mischlinge* aus beiden Elternarten) fruchtbar sind. Es spielt auch keine Rolle, ob die Mischlinge im Freiland oder nur in der Zucht auftreten. Grundtypen sind daher deutlich größere

Abb. 4-4 Die „Zwillingsarten" Grauspecht (rechts) und Grünspecht kreuzen sich normalerweise nicht miteinander und werden daher als verschiedene Biospezies klassifiziert.

Abb. 4-5: Einige Arten des Grundtyps der Entenartigen.

Gruppen als die biologischen Arten. Z. B. können die vielen verschiedenen biologischen Arten von Enten, Gänsen und Schwänen direkt oder indirekt miteinander gekreuzt werden. Daher gehören sie zum selben Grundtyp der Entenartigen (Abb. 4-5). Ein anderes Beispiel sind die Pferdeartigen: Das Pferd, zwei Esel-Arten und drei Zebra-Arten sind insgesamt sechs verschiedene biologische Arten. Sie bilden aber zusammen einen einzigen Grundtyp (Abb. 4-6).

Die Kreuzbarkeit als Kriterium für die Zugehörigkeit zu einem Grundtyp und für die Abgrenzung verschiedener Grundtypen voneinander hat sich bei allen untersuchten Tier- und Pflanzengruppen bewährt. Das heißt: Wendet man dieses Kriterium an, lassen sich Grundtypen einerseits gut voneinander abgrenzen. Andererseits wird die enge Verbundenheit der einzelnen Arten, die zum Grundtyp gehören, deutlich (Abb. 4-7). Es gibt noch weitere Möglichkeiten, Grundtypen voneinander abzugrenzen. So kann man überprüfen, ob sich bestimmte Gruppen von Biospezies aufgrund ihrer Merkmale bzw. Merkmalsausprägungen gut zu einer größeren Gruppe zusammenfassen lassen und ob es auffällige Lücken zu anderen solchen Gruppen gibt. Auch mit dieser Methode wurden gute Ergebnisse erzielt. Damit arbeitet die sogenannte „Baraminologie“. Der Begriff wurde aus den hebräischen Wörtern „bara“ (erschaffen) und „min“ (Art) gebildet. Baraminologie ist somit die Lehre von den geschaffenen Arten.

Innerhalb eines Grundtyps können sich viele biologische Arten aufspalten. Das erfolgt, indem die bereits erwähnte präexistente Vielfalt ausgeprägt wird. Sie kann als schöpfungsgemäße Anlage interpretiert werden. Diese Aufspaltungen sind keine evolutionären Höherentwicklungen. Tendenziell handelt es sich dabei um Spezialisierungen. Dabei spielt auch eine vermutlich große anfängliche Mischerbigkeit eine wesentliche

Abb. 4-6 Kreuzungsmatrix der Pferdeartigen. Rechts: Zesel: Mischling aus Zebra und Esel.

Jeder ausgefüllte Punkt steht für ein Paar von Arten, von denen es Mischlinge gibt. Mischlinge treten nur bei Kreuzungen innerhalb der Pferdeartigen auf. Zwischen einem Tier aus den Pferdeartigen und einem anderen Säugetier sind keine Mischlinge bekannt.

Przewalski-Pferd	Afrikanischer Wildesel	Asiatischer Wildesel	Grevyzebra	Steppenzebra	Bergzebra		
●	●	●	●	●		**Bergzebra**	*(Equus zebra)*
●	●	●	●		●	**Steppenzebra**	*(Equus quagga)*
●	●	○		●	●	**Grevyzebra**	*(Equus grevyi)*
●	●		○	●	●	**Asiatischer Wildesel**	*(Equus hemionus)*
●		●	●	●	●	**Afrikanischer Wildesel**	*(Equus asinus)*
	●	●	●	●	●	**Przewalski-Pferd**	*(Equus przewalskii)*

Rolle (s. u.). Auf diese Weise können sich Grundtypen – aufgespalten in biologische Arten – an eine Vielzahl von Umweltbedingungen anpassen. Anpassungsfähigkeit beruht auf Programmierung und ist ein Kennzeichen der Schöpfung.

Als solche Anpassungen und Spezialisierungen lässt sich die Vielfalt innerhalb von Grundtypen gut erklären. In einigen Freilandstudien hat sich gezeigt, dass diese Aufspaltungen sogar innerhalb weniger Generationen erfolgen können. Eine intensiv untersuchte Tiergruppe sind Eidechsen der Gattung *Anolis*, die auf den karibischen Inseln vorkommen. Ihre Beinlänge und -form ist je nach vorherrschender Vegetation und den besiedelten Lebensräumen unterschiedlich. Aufgrund der Verteilung der Eidechsen muss angenommen werden, dass gleichartige Änderungen (z. B. verlängerte oder verkürzte Beine) auf verschiedenen Inseln mehrfach unabhängig voneinander erfolgt sind. Das ist am besten durch ein zuvor schon vorhandenes Potenzial erklärbar. Mit diesen Eidechsen werden wir uns weiter unten noch genauer beschäftigen (vgl. Abb. 4-14).

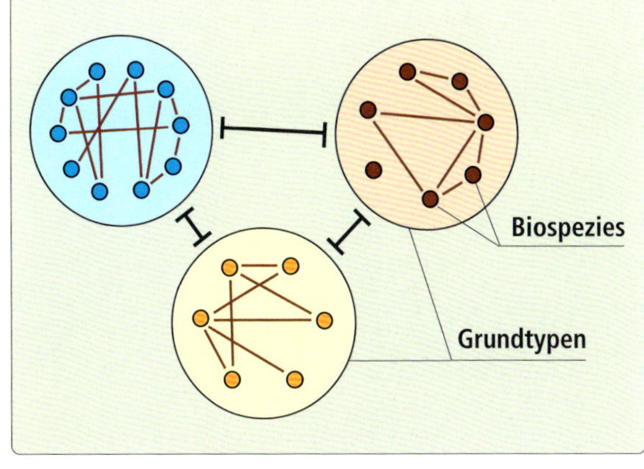

Abb. 4-7 Grundtypen (große Kreise) sind nach bisherigen Untersuchungen gut voneinander abgrenzbar. Innerhalb von Grundtypen sind in der Regel viele Kreuzungen verschiedener Arten (kleine Kreise) bekannt. Kreuzungen sind durch Linien dargestellt.

Auch das Vorkommen von nahe verwandten Stabheuschrecken mit und ohne Flügeln kann man durch bereits vorhandene Variationsprogramme erklären: Flügel gehören zum „Repertoire". Ob sie ausgebildet werden, kann aus- und wieder eingeschaltet werde (Abb. 4-8).[2]

Ein weiteres Beispiel sind Stichlinge: Je nachdem, ob sie im Süß- oder Salzwasser leben, kommen sie mit unterschiedlichen Ausprägungen von

Abb. 4-8 Ungeflügelte Stabschrecken-Art der Gattung *Leprocaulinus* und geflügelte Art *Phasma gigas*. Die Tiere sind ca. 25-30 cm lang. Beide Arten leben auf Papua-Neuguinea. Die ziemlich unsystematische Verteilung zahlreicher geflügelter und ungeflügelter Arten im System der Stabschrecken lässt sich am besten dadurch erklären, dass die Entwicklungswege zur Bildung von Flügeln an- und ausgeschaltet werden können, vermutlich durch epigenetische Veränderungen. Das bedeutet: Das Bauplanmodul „Flügel" ist grundsätzlich vorhanden, wird aber nicht immer abgerufen.

Abb. 4-9 Der Dreistachelige Stichling lebt in Küstengewässern und im Süßwasser der Nordhemisphäre. Der ca. 10 cm lange Fisch tritt in verschiedenen Formen auf: Die im Meer lebenden Stichlinge besitzen seitliche Panzerplatten, z. T. mit stachligen Auswüchsen (oben), vermutlich ein Schutz vor Raubfischen. Die Süßwasser-Stichlinge dagegen besitzen entweder verkleinerte oder gar keine Stacheln und Panzerplatten (Mitte und unten). Das könnte mit dem geringen Angebot an Calcium für den Knochenaufbau oder mit dem Fehlen von nur im Meer lebenden Raubfischen zusammenhängen. Untersuchungen nach Neubesiedlung von Lebensräumen durch Stichlinge haben gezeigt, dass die entsprechenden Änderungen innerhalb weniger Generationen erfolgen können. Das kann nur durch die Annahme präexistenter Vielfalt erklärt werden.

Panzerplatten und Bauchstacheln vor[3] (Abb. 4-9). Wie die Stichlinge leben viele Fische sowohl in Süß- als auch in Salzwasser und können ihren Stoffwechsel entsprechend umstellen. Das ist keine Kleinigkeit und erfordert Programmierung. Aus dem gesamten Tierreich sind viele weitere solcher Beispiele bekannt.

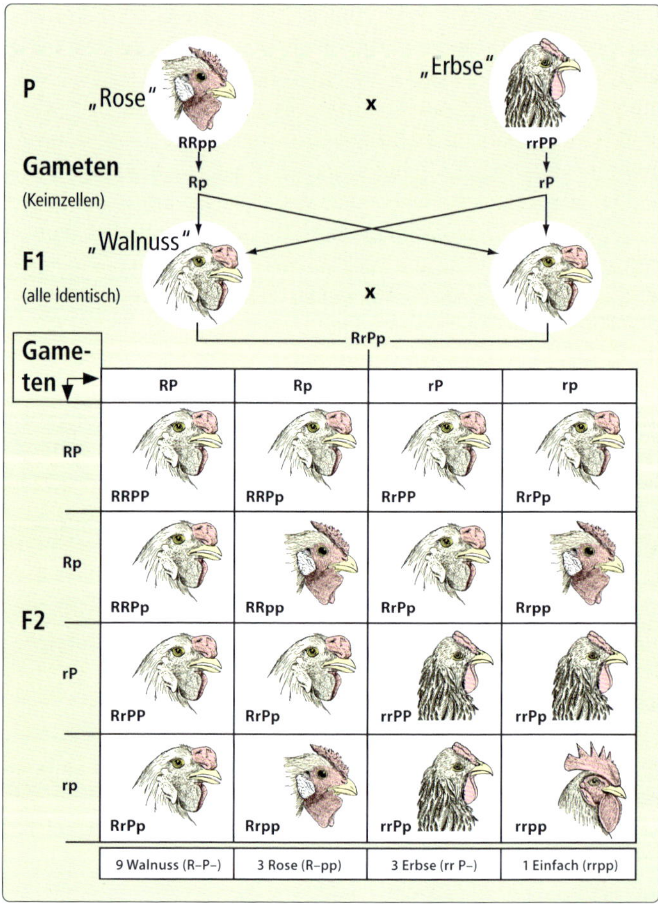

Abb. 4-10 Mischerbigkeit und Reinerbigkeit am Beispiel der Ausprägung verschiedener Hahnenkämme. Zwei Gene (R und P) nehmen Einfluss auf die Form des Hahnenkamms. Sie können in dominanter (R, P) und in rezessiver Form (r, p) vorkommen; man spricht von den Allelen R und r bzw. P und p. Ein dominantes Allel (P bzw. R) unterdrückt ein rezessives Allel (p bzw. r). In der F1-Generation (F = filius/filia, Sohn/Tochter) unterdrücken P und R die Allele p und r. Wenn sowohl P als auch R wenigstens einmal vorkommen, wird die Form „Walnuss" ausgeprägt. Wenn – so wie in der Generation F1 – p und r auch vorkommen (PpRr), sind die rezessiven Gene zwar vorhanden, aber verborgen, und ihre Wirkung ist unterdrückt. r und p können jedoch zur Ausprägung kommen, wenn sie reinerbig sind (rr: „Erbse", pp: „Rose" bei der Elterngeneration „P" und in der F2).

Pudelwölfe: Verborgene Vielfalt in den Mischlingen

Königspudel und Wolf (oben, Elterngeneration) lassen sich kreuzen.

Die Mischlinge der ersten Tochtergeneration (Mitte) zeigen eindrucksvoll, dass die Merkmalsausprägungen der Eltern in den Mischlingen verborgen werden können. Sie alle sind einander ziemlich ähnlich und zeigen viele Merkmale von Wölfen und Pudeln nicht. Diese verborgenen Merkmalsausprägungen können dann in den Nachkommen der Mischlinge (unten, zweite Generation) in verschiedenster Weise zum Vorschein kommen.

Abb. 4-11 Königspudel und Wolf (oben), ihre Mischlinge (Mitte) und deren Nachkommen (unten).

Wie kann Information angelegt sein und zur Aufspaltung von Arten führen?

Unser Verständnis von Vererbung geht wie oben bereits erwähnt auf den Augustinermönch und Vererbungsforscher Gregor Mendel (Abb. 4-1) zurück. Sein Konzept bietet eine Erklärung für die schnelle Herausbildung unterschiedlich angepasster Arten innerhalb der Grundtypen. Entscheidend ist dabei, dass es im Erbgut der Grundtypen ein enormes Ausmaß an latenter (verborgener) genetischer Information geben kann. Die meisten Organismen besitzen jedes Gen doppelt. Von Anfang an können die beiden Varianten eines Gens (die beiden Allele) unterschiedlich sein. Das nennt man *mischerbig*. Oft unterdrückt eines der beiden Allele die Ausprägung des anderen Allels (Abb. 4-10). Bei der sexuellen Fortpflanzung werden die Allele der verschiedenen Gene neu gemischt. Kommen dabei zwei gleiche Allele zusammen, ist das betreffende Gen dann *reinerbig* (bzw. gleicherbig). Auf diese Weise kann durch den Wegfall des anderen Allels die unterdrückte (latente) Information des verbleibenden Allels ausgeprägt werden.

Dieser Vorgang kann theoretisch bei allen Genen ablaufen. Durch Gleicherbigkeit können auf diese Weise sehr viele latente Anlagen zur Ausprägung kommen. Ein anschauliches Beispiel dafür sind die Mischlinge aus Königspudel und Wolf und deren Nachkommen (Näheres im Kastentext).

Artbildung erfordert keine neuen Merkmale, sondern erfolgt durch die Ausprägung latenter (angelegter, verborgener) Merkmale.

Weitere Möglichkeiten, wie zunächst noch latente Erbanlagen ausgeprägt werden können, sind Wechselwirkungen zwischen *verschiedenen* Genen (Epistasis) und das Springen von Genen (Transposition) an andere Positionen des Erbguts (Kasten „Epistasis und springende Gene", S. 67).

Innerhalb einer biologischen Art können Untergruppen entstehen, wenn *unterschiedliche* Merkmalsausprägungen in verschiedenen Linien reinerbig werden. Wenn *verschiedene* latente Anlagen durch Reinerbigkeit, Epistasis oder Transposition in voneinander geographisch getrennten Populationen ausgeprägt werden, können sich die Gruppen trennen und schließlich zu verschiedenen Biospezies werden (Abb. 4-12). Man

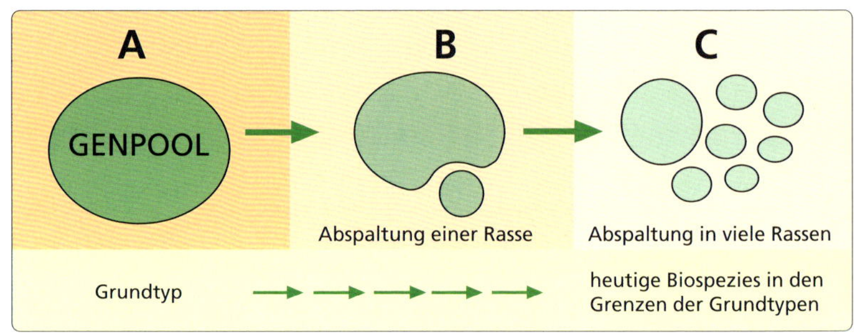

Abb. 4-12: Modellhafter Vorgang der Artbildung. **A** Ausgangssituation **B** Eine Teilpopulation hat sich geographisch abgetrennt. Sie kann zu einer neuen Art werden. **C** Weitere Abspaltungen von Teilpopulationen, die im Laufe der Zeit ebenfalls zu eigenen Arten (Biospezies) werden können. Das Kleinerwerden der Kreise bzw. Ovale soll andeuten, dass die Vielseitigkeit im Erbgut tendenziell abnimmt. Artbildung bedeutet Spezialisierung und keine Höherentwicklung.

spricht von Artbildung; das ist die Aufspaltung einer Art (Biospezies) in zwei oder mehrere Tochterarten. Beispiele für solche Vorgänge sind die Darwinfinken (Abb. 3-7) oder die Pinguine (Abb. 4-13). Artbildung, die auf diesem Wege erfolgt, „lebt" also nicht davon, dass spezielle Merkmale neu entstanden sind. Im Gegenteil: Aus dem ursprünglichen großen Pool an latenten Anlagen kommen unterschiedliche Merkmale oder Merkmalsausprägungen zum Vorschein. Da bereits Gregor Mendel, ein Zeitgenosse von Charles Darwin, ein solches Konzept ausgearbeitet hat, spricht man von **Mendel'scher Artbildung**.

Da diese Form der Artbildung darauf beruht, dass bereits vorhandene, anfangs noch latente Anlagen ausgeprägt werden, benötigt sie nicht viel Zeit. Man kann leicht zeigen, dass eine stark mischerbige Ausgangsgruppe binnen weniger Generationen eine Vielzahl von Arten bilden kann, die sich in zahlreichen Merkmalen oder Merkmalsausprägungen unterscheiden.[4]

Abb. 4-13 Pinguine kommen nicht nur in der Antarktis vor, sondern auch in verschiedenen Regionen Südamerikas. Ihre Körpergröße ist entsprechend der vorherrschenden Temperaturen unterschiedlich ausgeprägt.

Nach Darwins Modell stellt sich die Situation ganz anders dar: Unterschiede zwischen verschiedenen Arten müssen durch Mutation und Selektion aufgebaut werden. Die meisten Mutationen sind neutral oder mehr oder weniger schädlich. Daher gehen sie meistens wieder verloren. Allenfalls können sie sich rein zufällig in einer Population im Laufe der Generationen ausbreiten (**Gendrift**). Lediglich ein sehr kleiner Teil vorteilhafter Mutationen kann sich durch Selektion durchsetzen. Es erfordert aber viele

Woher kommt Vielfalt?
Wie entstehen neue Arten?

- Mutationen als Rohmaterial
- Natürliche Auslese
- Geographische Trennung (Separation) mit der Folge der genetischen Isolation
- gesamte Vielfalt der Arten und Baupläne auf diesem Weg entstanden
- große Zeiträume für Artbildung benötigt

Woher kommt Vielfalt?
Wie entstehen neue Arten?

- Latente genetische Information, von Anfang an vorhanden (präexistente genetische Information)
- Gesetz der Merkmalskombination
- Verlust der Mischerbigkeit
- Änderungen nur innerhalb von Grundtypen
- Artbildung in wenigen Generationen

Abb. 4-14 Darwin'sche und Mendel'sche Artbildung.

Generationen, bis sich eine Mutation auf die meisten Angehörigen einer Art ausgebreitet hat (genetische **Fixierung**). Damit auf diesem Weg eine neue Art entstehen kann, sind aber viele Mutationen erforderlich. Darum ist **Darwin'sche Artbildung** ein sehr langsamer Prozess. Tatsächlich werden bei Säugetieren mehr als eine Million Jahre für die Bildung einer neuen Art veranschlagt.[5] Der Grund dafür ist, dass es sehr lange dauert, bis sich schrittweise mehrere Änderungen in einer Art ansammeln können (wie es Darwins Konzept entspricht). In Abb. 4-14 werden die Kennzeichen der Mendel'schen und der Darwin'schen Artbildung gegenübergestellt.

Nun stellt sich die Frage: Welches der beiden Modelle passt besser zu den Daten? Geht man von Beobachtungen aus, die in den letzten etwa 50 Jahren bei Langzeitstudien im Freiland gemacht wurden, so ist das Modell der Mendel'schen Artbildung klar im Vorteil. Denn es mehren sich die Beispiele für sehr schnelle Änderungen und sogar Artbildungen, die nur möglich sind, wenn bereits ein Potenzial an Veränderungsmöglichkeiten vorhanden ist. Nur Merkmalsausprägungen auf Basis präexistenter Programme erlauben schnelle, vorteilhafte Veränderungen.

Auf verschiedenen Inseln haben sich unter den Eidechsen unabhängig sehr ähnliche Formen entwickelt: Ausschöpfen bereits angelegter Vielfalt.

Auf den karibischen Inseln leben Eidechsen der Gattung *Anolis* (Abb. 4-15). Sie sind ein eindrucksvolles Beispiel dafür, dass die Vielfalt innerhalb eines Grundtyps auf präexistente Programme und nicht auf Zufallsmutationen und Auslese zurückgeht. Von diesen Eidechsen gibt es hunderte Arten, die alle zu einem Grundtyp gehören. Interessant ist folgender Sachverhalt: Man kann diese vielen *Anolis*-Arten in wenige sogenannte Ökomorphen einteilen. Ökomorphen sind verschiedene Ausprägungen der Eidechsen, die verschiedene Lebensräume bevorzugen: Manche halten sich hauptsächlich am Boden auf, andere auf Baumstämmen, wieder andere auf dickeren oder dünneren Ästen oder nochmals andere auf Blättern. Entsprechend unterscheiden sie sich in ihrem Körperbau: Sie sind unterschließlich groß und verschieden gefärbt. In Anpassung an die Astgröße

Wiederholte gleiche Spezialisierungen: Programmierte Variabilität bei Eidechsen

Verschiedene Ökomorphe von *Anolis*-Eidechsen: Unterschiedliche Gestaltsausprägungen je nach bevorzugtem Lebensraum (Äste, Blätter, Stamm, Boden).

Abb. 4-15 Mehrfache gleichartige Artaufspaltungen in sehr ähnliche Ökomorphe auf den verschiedenen karibischen Inseln.

oder den Untergrund, auf dem sie sich hauptsächlich fortbewegen, haben sie unterschiedliche Beinlängen und Zehenlappen.

Es hat sich nun gezeigt, dass alle diese Ökomorphe auf den verschiedenen Karibik-Inseln vorkommen. Durch Erbgutvergleiche stellten die Forscher erstaunlicherweise fest, dass *verschiedene* Ökomorphe einer Insel näher miteinander verwandt sind als die gleichen Ökomorphe auf verschiedenen Inseln (Kasten auf dieser Seite). Das heißt: Auf den verschiedenen Inseln müssen sich die Ökomorphe immer wieder unabhängig voneinander in gleicher Weise aus einer Vorläuferform entwickelt haben. Die Forscher haben Experimente zur Wiederbesiedlung kleiner Inseln durch *Anolis*-Eidechsen durchgeführt. Dabei wurde festgestellt, dass die Entstehung verschiedener Ökomorphe innerhalb weniger Generationen erfolgen kann. Insgesamt kann man diese Befunde am besten so erklären: Die *Anolis*-Eidechsen weisen eine präexistente (zum Teil verborgene) genetische Vielfalt auf, die unter bestimmten Lebensbedingungen ziemlich schnell abgerufen werden kann. Dass hier bereits vorhandene Programme abgerufen werden, wird auch von manchen Evolutionstheoretikern so gesehen.

Epistasis und springende Gene

Wie kann Information im Erbgut zwar angelegt sein, aber verborgen bleiben? Zwei Möglichkeiten sind Epistasis und Transposition (springende Gene). Wenn ein Gen darauf Einfluss hat, ob und wie ein *anderes* Gen genutzt wird, spricht man von **Epistasis**. Ein schönes Beispiel dafür ist die Ausprägung eines Augenstreifens bei Löffelenten. Die europäische Löffelente (**A:** *Spathula clypeata*) und die Zimtente (**B:** *S. cyanoptera*) sind eigenständige Arten. Werden sie miteinander gekreuzt, sehen die Mischlinge (**C**) aus wie eine dritte Art, die australische Löffelente (**D:** *S. rhynchotis*). Besonders interessant ist der auffällige vertikale weiße Augenstreifen des Mischlings, der bei keiner der beiden Elternarten ausgebildet ist.[6] Man hat herausgefunden, dass dies Folge einer zweifachen Epistasis ist. Die Information für die Ausprägung des Augenstreifens ist in den Elternarten also vorhanden, aber verborgen. Im Mischling dagegen wird der Augenstreifen ausgeprägt.

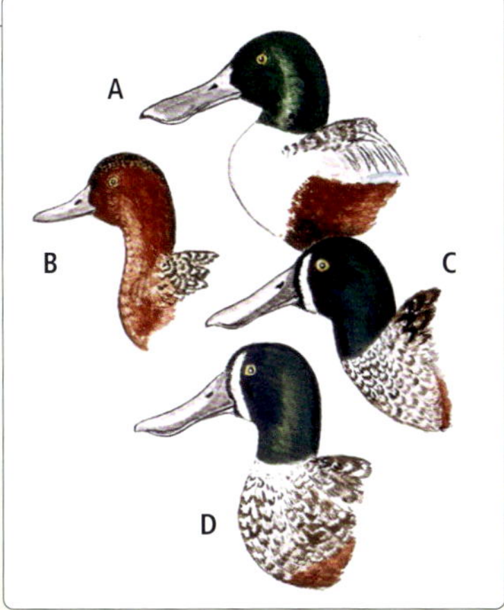

Abb. 4-16 Löffelenten. Der Mischling (**C**) aus europäischer Löffelente (*Spathula clypeata*, **A**) und Zimtente (*S. cyanoptera*, **B**) sieht der australischen Löffelente (*S. rhynchotis*, **D**) sehr ähnlich und zeigt wie diese einen auffälligen vertikalen weißen Streifen. Diese Streifen zeigen die beiden Elternarten aufgrund von Epistasis nicht, aber die dafür erforderlichen Gene sind auch bei ihnen in versteckter Form vorhanden.

Von **Transposition** spricht man, wenn sich kurze Abschnitte des Erbguts von einer Stelle in den Chromosomen an eine andere versetzen („springende Gene"). Durch diese Versetzungen können bestimmte Merkmale ausprägt oder auch unterdrückt werden. Ein bemerkenswertes Beispiel dafür ist der Industriemelanismus bei Birkenspannern (Abb. 3-6). Durch Transposition wird die Wirkung des Gens *cortex* verstärkt, was zur dunkleren Variante des Birkenspanners führt. Auch der Unterschied zwischen rotem und weißem Wein wird durch ein springendes Gen verursacht. Dieses Gen wird in der Nähe eines anderen Gens eingefügt, das die Herstellung des roten Pigments in den Weintrauben regelt.[7]

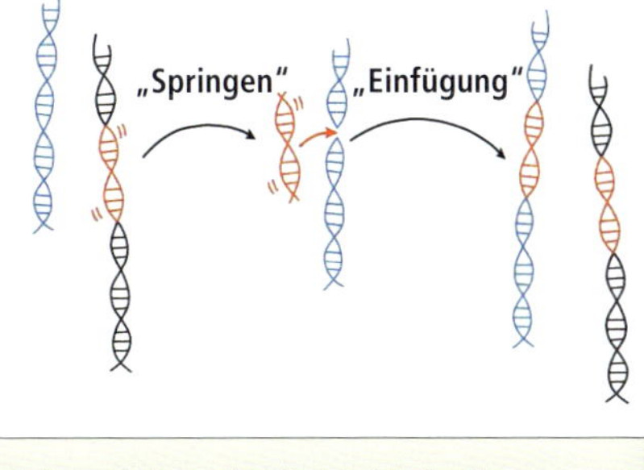

Abb. 4-17 Springendes Gen (Transposon). Zwei verschiedene Chromosomen (blau und schwarz) mit einem Transposon (rot, links), welches sich entweder herausschneiden oder eine Kopie von sich produzieren kann. Nach dem „Springen" befindet sich das Transposon neben dem blauen Chromosom (Mitte) und kann sich in dieses Chromosom einfügen („Einfügung" in das zweite [blaue] Chromosom, rechts).

Abb. 4-18 Rote und weiße Traubensorten sind auf die Wirkung von springenden Genen zurückzuführen.

Grundtypenkonzept und Plastizität

Wir haben bereits die Eigenschaft der Plastizität von Lebewesen kennengelernt (Kapitel 2). Diese Fähigkeit, sich aufgrund von Umweltreizen individuell anzupassen (z. B. durch Bildung einer dickeren Hornhaut bei mechanischer Beanspruchung), passt sehr gut zum Grundtypenkonzept und zur Deutung von Grundtypen als Schöpfungseinheiten. Wie in Kapitel 2 erläutert, ist Plastizität eine Fähigkeit, die eine Zukunftsorientierung beinhaltet: Für den Fall von Umweltänderungen ist bereits in Form entsprechender Anpassungsmöglichkeiten vorgesorgt. Zukunftsorientierung ist nur durch Planung möglich und erfordert daher einen Schöpfer.

Darüber hinaus haben zahlreiche Studien zur Plastizität verschiedener Arten ein aus der Sicht der Grundtypenbiologie sehr interessantes Ergebnis geliefert: Die Befunde deuten durchweg darauf hin, dass ein hohes Maß an Plastizität ursprünglich ist. Das heißt: Am besten kann man die Ausprägungen von Arten innerhalb eines Grundtyps verstehen, wenn man davon ausgeht, dass die anfängliche Situation von einem großen Ausmaß an Plastizität gekennzeichnet ist. Aus dem Blickwinkel der Schöpfungslehre heißt das: Die geschaffenen Arten, also die Grundtypen, starteten mit der Maximalausstattung an plastischen Reaktionsmöglichkeiten. Geringere Plastizität wird allgemein als eine spätere, spezialisiertere Situation interpretiert.

„Schöpfung“ heißt also: Am Anfang ist alles da bzw. angelegt. Davon können die weiteren Generationen zehren. Ein anfangs hohes Maß an Plastizität und spätere Spezialisierung passen daher bestens zur Schöpfungsperspektive.

Ernährungskünstler – geschaffene Plastizität. Unter den Amerikanischen Schaufelfußkröten gibt es eine Art *Spea bombifrons*, deren Kaulquappen unterschiedliche Gestalten ausprägen können. Stehen dieser Art Shrimps (kleine Krebse) zur Ernährung zur Verfügung, bildet sie einen dickeren und verkürzten Darm aus, der Kopf ist größer und die Darmtätigkeit wird durch Erhöhung der Zellteilungsrate verändert (fleischfressende Form, Abb. 4-19). Ernährt sich diese Art dagegen mit Detritus (zerfallene

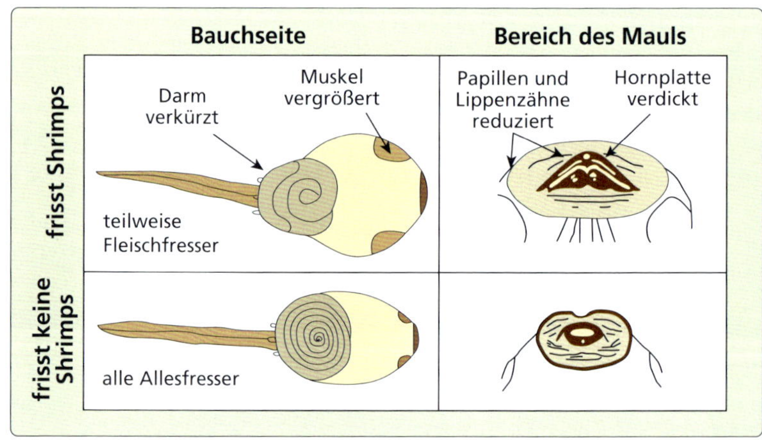

Abb. 4-19 Vergleich des Baus von Kaulquappen der Gattung *Spea*, die Süßwassergarnelen (Shrimps) fressen (oben), und solchen, die sich als Allesfresser ernähren (unten).

organische Substanz), ist der Darm lang und dünn, der Kopf kleiner und die Zellteilung im Darm wird nicht verstärkt (Allesfresser-Form). Diese Art ist also plastisch, d. h. durch Umweltreize in ihrer Gestalt veränderbar; dabei ändert sich das Erbgut nicht.[8] Andere Arten der Schaufelfußkröten sind zu dieser Umstellung nicht in der Lage. Vermutlich war die Plastizität ursprünglich. Aus der Sicht der Grundtypenbiologie kann man diesen und viele ähnlich gelagerte Fälle so deuten, dass ursprünglich große Plastizität ein geschaffenes Potenzial ist, das den Lebewesen ermöglicht, mit verschiedenen Umweltbedingungen zurechtzukommen. Arten desselben Grundtyps mit weniger Plastizität haben demnach durch Spezialisierung auf bestimmte Umwelten einen Teil der Plastizität verloren.[9]

Fazit

Wir haben in Kapitel 1 dargelegt, dass ein Indizienbeweis erforderlich ist, um die Entstehung der Lebewesen (durch Schöpfung oder durch natürliche Evolution) aufzuklären. Dafür benötigen wir aussagekräftige, relevante Indizien. Am geeignetsten sind solche Indizien, die durch ein bestimmtes Modell besser erklärbar sind als durch andere Modelle. In Kapitel 2 haben wir gezeigt, dass es klare Schöpfungsindizien gibt. Die starken Indizien für variationsfähige Grundtypen mit enormen, aber begrenzten programmierten Anpassungsmöglichkeiten am Anfang der Geschichte der Lebewesen waren Thema dieses Kapitels. Natürliche Evolutionsmechanismen scheinen andererseits nicht dazu in der Lage zu sein, diese Indizien hervorzubringen (Kapitel 3). Das Grundtypenkonzept – klar voneinander abgrenzbare, geschlossene Grundtypen mit einem enormen Variationspotenzial – ist somit durch die Daten (Indizien) gut begründet.

Die Beweisaufnahme ist damit aber noch lange nicht abgeschlossen. Es gibt viele weitere Teilbereiche von Biologie und Paläontologie (Fossilforschung), die wichtige Indizien zur Aufklärung der Entstehung des Lebens und seiner vielfältigen Arten liefern.

5. Der Apfel fällt nicht weit vom Stamm – Ähnlichkeiten

Bisher beschäftigten wir uns bei der Beweisaufnahme im Fall „Schöpfung oder Evolution?“ damit, welche *Ursachen* für Veränderungen der Arten bekannt sind. Es ging also um das „Wie“. Wie funktioniert Evolution? Was wissen wir über Evolutionsmechanismen? Erklären sie nur Spezialisierungen innerhalb bestehender Arten bis hin zur Aufspaltung in neue Arten, indem bestehende Baupläne als Anpassung an neue Lebensbedingungen abgeändert werden? Oder erklären sie auch die Entstehung neuer Organe und neuer Baupläne?

Im Folgenden betrachten wir nun – unabhängig von der Frage nach den Mechanismen – eine andere Art von Indizien. Das heißt: Ohne weiter darüber nachzudenken, wie Evolution funktioniert (darum ging es in Kapitel 3 und 4), machen wir uns nun auf die Suche nach *Spuren*, die der vergangene Vorgang der Entstehung der Lebewesen hinterlassen hat.

Wir fragen uns: Lassen sich daran, wie die Merkmale der Lebewesen unter den Arten verteilt sind und wie ihr Erbgut gestaltet ist, Hinweise auf ihre Entstehung erkennen? Welche Spuren sind an den Merkmalsverteilungen im Bau und im Erbgut der Lebewesen zu erwarten, wenn es eine allgemeine Evolution gab? Dieselbe Frage können wir auch in Bezug auf „Schöpfung“ stellen: Welche Spuren sind in den Merkmalsverteilungen oder am Erbgut der Lebewesen zu erwarten, wenn die Lebewesen von einem geistbegabten, personalen Schöpfer erschaffen wurden? In Kapitel 2 ging es darum, dass an Lebewesen unterschiedliche Spuren von Planung erkennbar sind. Darüber hinaus gibt es aber eine Reihe anderer wichtiger Spuren, denen wir uns nun zuwenden. Sie sind im gesamten Tier- und Pflanzenreich häufig anzutreffen.

Dazu gehören zunächst einmal die Ähnlichkeiten und Unterschiede zwischen verschiedenen Arten von Lebewesen. (Das ist Thema dieses Kapitels.) Sie werden ermittelt, indem man die Arten miteinander vergleicht. Eine dieser Spuren ist auch die individuelle Entwicklung (Ontogenese) der Lebewesen – von der befruchteten Eizelle bis zum ausgewachsenen Organismus (Kapitel 7). Außerdem kann man der Frage nachgehen, ob der Bau der Lebewesen optimal ist. Oder weisen sie mehr oder weniger gravierende Mängel – Konstruktionsfehler – auf (Kapitel 6)? Alle diese Indizien findet man, indem man heute lebende Arten untersucht. Darüber hinaus liefern uns Fossilien weitere wichtige Informationen. Fossilien sind erhaltene Reste von Lebewesen vergangener Zeiten. Zu ihnen gehören z. B. Versteinerungen, Abdrücke, Innenausgüsse von Hohlformen (z. B. bei Schnecken) oder auch in Bernstein eingeschlossene Tiere und Pflanzen. Damit beschäftigen wir uns in Kapitel 8.

Ähnlichkeiten in den Bauplänen der Lebewesen

Eine sehr auffällige Spur sind die Ähnlichkeiten in den Bauplänen der Lebewesen. Besonders bekannt sind die Ähnlichkeiten zwischen Mensch und Großen Menschenaffen (Schimpanse, Orang Utan, Gorilla). Ihre Skelette sind sehr ähnlich aufgebaut (Abb. 5-1). Auch im Verhalten werden auffällige Ähnlichkeiten beobachtet. Ebenso gibt es auf molekularer Ebene Ähnlichkeiten, z. B. im Erbgut – dazu später mehr.

Abb. 5-1 Menschenaffen (rechts das Skelett eines Schimpansen) sind dem Menschen (links) besonders ähnlich. Was bedeutet diese Ähnlichkeit?

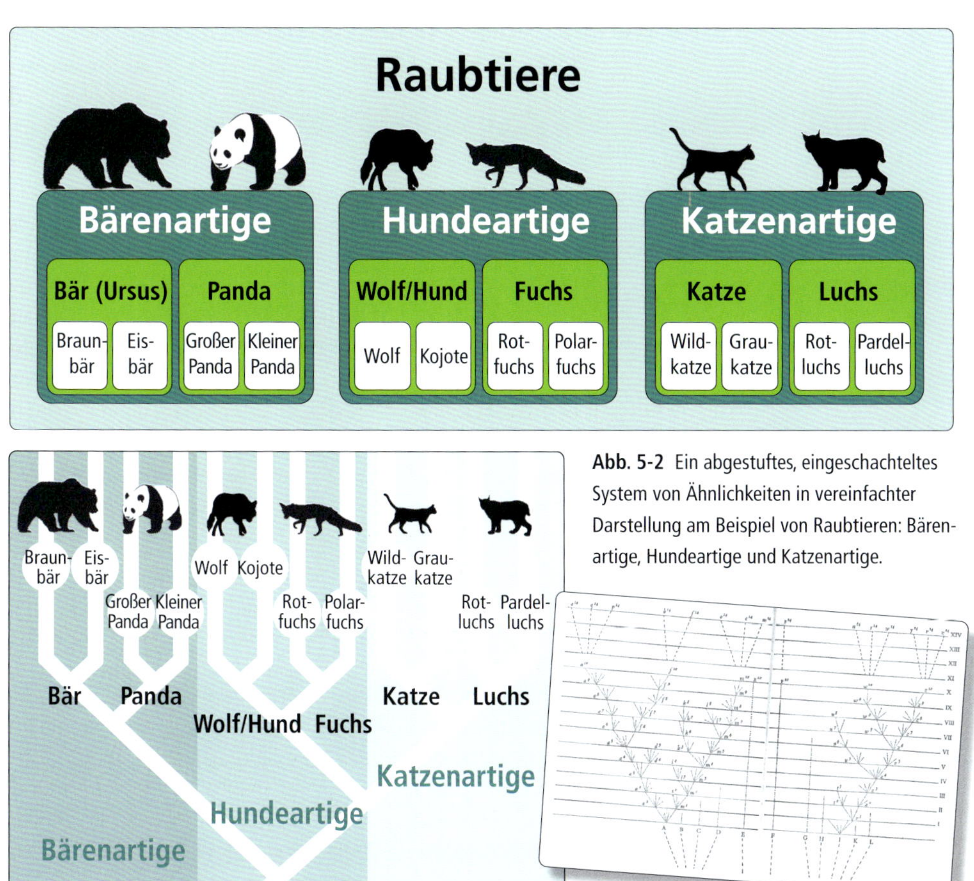

Abb. 5-2 Ein abgestuftes, eingeschachteltes System von Ähnlichkeiten in vereinfachter Darstellung am Beispiel von Raubtieren: Bärenartige, Hundeartige und Katzenartige.

Abb. 5-3 Das abgestufte System der Ähnlichkeiten aus Abb. 5-2 in Baumdarstellung. Dieser Befund wird evolutionstheoretisch durch Abstammung interpretiert. Der gemeinsame Vorfahr befindet sich an den Verzweigungsstellen. Rechts: Darwins Stammbaum, die einzige Abbildung in seinem Buch „Über den Ursprung der Arten".

Auch in der gesamten Klasse der Säugetiere gibt es weitreichende Ähnlichkeiten: Ihr Skelettbau folgt immer dem gleichen Grundbauplan (Abb. 5.4). Andere typische gemeinsame Merkmale sind der Besitz von Milchdrüsen oder eines Haarkleides. Mensch und Maus sind daher immer noch relativ ähnlich, aber die Ähnlichkeiten sind deutlich geringer als jene zwischen Mensch und Schimpanse. So geht es weiter: Auch alle Wirbeltiere, zu denen neben den Säugetieren noch Vögel, Reptilien, Amphibien und Fische gehören, weisen offensichtliche Ähnlichkeiten auf. Sie sind insgesamt aber wiederum geringer als die Ähnlichkeiten innerhalb der Säugetiere. Alle Wirbeltiere haben z. B. ein Innenskelett und eine Wirbelsäule. Auf diese Weise lassen sich immer weitere Abstufungen von Ähnlichkeiten beschreiben, bis hin zu Ähnlichkeiten, die sogar alle Arten verbinden: Sie betreffen die grundlegende Funktion der Zellen, also Stoffwechsel und Vererbung.

Solche Abstufungen von Ähnlichkeiten werden häufig mittels eines eingeschachtelten Systems (Abb. 5-2) oder einer Baumstruktur dargestellt (Abb. 5-3) die als Abstammungsabfolge *interpretiert* wird (s. u.).

Aus der Beobachtung dieser abgestuften Ähnlichkeiten wird ein „Ähnlichkeitsbeweis" für Evolution abgeleitet, der sehr populär ist. Er besagt, dass Ähnlichkeiten ein Indiz für gemeinsame Vorfahren sind. Das lässt sich im Alltag jederzeit an Menschen, Tieren und Pflanzen beobachten. Die Nachkommen aller Lebewesen ähneln ihren Eltern und somit auch den vorangegangenen Generationen. Im „Ähnlichkeitsbeweis" wird diese Beobachtung nun über den beobachtbaren Rahmen hinaus verallgemeinert (vgl. Abb. 5-7).

Ähnlichkeiten sind in der Regel durch die Funktion der Bauteile, also ihre Aufgabe, erklärbar.

Die Ähnlichkeiten *zwischen den Arten* werden also wie die innerartlichen Ähnlichkeiten durch gemeinsame Vorfahren erklärt. Auf diesem Argument basiert z. B. die Annahme, dass der Mensch von affenartigen Vorfahren abstamme bzw. dass Mensch und Schimpanse gemeinsame Vorfahren hätten.

Ähnlichkeiten in abgestufter Form sind tatsächlich zu erwarten, wenn es eine Grundtyp-übergreifende Evolution gab. Das Indiz der abgestuften Ähnlichkeiten verschiedener Grundtypen oder größerer Gruppen passt also zu Evolution. Es wird so argumentiert: Arten, deren gemeinsame Vorfahren noch nicht weit zurückliegen, sind sich besonders ähnlich. Denn es war wenig Zeit, Unterschiede zu entwickeln. Je länger der angenommene gemeinsame Vorfahr zweier Arten zurückliegt, desto weniger Ähnlichkeiten bleiben erhalten, zumindest tendenziell. So könnte eine Abstufung von Ähnlichkeiten entstanden sein.

Doch der Befund der abgestuften Ähnlichkeiten passt auch zu Schöpfung. Denn Ähnlichkeiten sind in aller Regel einfach durch die Funktion der Bauteile, also ihre Aufgabe, erklärbar: Eine Lunge beispielsweise kann nicht beliebig gebaut sein, damit sie ihre Funktion als Atmungsorgan erfüllen kann. Entsprechend ist auch zu erwarten, dass der Bau der Lungen und die Lungenzellen verschiedener Arten und Grundtypen ähnlich sind. Gleiches gilt für das Erbgut, das zu ihrem Bau genutzt wird. Das heißt: Auch wenn man von Schöpfung ausgeht, muss man erwarten, dass es Ähnlichkeiten in den Bauplänen, im Stoffwechsel und im Erbgut gibt. Und je ähnlicher die ausgeübten Funktionen sind, desto größer sind die funktional bedingten Ähnlichkeiten.

Die allermeisten Ähnlichkeiten sind also durch die Funktion der betreffenden Organe oder Konstruktionen erklärbar. Darüber hinaus können

Abb. 5-4 Trotz verschiedener Weisen der Fortbewegung zeigen die Gliedmaßen der Säugetiere einen ähnlichen Bauplan in der Anordnung der Knochengerüste der Gliedmaßen.

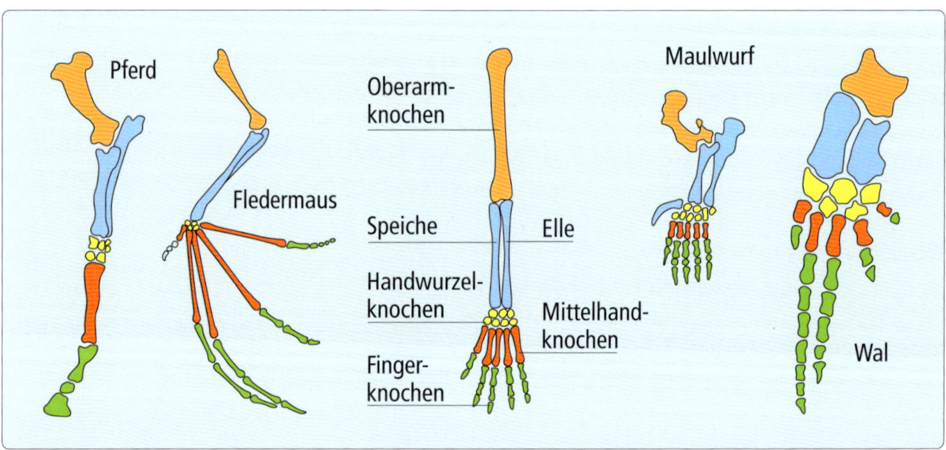

Ähnlichkeiten als Indiz für Schöpfung

Ähnlichkeit kann auch als Ergebnis von Schöpfung oder Konstruktion verstanden werden. Vergleiche aus Technik oder Kunst verdeutlichen das. So zeigen etwa Automodelle derselben Firma neben funktionell bedingten Ähnlichkeiten auch firmentypische Ähnlichkeiten („Markenzeichen"), z. B. in der Form (VW-Käfer und Porsche wurden von denselben Konstrukteuren entwickelt). Genauso ist es im Bereich der Kunst: Die Bilder eines Künstlers ähneln einander in gewissen Stilmerkmalen (Abb. 5-6). Ein Musikkenner kann am Stil des Musikstückes erkennen, von welchem Komponisten die Musik stammt. In allen diesen Fällen entstammt die Ähnlichkeit einer gemeinsamen Urheberschaft.

Abb. 5-5 Ähnlichkeiten – sei es in Konstruktionsplänen wie hier bei VW-Käfer und Porsche oder in Computerprogrammen – lassen sich meistens durch die Erfordernisse erklären, die sie erfüllen sollen. Darüber hinaus können Ähnlichkeiten auch auf Vorlieben eines Konstrukteurs hinweisen.

Ähnlichkeiten aber auch auf Vorlieben oder übergeordnete Ziele eines Konstrukteurs oder Künstlers hindeuten. Vielleicht ist das teilweise der Fall beim Skelettbau von Säugetieren, der trotz sehr unterschiedlicher Lebensweisen wie Tauchen (Wale), Fliegen (Fledermäuse) oder Graben (Maulwürfe) erstaunliche Ähnlichkeiten aufweist (vgl. Abb. 5-4). Es ist aber gut möglich, dass auch hier allein funktionale Gründe vorliegen.[1]

Das Indiz der Ähnlichkeit ist für sich alleine nicht beweiskräftig. Denn es passt grundsätzlich sowohl zu Schöpfung als auch zu Evolution. Das Zwischenergebnis ist also ein „Unentschieden".

Abb. 5-6 Selbstbildnis des berühmten Malers Vincent van Gogh im typischen, markanten Stil seiner Kunstwerke.

Aber passen die beobachtbaren Ähnlichkeiten auch dann noch zu beiden Sichtweisen, wenn man genauer hinsieht? Welches Bild ergibt sich, wenn man mehr auf die Details achtet? Dazu beschäftigen wir uns zunächst mit dem Thema „Konvergenzen" (was schon in Kapitel 2 angesprochen wurde). Danach wird es darum gehen, was aus den *Unterschieden* zwischen den Arten und Grundtypen gefolgert werden kann. Abschließend werden wir uns auch noch mit Ähnlichkeiten auf molekularer Ebene beschäftigen.

Konvergenzen

In Kapitel 2 haben wir bereits über Konvergenzen und ein Baukastensystem gesprochen (vgl. Abb. 2-14 bis 2-17) und erläutert, warum es sich hier um Indizien für einen Schöpfer handelt. Das häufige Vorkommen von Bauplanähnlichkeiten bei nicht näher verwandten Arten (Konvergenzen) hat aber auch Folgen für das Ähnlichkeits-Argument: Denn wenn Bauplan-

Abstammung bewirkt Ähnlichkeit, aber Ähnlichkeit bedeutet nicht automatisch Abstammung

Ähnlichkeiten innerhalb einer Art können ihre Ursache in gemeinsamer Abstammung (gleiche Eltern) haben; das ist beobachtbar: Die Nachkommen ähneln ihren Eltern stark. Der Grund dafür ist eben die gleiche Abstammung (Abb. 5-7). Daraus kann aber nicht logisch gefolgert werden, dass Ähnlichkeiten zwischen verschiedenen Grundtypen (wie z. B. Schimpanse und Mensch) auch von gemeinsamen Vorfahren herrühren. Dies kann nämlich nicht beobachtet werden, sondern wäre eine Ausweitung vom beobachtbaren auf den nicht beobachtbaren Bereich. Außerdem sind die Unterschiede zwischen verschiedenen Grundtypen sehr viel größer als die Unterschiede zwischen den Generationen innerhalb einer Art. Auch deshalb kann nicht von den Verhältnissen innerhalb der Arten auf Verhältnisse zwischen verschiedenen Grundtypen geschlossen werden.

Abb. 5-7 Von Ähnlichkeiten innerhalb einer Art kann nicht auf Ähnlichkeiten zwischen verschiedenen Grundtypen geschlossen werden.

ähnlichkeiten auftreten können, ohne dass man eine nähere Verwandtschaft und gemeinsame Abstammung der betreffenden Arten annehmen kann, lässt sich von Ähnlichkeiten gar nicht einfach so auf gemeinsame Vorfahren schließen. Ein konkretes Beispiel, auf das wir schon eingegangen sind (Abb. 2-14), sind die Schirmchen der Korbblütler-Früchte („Pusteblume"). Die offensichtliche Bauplanähnlichkeit der Schirmchen bei den Korbblütlern und beim nicht näher verwandten Baldrian wird hier nicht als Folge einer gemeinsamen Abstammung gedeutet. Stattdessen wird eine mehrfache, unabhängige evolutive Entstehung angenommen (Abb. 5-8). Würde man nämlich davon ausgehen, dass Schirmchenflieger nur einmal entstanden sind (diese Entstehung also auf einem gemeinsamen Ast des hypothetischen Stammbaums stattgefunden hat), ergeben sich andere Probleme: Dann müssten *andere* Merkmale zwei- oder mehrfach unabhängig voneinander entstanden sein. Oder es müssten sehr viele Formen später das Schirmchen wieder verloren haben. Also sind hier Ähnlichkeiten kein Indiz für gemeinsame Vorfahren.

Die Merkmalsverteilungen lassen sich oft besser durch ein Netzwerk als durch einen Baum darstellen.

Diese Situation findet man häufig. In manchen Tier- oder Pflanzengruppen ist sie sogar weit verbreitet. Das Beispiel in Abb. 5-8 ist keine seltene Ausnahme – im Gegenteil: Oft sind Merkmale so verteilt, dass sie nicht in einem widerspruchsfreien Stammbaum (wie in Abb. 5-3) angeordnet werden können. Dann passen sie nicht in ein eingeschachteltes System (Abb. 5-2). Statt eines eingeschachtelten Systems zeigt Abb. 5-9 am Beispiel der Gliederfüßer, dass eine Darstellung als Netzwerk mit sehr vielen Überlappungen die Realität besser abbildet.[2] Wenn man also argumentiert, dass ein eingeschachteltes System wie in Abb. 5-2 ein Indiz für Evolution ist, dann ist ein Netzwerk von Ähnlichkeitsbeziehungen (Abb. 5-9) ein Indiz dagegen.

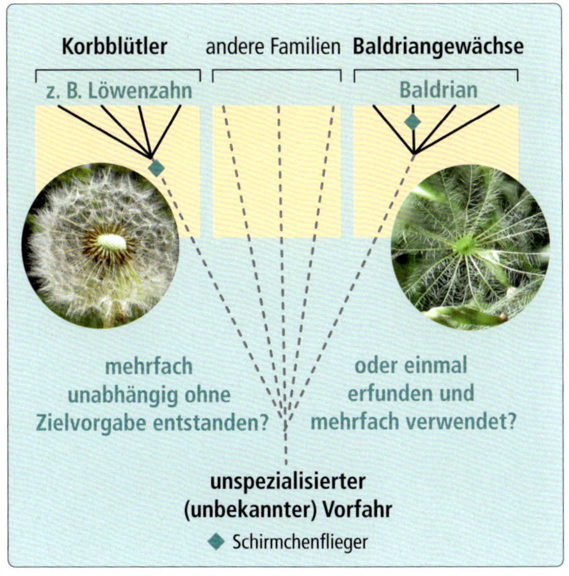

Abb. 5-8 Schematische Darstellung der Konvergenzproblematik. Ein Merkmal (dargestellt durch die Raute) tritt zwei- oder mehrfach unabhängig voneinander auf; hier am Beispiel von Schirmchenfliegern. Die Schirmchen-Konstruktion muss sich – aus evolutionärer Sicht – zweimal unabhängig voneinander entwickelt haben. Die Verteilung der Schirmchen passt dadurch nicht widerspruchsfrei in ein eingeschachteltes System (wie in Abb. 5-2) oder einen Stammbaum (wie hier und in Abb. 5-3).
Aus der Sicht von Schöpfung kann man hingegen argumentieren, dass das Schirmchen erfunden (geschaffen) wurde. Diese Erfindung wurde dann mehrfach verwendet. Einem Schöpfer steht es frei, Merkmale beliebig zu kombinieren.

Dass Konvergenzen so häufig auftreten, ist darüber hinaus ein Argument gegen Evolution. Denn es ist bei einem zukunftsblinden Prozess nicht zu erwarten, dass unabhängig voneinander immer wieder sehr ähnliche Konstruktionen entstehen (vgl. Kapitel 3). Die oft unsystematische Verteilung von Merkmalen erscheint wie ein Baukastensystem. Das passt wiederum sehr gut zu „Schöpfung“. Denn einem Schöpfer ist es freigestellt, Bauplanelemente bei verschiedenen Arten von Lebewesen auf unterschiedliche Weise zu kombinieren, solange die betreffenden Arten (über)lebensfähig sind. Im Rahmen des Evolutionsmodells hingegen muss die Verteilung der Merkmale aus dem Evolutionsprozess heraus verständlich gemacht werden. Und weil dieser Prozess ohne Plan und Ziel verläuft, sind Konvergenzen von komplexen Merkmalen nicht zu erwarten.

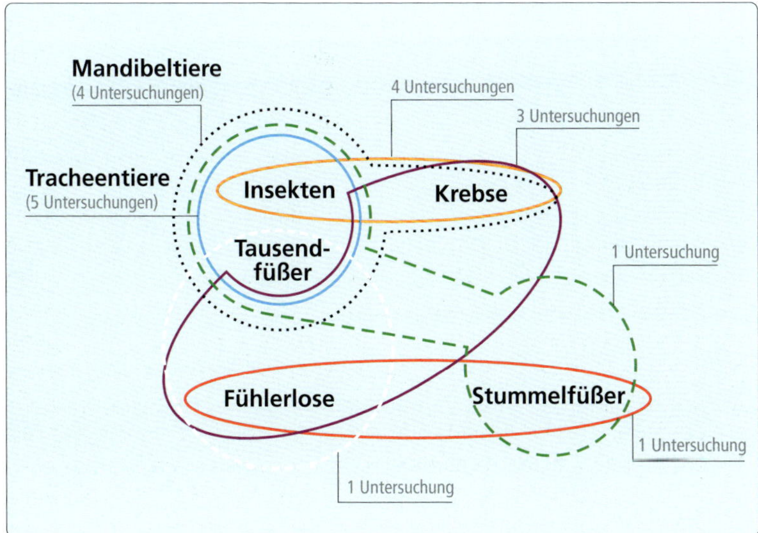

Abb. 5-9 Ähnlichkeitsbeziehungen unter Lebewesen stellen oft ein Netzwerk dar (Beispiel Gliederfüßer). Es ergeben sich unterschiedliche Gruppierungen, je nachdem, welche Merkmale zugrunde gelegt werden („Untersuchungen“). Die Formenvielfalt kann nicht in einem eingeschachtelten System (Abb. 5-2) dargestellt werden.

Unterschiede

Der „Ähnlichkeitsbeweis“ beruht auf den Ähnlichkeiten, die bei Vergleichen verschiedener Arten oder Grundtypen ermittelt wurden. Bei einem Vergleich verschiedener Arten müssen neben den Ähnlichkeiten aber genauso die *Unterschiede* berücksichtigt werden. Auch sie sind ein wichtiger Teil der Beweisaufnahme. So zeigt sich beispielhaft beim Vergleich von Mensch und Schimpanse, dass es in ihrem Bauplan auch erhebliche Unterschiede gibt (vgl. Tab. 5-1). Wie wir weiter unten sehen werden, gilt das auch für ihr Erbgut.

Wie groß diese Unterschiede sind, sei nur an einem Beispiel gezeigt: Die menschliche Hand ist eine ausgeklügelt gestaltete Konstruktion. Sie ermöglicht uns eine immense Palette von Tätigkeiten, vom „groben

Abb. 5-10 Fast schon zwei Welten: die menschliche Hand und die Schimpansenhand.

Tab. 5-1:
Auswahl von Unterschieden im Körperbau zwischen Mensch und Menschenaffen

	Mensch	Menschenaffe
Schädel	flaches Gesicht, kleiner Kiefer, Hinterhauptsloch (Schnittstelle zwischen Rückenmark und Gehirn) liegt mittig im Schädel; wichtig für aufrechten Gang.	vorspringende Schnauze, kräftiger Kiefer, Hinterhauptsloch liegt im hinteren Bereich, dem Rücken deutlich näher als der Kopfmitte
Gehirnvolumen	großer Hirnschädel, ca. 1300 cm^3	ca. 400-500 cm^3
Gebiss	parabelförmig; kleine Schneidezähne	U-förmig; große Schneidezähne, zahnfreier Zwischenraum im Oberkiefer
Körperbau	lang und dünn. Beine sind länger als die Arme.	klein und stämmig, gedrungener Körperbau. Arme sind länger als die Beine.
Wirbelsäule	S-förmig für den aufrechten Gang	leicht bogenförmig, Aufrichten möglich
Haltung	aufrecht	gebückt, Hände am Boden (Knöchelgeher)
Schulterbereich	Schulterblätter kleiner	große Schulterblätter (kräftige Schultermuskeln)
Brustkorb	rundliche Form zum Schutz von Herz und Lunge	Brustkorb wird unten breiter
Becken	breites Becken (das große Gehirn bei Säuglingen muss durch den Geburtskanal passen)	schmales Becken
Hände	Präzisionsgriff mit Daumen und Zeigefinger, feinmotorische Arbeiten möglich	Präzisionsgriff ist nicht möglich, weil der Daumen nicht frei bewegbar ist.
Füße	Standfuß: Fuß nach oben hin gewölbt, Abrollen beim Gehen möglich. Großzehe kann nicht gegenübergestellt werden.	Greiffuß: Fuß flach, Großzehe kann Zehen gegenübergestellt werden.

Zupacken" bis hin zu feinsten künstlerischen Arbeiten – in so unterschiedlichen Tätigkeitsfeldern wie Technik, Malerei, Musik und vielem mehr. Schimpansen spielen diesbezüglich „in einer ganz anderen Liga" (vgl. Abb. 5-10).

Solche markanten Unterschiede können durchaus als Indizien dafür gesehen werden, dass es sich bei Mensch und Schimpanse um getrennt erschaffene Grundtypen handelt. Die Unterschiede sind zudem in einigen Bereichen so groß, dass unklar ist, wie sie durch Evolution zustande gekommen sein könnten, selbst wenn man die üblichen großen Zeiträume zugrunde legt.

Markante Unterschiede können ein Indiz dafür sein, dass wir es mit getrennt erschaffenen Grundtypen zu tun haben.

Ähnlichkeiten im molekularen Bereich

Seit einigen Jahrzehnten sind die Wissenschaftler in der Lage, den Aufbau des Erbguts zu untersuchen. Vom Erbmolekül DNA – deutsch DNS, Desoxyribonukleinsäure – dürfte jeder schon einmal gehört haben. Die DNA ist ein unverzweigtes kettenförmiges Molekül, gleich einer extrem langen Perlenkette. Sie ist auf mehrere Chromosomen aufgeteilt. Beim Menschen sind es 23 Chromosomenpaare. Das DNA-Molekül ist wie eine Wendeltreppe gebaut und wird oft als „Doppelhelix" bezeichnet (siehe dazu den Kasten am Beginn von Kapitel 3, S. 40).

Da die vier DNA-Bausteine – die Nukleotide A, G, C und T – kettenförmig angeordnet sind, kann man die Abfolge (Sequenz) dieser „Buchstaben" der DNA von verschiedenen Arten im Prinzip miteinander vergleichen (Kasten S. 40). Es ist eine technische Meisterleistung, dass dies mittlerweile durch einen enormen apparativen Aufwand möglich ist. Durch den technischen Fortschritt der letzten Jahre konnte der für solche Untersuchungen nötige Aufwand erheblich gesenkt werden. Darum ist eine solche „Sequenzierung" von DNA heutzutage in großem Umfang möglich. So stehen den Wissenschaftlern heute mehr Informationen zum Erbgut der verschiedenen Arten zur Verfügung als je zuvor. Damit ist es möglich, molekulare Ähnlichkeiten und Unterschiede zu ermitteln.

Die ersten Vergleiche zwischen Mensch und Schimpanse ergaben bereits in den 1970er-Jahren, dass der Unterschied in der DNA bei weniger als 2 % liegt. Nach der Jahrtausendwende ist manchmal sogar von nur rund 1 % Sequenzunterschied die Rede gewesen. Diese 1-2 % werden bis heute immer wieder zitiert und sind zu „Allgemeinwissen" geworden, das sogar in der Werbung eingesetzt wird.

98 % Mensch?

Doch was bedeutet diese Zahl, und hat sie sich durch nachfolgende Untersuchungen bestätigt? Wie man heute weiß, gilt der Unterschied von etwa 1% nur für einen kleinen Teil des Erbguts. Es konnten damals nämlich nur DNA-Abschnitte miteinander verglichen werden, die sehr ähnlich in beiden Genomen vorkommen, nämlich die sogenannten *codierenden Gene.*

Das sind Gene, die in Proteine übersetzt werden (vgl. Kastentext Anfang Kapitel 3, S. 40), die als Baumaterial für den Körper und den Stoffwechsel benötigt werden. In den etwa 1 % sind allerdings nicht alle Unterschiede in diesen DNA-Abschnitten berücksichtigt, sondern nur solche, bei denen ein einziger DNA-Buchstabe ausgetauscht ist. Darüber hinaus gibt es jedoch auch größere Unterschiede, z. B. sogenannte „Indels“: Das sind kleinere DNA-Abschnitte, die eingefügt sind (**In**sertion) oder fehlen (**Del**etion, Verlust) (vgl. Kastentext S. 40). Wenn diese ebenfalls berücksichtigt werden, beträgt die Differenz in diesen Genen bereits 5 %.[3] Man kann also sagen: Einige Abschnitte des Erbmaterials verschiedener Arten sind sehr ähnlich. Die Unterschiede (einschließlich der Indels) zwischen vergleichbaren Abschnitten liegen bei nur etwa 5 % – nicht aber bei nur 1%! Das ist aber auch aus der Schöpfungsperspektive gut verstehbar: Die grundlegenden Vorgänge in den Zellen sind bei verschiedenen Arten ähnlich. Daher ist hier auch ähnliches Erbgut zu erwarten. Ähnliche Bauelemente und damit auch ähnliches Erbgut müssen ja nicht für jede Art neu und in anderer Form erfunden werden.

Der 1%-Unterschied ist nicht falsch, jedoch nicht repräsentativ.

Anfangs konnte man im Wesentlichen nur codierende Gene verschiedener Arten untersuchen und miteinander vergleichen. Diese machen aber kaum 2 % des gesamten Erbguts aus (vgl. Abb. 5-11). Der für Mensch und Schimpanse angegebene 1 %-Unterschied gilt also nur für diesen sehr kleinen Teil des Genoms. Mit den heute zur Verfügung stehenden Methoden kann nun auch der Hauptteil des Erbguts analysiert werden. So gewinnen Forscher laufend neue Erkenntnisse über die Bedeutung und Funktion der früher größtenteils als Junk-DNA bezeichneten Teile des Genoms („Müll-DNA“, nicht-codierende DNA – also DNA, die nicht in Proteine übersetzt wird; mehr dazu in Kapitel 6). Heute kennt man verschiedene Arten von Regulationsaufgaben des nicht-codierenden Teils des Erbguts. Es wurden etwa 37.000 Gene entdeckt, deren Information nur für RNA-Moleküle mit einer regulatorischen Funktion genutzt wird.[4] Diese Moleküle kommen bei der Regulation vieler Körpervorgänge zum Einsatz. Ihre Aufgabe lässt sich mit der eines Baumeisters oder Vorarbeiters vergleichen: Beispielsweise regeln sie, wann, wo, wie viel und wie lange „Baumaterial“ benötigt wird, um die korrekte Form der Organe auszubilden und aufrechtzuerhalten.

Die DNA-Unterschiede zwischen Mensch und Schimpanse sind so groß, dass ihre Entstehung durch Evolution unklar ist.

Es hat sich herausgestellt, dass es in diesem Bereich des Erbguts von Mensch und Schimpanse sehr viel größere Unterschiede gibt (Tab. 5-2), beispielsweise in der sogenannten Mikro-RNA, die neben vielen anderen Teilen des Erbguts Regulationsaufgaben erfüllt (vgl. dazu auch den letzten Abschnitt von Kapitel 6).[5]

Außerdem hat sich gezeigt, dass es Hunderte von proteincodierenden Genen gibt, die nur beim Menschen, nicht aber beim Schimpansen vorkommen oder umgekehrt. Im Jahr 2019 wurde bei einem detaillierteren Vergleich, ermöglicht durch genauere Untersuchungsmethoden, ein Sequenzunterschied bei Mensch und Schimpanse von etwa 16 % festgestellt – hochgerechnet für das gesamte Erbgut.[6] Speziell das menschliche Y-Geschlechtschromosom unterscheidet sich sehr stark vom Y-Chromosom des Schimpansen.

Der 1 %-Unterschied war am Anfang der Erforschung des Erbguts nicht falsch, aber bei weitem nicht repräsentativ, wie man heute weiß. Dieser geringe Unterschied wurde zu einer Zeit entdeckt, in der die Wissenschaftler noch nicht in der Lage waren, den gesamten tatsächlichen genetischen Unterschied zu messen.

Weiter oben haben wir bereits erklärt, dass bei einem Vergleich von Arten nicht nur die Ähnlichkeiten berücksichtigt werden müssen, sondern auch die Unterschiede. Nach heutigem Kenntnisstand sind die DNA-Unterschiede zwischen Mensch und Schimpanse so groß, dass es unklar ist, wie sie durch Evolution entstanden sein könnten. Daran ändert auch die Annahme von ca. 6–7 Millionen Jahren Zeit nichts, in der beide Linien laut Evolutionsmodell getrennte Wege gegangen sind (mehr zur Frage nach dem „Alter" siehe Kapitel 10). Denn man muss bedenken, dass sich gemäß diesem Modell ein nennenswerter Teil der Unterschiede durch Mutationen ansammeln musste. Dabei sind aber für jede einzelne Mutation viele Generationen[8] nötig (vgl. Kapitel 3). Damit sich die heute feststellbaren Unterschiede zwischen Schimpanse und Mensch ansammeln konnten, müssten Hunderte von Mutationen angenommen werden. Selbst viele Millionen Jahre sind dafür bei weitem nicht genug Zeit.

Andererseits können diese deutlichen und in Summe großen Unterschiede zwischen den Genomen als klares Indiz dafür gewertet werden, dass Mensch und Schimpanse verschiedene Geschöpfe und nicht durch

Unterschiede im Erbgut von Schimpanse und Mensch[7]

1,4 % Unterschiede in einzelnen Bausteinen (Nukleotiden)
3,5 % Unterschiede bei Einschüben (Insertionen)
2,7 % Unterschiede bei Verdopplungen
16 %, wenn die ganze DNA Buchstabe um Buchstabe verglichen wird

Unterschiede im Einzelnen

ca. 1400 verdoppelte Gene
ca. 2700 sog. „Human Accelerated Regions"
634 einzigartige proteincodierende Gene in Menschen
780 einzigartige proteincodierende Gene in Schimpansen
120 einzigartige Mikro-RNA-Gene

Tab. 5-2 Die Unterschiede im Erbgut von Mensch und Schimpanse sind in vielerlei Hinsicht erheblich. Große Ähnlichkeiten gibt es bei Abfolgen einzelner Einzelbausteine (Nukleotide). „Human Accelerated Regions" sind Gene, die sich beim Menschen stark von denjenigen anderer Primaten unterscheiden. Proteincodierende Gene sind solche, deren Information zur Bildung von Proteinen genutzt wird. Mikro-RNA-Gene haben Regulationsaufgaben. Zu den Begriffen vgl. den Kastentext zu Beginn von Kapitel 3.

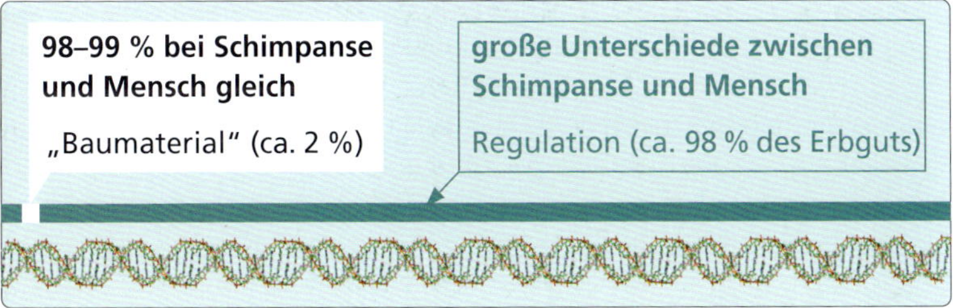

Abb. 5-11 Bei Schimpanse und Mensch betreffen die sehr großen Ähnlichkeiten (bis zu annähernd 99 % bei Vergleichen in einzelnen DNA-Nukleotiden) nur einen kleinen Teil des Erbguts. Es handelt sich dabei größtenteils um solche Abschnitte der DNA, die Information für die Herstellung von Eiweißen liefern. Früher konnte man nur diesen Teil des Erbguts genauer untersuchen. Mittlerweile können die Forscher durch verbesserte Untersuchungsmethoden das komplette Erbgut analysieren. Dabei hat sich gezeigt, dass der überwiegende Teil des Erbguts Regulationsaufgaben erfüllt. In diesem Bereich sind die Unterschiede zwischen Schimpanse und Mensch viel größer (vgl. Tab. 5-2).

gemeinsame Abstammung miteinander verbunden sind. In diesem Fall sind neben den funktional bedingten Ähnlichkeiten auch die deutlichen Unterschiede zu erwarten, die beobachtet werden.

Vererbte Fehler?

Wir haben weiter oben argumentiert, dass Ähnlichkeiten in aller Regel von ihrer Funktion her zu erklären und daher im Rahmen der Schöpfungsperspektive gut verstehbar sind. Es gibt aber – gerade im molekularen Bereich – auch Ähnlichkeiten, die gegen Schöpfung zu sprechen scheinen. Zur Erklärung müssen wir etwas ausholen: Es gibt **neutrale Mutationen**. Das sind Mutationen, die keine Auswirkungen auf die Bausteinabfolge (Aminosäuresequenz) der Proteine haben oder aus anderen Gründen ohne Folgen für die Funktionen des Organismus sind. Nun gibt es Beispiele dafür, dass identische neutrale Mutationen sowohl beim Menschen als auch beim Schimpansen vorkommen. *Solche* Ähnlichkeiten kann man nicht über eine Funktion erklären, aber auch kaum auf einen gemeinsamen Schöpfungsplan zurückführen. Erst recht gilt das für Mutationen in „defekten" Genen, die beim Menschen und Schimpansen (und manchmal auch noch bei anderen Arten) vorkommen. Solche anscheinend inaktivierten Gene nennt man traditionell auch **Pseudogene**. Dieser Begriff ist allerdings problematisch, da mittlerweile oft Funktionen dieser Gene entdeckt wurden. Ein berühmtes Beispiel ist das GULO-Pseudogen. Es wird vermutet, dass das GULO-Gen durch eine Mutation inaktiviert und dadurch zum Pseudogen wurde. Somit kam es auch zum Ausfall des entsprechenden GULO-Enzyms (L-Gulonolactonoxidase), das für die Produktion von Vitamin C benötigt wird. *Sowohl Mensch als auch Schimpanse* besitzen das mutierte und damit fehlerhafte GULO-Pseudogen. Dieses scheint daher schon bei einem gemeinsamen Vorfahren von Mensch und Schimpanse vorhandenen gewesen zu sein. Man spricht im Fall eines solchen gemeinsamen Defekts von einem „vererbten Fehler". Ein solcher wird als klares Indiz für gemeinsame Vorfahren betrachtet (so wie man am besten feststellen kann, ob ein Schüler abgeschrieben hat, wenn er auch Fehler abgeschrieben – „geerbt" – hat).

Es hat sich allerdings herausgestellt, dass gleichartige Mutationen auch in verschiedenen, aus evolutionärer Sicht *nicht näher miteinander verwandten Arten* auftreten können. Man weiß heute, dass Mutationen an bestimmten Positionen in der DNA besonders leicht auftreten können.[9] Solche Stellen werden als „Hotspots" bezeichnet. Wir haben es in solchen Fällen mit Konvergenz im molekularen Bereich zu tun. Diese Ähnlichkeiten treten also unabhängig voneinander auf und sind nicht abstammungsbedingt. Dieses Phänomen haben wir bereits bei Ähnlichkeiten auf Ebene des Organismus kennengelernt (S. 30-32). Wie dort kann also auch im molekularen Bereich von Ähnlichkeiten nicht sicher auf gemeinsame Vorfahren geschlossen werden. Daher kann es sein, dass diese genetischen Fehler doch nicht vererbt wurden. Es ist auch nicht auszuschließen, dass die weitere Forschung aufzeigen wird, dass es sich dabei gar nicht um Fehler im Genom handelt.

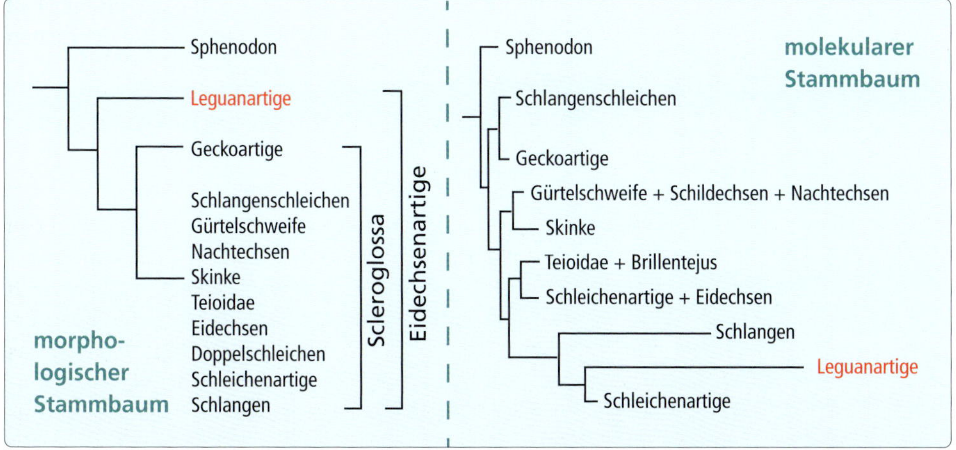

Abb. 5-12 Große Widersprüche zwischen einem Stammbaum, der auf dem Körperbau, und einem Stammbaum, der auf Ähnlichkeiten von Gensequenzen beruht, am Beispiel von Familien von Echsen. Die Bearbeiter (Jonathan Losos und Mitarbeiter) bezeichnen die Diskrepanz als „evolutionäres Rätsel".[11]

Passen Ähnlichkeiten im Erbmaterial und ähnliche Baupläne zusammen?

Seit etwa einem halben Jahrhundert ist man technisch dazu in der Lage, Bausteinabfolgen von Proteinen und DNA zu entschlüsseln. Damit wurde ein ganz neues Forschungsfeld erschlossen: die Untersuchung molekularer Ähnlichkeiten. Vergleiche zwischen verschiedenen Arten und Grundtypen sind nun auch auf molekularer Ebene möglich. Anfangs hatte man zwei große Hoffnungen: Zum einen erwartete man, dass die molekularen Ähnlichkeiten den Ähnlichkeiten im Körperbau entsprechen würden. Die durch den Vergleich von Bauplänen ermittelten Verwandtschaftsbeziehungen sollten durch die Ähnlichkeiten auf molekularer Ebene bestätigt werden. Zum anderen bestand auch die Hoffnung, dass die Ermittlung molekularer Ähnlichkeiten helfen könnte, noch bestehende Unsicherheiten bei Abstammungsbeziehungen aufzulösen. Diese Hoffnungen wurden teilweise erfüllt. Häufig und beinahe systematisch wurden sie jedoch auch enttäuscht. Statt mehr Klarheit in die Verwandtschaftsbeziehungen zwischen verschiedenen Arten zu bringen, führten sie nicht selten zu Widersprüchen und neuen Problemen. Auf Gensequenzen beruhende Stammbäume stellten zuvor sicher geglaubte Verwandtschaftsbeziehungen infrage. Molekulare Analysen auf der einen Seite und Analysen des Körperbaus auf der anderen Seite kamen vielfach zu unterschiedlichen Ergebnissen (Abb. 5-12 und 5-13). Für die molekularen Analysen wurden unterschiedliche Proteine oder Gene herangezogen. Oft kamen die Analysen dabei zu widersprüchlichen Ergebnissen. Dabei handelt es sich keinesfalls um seltene Ausnahmen. Beinahe regelmäßig haben die molekularen Analysen die klassischen Ähnlichkeitsbeziehungen durcheinandergewirbelt, und oft widersprechen auch verschiedene molekulare Vergleiche einander.[10]

Zusammenfassend kann man heute sagen, dass aus den Untersuchungen zu Ähnlichkeiten im molekularen Bereich im Vergleich zu den Bauplan-Ähnlichkeiten keine klaren Hinweise auf Makroevolution entnommen werden können. Mit allen verfügbaren Mitteln ist es oft nicht möglich,

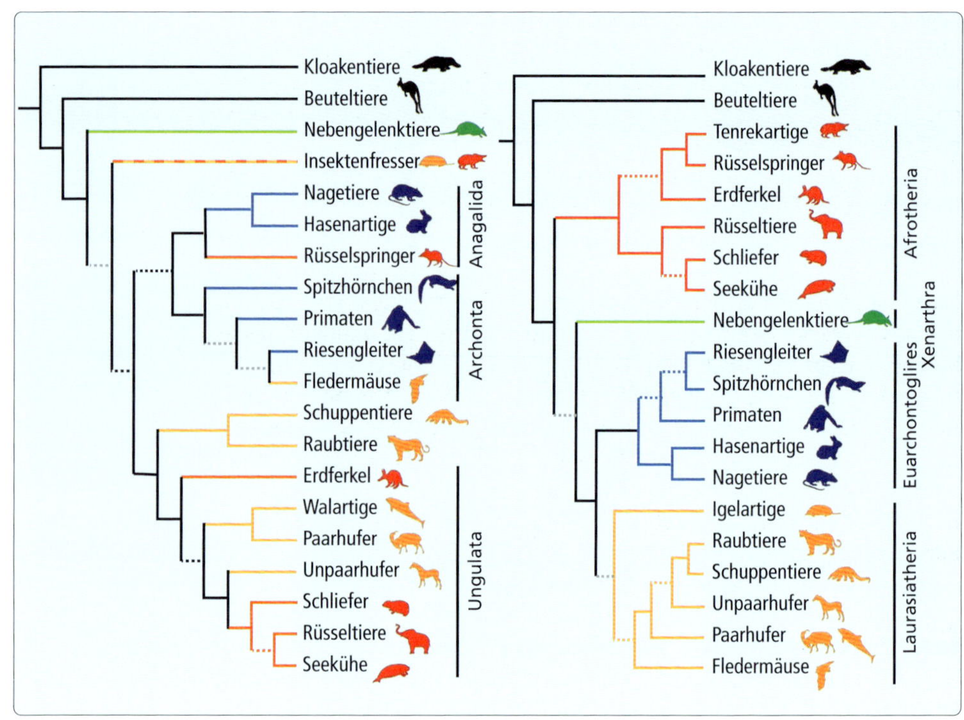

Abb. 5-13 Links der Stammbaum der plazentalen Säugetiere nach Merkmalen des Körperbaus, rechts der Baum nach molekularen Daten (Gensequenzen).[12]

einen einigermaßen widerspruchsfreien evolutionären Stammbaum zu erstellen. Weitere Forschung hat in vielen Fällen sogar dazu geführt, dass bislang sichere Verwandtschaftsbeziehungen verworfen werden müssen. Diese Befunde sind ein starkes Argument dafür, dass es die vermuteten Verwandtschaftsbeziehungen gar nicht gibt, dass die Arten also unabhängig voneinander geschaffen wurden.

Verhaltensähnlichkeiten

Gemeinsamkeiten im Verhalten von Menschen und Schimpansen und anderen Menschenaffen werden oft als Indizien dafür gewertet, dass sich auch menschliche Verhaltensweisen evolutionär von Affen ableiten lassen. Zweifellos besitzen Menschenaffen erstaunliche Fähigkeiten. In denklogischen Aufgaben können Schimpansen mit zweieinhalbjährigen Kleinkindern mithalten. Vieles davon ist allerdings auch bei Rabenvögeln, Kapuzineraffen und sogar Hunden zu beobachten, obwohl diese keine enge evolutionäre Verwandtschaft mit Menschenaffen aufweisen. Neuere Untersuchungen haben zudem viele Unterschiede zum Menschen aufgedeckt, die eine große qualitative Kluft zwischen Mensch und Menschenaffe im Verhalten aufzeigen. So sind schon menschliche Kleinkinder den Schimpansen in ihrer sozialen Intelligenz deutlich überlegen. Sie können sich besser als jeder Menschenaffe vorstellen, was ihre Mitmenschen fühlen und denken. Menschenkinder sind prinzipiell empathischer, hilfsbereiter und deutlich kooperativer als Schimpansen – und das sogar Fremden gegenüber. Während bei Schimpansen noch der Nachweis fehlt, dass diese überhaupt in der Lage sind, Artgenossen zu unterrichten oder auch nur nachzuahmen, können Menschen das unglaublich gut und sind ausgesprochen kreativ. Die Vorstellung von einer Art „Kultur" bei Menschenaffen bezüglich des Einsatzes von Steinwerkzeugen als Hämmer oder Stöcken als Angeln hat sich nicht bestätigt. Menschenaffen entwickeln dieses Verhalten auch völlig spontan ohne Anleitung. Nur Menschen besitzen eine Lehr-Lern-Kultur, die Wissen und Techniken über Generationen hin ansammelt, mündlich und sogar schriftlich weitergibt und stetig verbessert. Dabei ist es nicht nur unser Sprachapparat, sondern auch unser Gehirn, das uns Menschen im Gegensatz zu Menschenaffen zu grammatikalisch-komplexen Sprachen befähigt. Es liegt Menschenaffen völlig fern, langfristig über die Vergangenheit oder Zukunft nachzudenken oder zu kommunizieren. Schimpansen nutzen ihr Sozialverhalten vor allem egoistisch motiviert, sie haben also keine Moral, kein Gerechtigkeitsempfinden und darüber hinaus auch keine Religion. Die Fragen nach dem Sinn des Lebens, nach Gott und der Ewigkeit übersteigt schlichtweg ihre kognitiven Fähigkeiten.[13]

Fazit

Die Ähnlichkeiten der Lebewesen liefern auf den ersten Blick keine klaren Indizien, die eher für Evolution oder für Schöpfung sprechen. Denn Ähnlichkeiten an sich sind „Spuren", die zu beiden Modellen passen. Wenn es eine allgemeine Evolution der Lebewesen gab, sind abgestufte Ähnlichkeiten durch den Prozess der Abstammung und Aufspaltung zu erwarten, sei es im Körperbau oder im Erbgut. Da die Lebewesen aber mehr oder weniger ähnliche Funktionen ausüben, sind abgestufte Ähnlichkeiten auch zu erwarten, wenn sie geschaffen wurden.

Die Erwartungen an die Indizien sind in beiden Modellen aber verschieden, wenn es um die genauere Ordnung der Vielfalt der Arten geht. Ein Schöpfer ist frei, Merkmale und Merkmalskomplexe bei verschiedenen Arten beliebig zu kombinieren („Baukastensystem"). Das äußert sich im Auftreten von Konvergenzen. Evolution dagegen ist an einen Prozess der Verschiedenwerdung gebunden (vgl. Kapitel 3 und 4). Durch den Evolutionsprozess sollte es kaum zu umfangreicheren Konvergenzen kommen. Je häufiger Konvergenzen angenommen werden müssen und je komplexer sie sind, desto eher liefern sie daher Indizien für Schöpfung.

Bei einem Vergleich von Arten müssen auch Unterschiede berücksichtigt werden. Deutliche oder sprunghafte Unterschiede können als Indiz für eine Abgrenzbarkeit von Grundtypen gewertet werden.

Dagegen wären Ähnlichkeiten bei fehlerhaften Merkmalen ein Hinweis auf Evolution: vererbte Fehler. Die Kraft dieses Indizes hängt aber davon ab, ob eine Fehlerhaftigkeit wirklich nachgewiesen werden kann.

Im Rahmen der Evolutionslehre wurde schließlich erwartet, dass Ähnlichkeiten im Körperbau und Ähnlichkeiten im molekularen Bereich (Gensequenzen) zusammenpassen. Das ist teilweise der Fall; sehr oft aber widersprechen beide Datensätze einander.

6. Ein Schöpfer hätte das nicht so gemacht – Konstruktionsfehler?

Rudimentäres Organ: Organ, das als funktionsschwach angesehen und als rückgebildet interpretiert wird.

In Kapitel 2 haben wir eine Reihe von Indizien vorgestellt, die typisch dafür sind, dass wir es mit Planung und Zielsetzung – also mit Schöpfung – zu tun haben. Nun drehen viele an dieser Stelle den Spieß um. Sie behaupten, die Lebewesen hätten Merkmale, die in einer geschaffenen Welt nicht zu erwarten seien. Kurz: Ein Schöpfer hätte die Lebewesen nicht so gestaltet, wie wir sie heute vorfinden. Die Rede ist dabei oft von „Konstruktionsfehlern". Diese könne man nur verstehen, wenn man von Evolution ausgeht, nicht aber, wenn man einen Schöpfer annimmt.

Es wird behauptet, dass es in den Lebewesen viele Organe oder Konstruktionen gebe, die nicht optimal gestaltet oder sogar ziemlich unbrauchbar sind. Das bekannteste Beispiel dafür ist der Wurmfortsatz des menschlichen Blinddarms (Abb. 6-1). Er wurde lange Zeit als

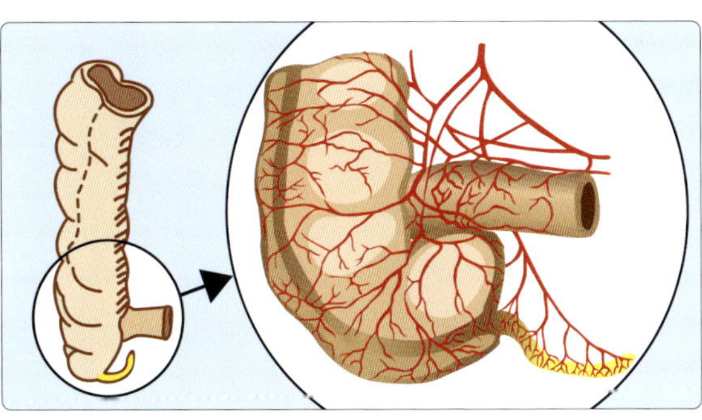

Abb. 6-1 Blinddarm: Übergang vom Dünndarm zum Dickdarm. Der Wurmfortsatz ist gelb dargestellt.

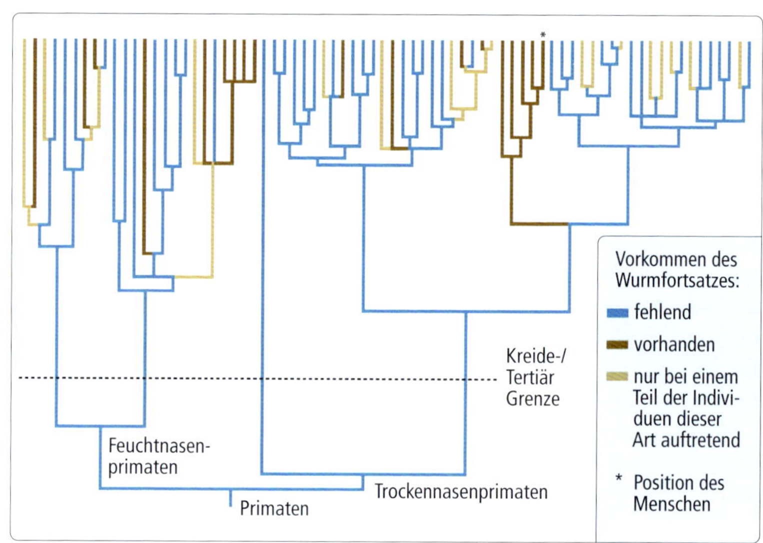

Abb. 6-5 Ähnlichkeitsbaum der Primaten (verschiedenste Arten von Affen und der Mensch). Jeder Ast steht für eine Art aus dieser Gruppe. Allein in dieser Teilgruppe der Säugetiere muss evolutionstheoretisch eine vielfach unabhängige Neu-Entstehung des Wurmfortsatzes angenommen werden (Konvergenz; braune Äste). Als Neubildung kann er aber keine funktionslose Rückbildung sein.

Durch Vergleiche sehr vieler Säugetierarten weiß man inzwischen außerdem, dass der Wurmfortsatz – wenn die Entstehungsgeschichte der Lebewesen aus evolutionärer Sicht zutreffen würde – vielfach immer wieder neu entstanden sein müsste (vgl. Abb. 6-4).[3] Zu diesem Schluss gelangten die Wissenschaftler, indem sie die Säugetierfamilien unter Berücksichtigung aller wesentlichen Merkmale in einem Ähnlichkeitsbaum anordneten (Abb. 6-5). Evolutionstheoretisch werden die Verzweigungen dieses Ähnlichkeitsbaums als Abstammungslinien und evolutionäre Verzweigungen interpretiert. Dann wurde überprüft, in welchen Familien Arten mit einem Wurmfortsatz vorkommen. Dabei zeigte sich, dass viele dieser Arten von Formen abstammen müssten, die keinen Wurmfortsatz besaßen. Der Wurmfortsatz ist also ein konvergent auftretendes Merkmal (vgl. Kapitel 2). Somit kann der Wurmfortsatz aber gerade nicht als ein rudimentäres, zurückgebildetes und nutzlos gewordenes Organ betrachtet werden. Das Gegenteil ist der Fall: Er müsste bei vielen Arten als eine *Neubildung* interpretiert werden. Diese Situation weist zusätzlich darauf hin, dass er eine wichtige Funktion ausübt. Sonst hätte er – im Evolutionsmodell interpretiert – nicht neu entstehen können. Aus der Sicht der Schöpfungslehre kann man einfach sagen, dass manche Arten einen gut ausgebildeten Wurmfortsatz für ihre Ernährungsweise benötigen, andere hingegen nicht.

Die Behauptung, ein Organ sei funktionslos oder fehlerhaft konstruiert, steht auf wackeligen Füßen.

Der Wurmfortsatz ist eines von vielen Beispielen, aus denen wir allgemein lernen können: Die Behauptung, ein Organ sei funktionslos, funktionsschwach oder fehlerhaft konstruiert, steht auf wackeligen Füßen. In vielen Fällen wurde im Laufe der Zeit die Funktion dieser Organe erkannt. Aus dem Indiz gegen einen Schöpfer wurde so ein Indiz für einen Schöpfer. Natürlich könnten Organe, deren Funktion nicht bekannt ist, funktionslos sein. Aber die Geschichte der Biologie hat gezeigt, dass dies unwahrscheinlich ist. Man kann durchaus sagen: Je mehr man über ein Organ weiß, desto mehr zeigen sich Anzeichen von Planung, und der Anschein von Fehlerhaftigkeit verschwindet.

Auch bei den oben erwähnen Bauchknochen der Walartigen ist das der Fall. Man weiß schon seit Langem, dass es sich dabei um lebenswichtige Ansatzstellen für die Muskulatur der Geschlechtsorgane und des Darms handelt (Abb. 6-2).

Das Linsenauge: in Wirklichkeit genial gebaut. Auch die Behauptung, das Linsenauge sei eine Fehlkonstruktion, wurde durch zunehmende Kenntnisse über seinen Bau und seine Funktionsweise widerlegt. Wir wollen nun zunächst die Funktion der lichtempfindlichen Netzhaut mit ihren Zapfen- und Stäbchenzellen am Augenhintergrund genauer betrachten. In den Zellen der Netzhaut findet der erste Teil der Umwandlung des einfallenden Lichts in elektrische Signale statt. Die Zellen reagieren auf das Licht zunächst mit einer chemischen Reaktion. Über weitere komplizierte Reaktionsschritte wird schließlich kurzfristig das elektrochemische Ladungspotenzial an der Zellmembran verändert. Dies bewirkt schließlich den Nervenimpuls, der über den Sehnerv an das Gehirn weitergegeben

Warum die Netzhaut keine Fehlkonstruktion ist

Nur bei einer oberflächlichen Betrachtung mag die Netzhaut des menschlichen Auges als Fehlkonstruktion erscheinen. In Wirklichkeit ist sie ausgeklügelt gebaut; man hat das früher nur noch nicht so genau verstanden wie heute. Die Anordnung der Zellschichten in der Netzhaut ist invers (umgedreht), d.h. die lichtempfindlichen Zellen (Zapfen, Stäbchen) liegen auf der dem Licht abgewandten Seite des Zellverbundes (Abb. 6-6). Dort befinden sich Membranstapel (Bereich mit waagerechten Linien), in denen der erste Schritt des Sehprozesses abläuft. Die inverse Anordnung ist u.a. günstig für den Stoffwechsel der Sinneszellen: Das Retinale Pigment-Epithel (RPE, Epithel = Auskleidung) dient der Versorgung der Netzhautzellen. Es muss daher in enger Verbindung mit den lichtempfindlichen Teilen der Netzhaut stehen.

Vor einigen Jahren konnten Forscher klären, welche Funktion die Fortsätze der Müller-Zellen haben. Diese Zellen verlaufen durch die Netzhaut und fungieren als Lichtleiter. Dadurch wird ein nahezu verlustfreier Transport des Lichts zu den äußeren Segmenten der Sinneszellen garantiert. Darüber hinaus korrigieren die Müller-Zellen optisch bedingte Verzerrungen. Die inverse Konstruktion der Wirbeltier Netzhaut ist genial und hinsichtlich ihrer Funktion hochgradig optimiert.

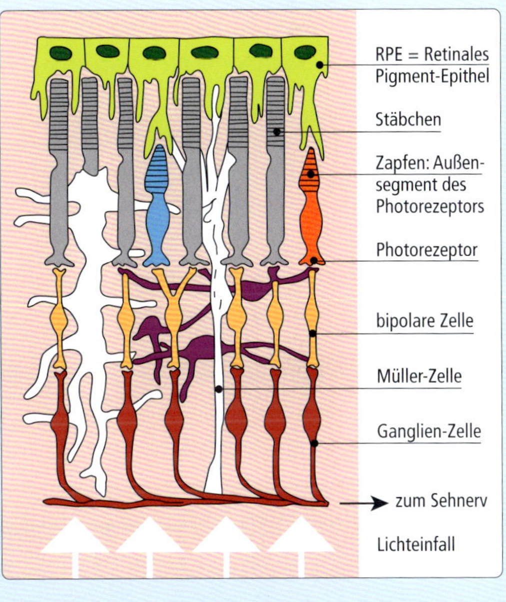

Abb. 6-6 Schematisches Diagramm der Netzhaut (Retina) bei Wirbeltieren. Zapfen und Stäbchen sind die lichtempfindlichen Zellen.

wird. Das Gehirn interpretiert alle eingehenden Impulse und ermöglicht so das Sehen.

Die Netzhaut ist im Auge so positioniert, dass das einfallende Licht viele Schichten von Zellen und Zellfortsätzen durchqueren muss, bevor es die lichtempfindlichen Sinneszellen erreicht. Der Teil dieser Zellen, in dem die genannten physiko-chemischen Reaktionen ablaufen, befindet sich wiederum an deren hinteren, lichtabgewandten Ende. Dort befindet sich in den Sinneszellen ein größerer Stapel von Membranen (in Abb. 6-6 schraffiert dargestellt). Das ist der Ort, an dem die wesentlichen Prozesse der Umwandlung von Lichtenergie in ein Nervensignal stattfinden. Wäre eine umgekehrte Anordnung der Zellschichten der Netzhaut nicht besser? Sollte das Licht, nachdem es Hornhaut, Linse und Glaskörper durchquert hat, nicht besser direkt auf die Netzhaut treffen? (Abb. 6-3, 6-6) Eine solche Anordnung scheint jedenfalls besser zu sein. Ist die tatsächliche Anordnung also ein Fehler? Hat der Schöpfer hier gepfuscht? Man argumentiert: Es wäre besser, wenn das einfallende Licht direkt die lichtempfindliche Seite der Netzhaut erreichen würde und die Nervenfortsätze, die

Mikroevolutive Rückbildungen sprechen nicht gegen Schöpfung

Abb. 6-7 Die äußerlich augenlose Form des Höhlensalmlers (*Astyanax mexicanus*). Im Inneren des Kopfes befinden sich verkümmerte Augenanlagen. Für das Sehen sind sie nutzlos, sie werden aber für die korrekte Formung des Kopfes während der Entwicklung benötigt.

Im Tierreich gibt es zahlreiche Beispiele verkümmerter Organe. Viele davon sind Rückbildungen ehemals funktionsfähiger Organe und heute vermutlich wirklich funktionslos. So gibt es beispielsweise blinde Höhlenfische mit verkümmerten Augen im Innern des Kopfes (Abb. 6-7). Ein Sehen ist damit nicht möglich.[4] Ein anderes Beispiel sind einige Insektenarten auf kleinen Inseln. Ihre Flügel sind so weit verkümmert, dass sie nicht länger flugtauglich sind. Es gibt viele Beispiele dieser Art. Zu einer Antwort auf die Frage nach Schöpfung oder Evolution tragen sie nichts bei. Denn sie sind in beiden Modellen gleichermaßen erklärbar: Wenn ein Lebewesen dauerhaft in einer Umwelt lebt, in der ein Organ nicht mehr gebraucht wird, kann dieses rückgebildet werden (z. B. in Höhlen oder auf Inseln). Mutationen, die zu solchen Verlusten führen, schaden dem Lebewesen in dieser Umgebung nicht. Die Auslese, die Entwicklungen dieser Art sonst verhindert, wirkt nicht. Daher können sich Verlustmutationen ungehindert ansammeln. Solche Beispiele sind auch kein Argument gegen Schöpfung. Es muss hier nämlich nicht angenommen werden, dass die betreffenden Strukturen ursprünglich in der verkümmerten Form geschaffen wurden. Es handelt sich dabei außerdem immer um Mikroevolution. Veränderungen dieser Art laufen innerhalb von Art- bzw. Grundtypgrenzen ab. Bestehende Konstruktionen gehen verloren, es entstehen keine neuen Baupläne.

die Impulse ans Gehirn weiterleiten, dahinter lägen (wie in Abb. 6-3 links dargestellt)!

Doch dieses Argument ist aus mehreren Gründen nicht haltbar. Zuerst einmal wissen wir gar nicht, ob eine andere Konstruktion die Netzhaut verbessern würde. Wir sind nämlich nicht dazu in der Lage, eine bessere Netzhaut zu bauen. Das gilt in gleicher Weise auch für andere Organe, bei denen Konstruktionsfehler vermutet werden. Solange niemand ein anders konstruiertes Organ bauen kann, kann man auch nicht überprüfen, ob es wirklich besser funktionieren würde.

Abgesehen von diesem grundsätzlichen Einwand gibt es aber noch weitere Argumente, die dagegen sprechen, dass es sich hier um eine Fehlkonstruktion handelt. Schon seit Jahrzehnten ist bekannt, dass die besondere Lage der Netzhaut eine optimale Versorgung der lichtempfindlichen Zellen durch eine spezialisierte Versorgungs-Zellschicht ermöglicht. Diese lichtundurchlässige Zellschicht wird Retinales Pigment-Epithel (RPE) genannt. Sie liegt direkt hinter der Netzhaut und somit in nächster Nähe zu den Teilen der Sinneszellen, in denen alle wichtigen Reaktionen stattfinden (Abb. 6-6). Das RPE erfüllt viele wichtige Ver- und Entsorgungsaufgaben: Es erneuert die Photopigmente. Es entfernt abgestoßene Außensegmente der Photorezeptoren. Es bildet eine undurchsichtige Schicht, die Streulicht absorbiert. Es schützt die Netzhaut vor den Auswirkungen energiereicher UV-Strahlung. Es führt überschüssige Wärme ab. Außerdem versorgt es die Sinneszellen mit den über das Blut angelieferten großen Energiemengen, die für den Sehvorgang benötigt werden. Das RPE ist also für die Funktion und Regeneration der Netzhaut unerlässlich. Alle seine Aufgaben kann es nur erfüllen, wenn es sich unmittelbar neben den lichtempfindlichen Teilen der Netzhautzellen befindet. Die Konstruktion der Netzhaut ist somit in Wirklichkeit gut durchdacht.[5]

Schließlich wurden in den letzten Jahren die sogenannten Müller-Zellen weiter erforscht. Diese verfügen über Zellfortsätze, die die gesamte Netzhaut – von der Oberfläche der abgehenden Nervenfasern bis zu den lichtempfindlichen Sinneszellen – senkrecht durchlaufen (Abb. 6-6). Wie Lichtleiterkabel führen sie das ankommende Licht verlustfrei zu den Stäbchen und Zapfen. Diese Lichtleiter sind in Bezug auf Durchmesser, Länge und Verjüngung so optimal gestaltet, dass einfallende Lichtstrahlen gesammelt und gefiltert (z. B. durch Ausblenden von Streulicht und Vermeidung von Farbverfälschungen) zu den Stäbchen und Zapfen gelangen.

Je besser wir die Funktionen der Organe oder des Erbguts verstehen, desto mehr zeigen sich Anzeichen von Planung.

In Summe tragen alle diese Konstruktionsdetails dazu bei, dass die Bildinformationen verlustfrei ankommen und die resultierenden Bilder klarer und die Farben schärfer werden. So kann man auf Basis der heutigen Kenntnisse gut begründet sagen, dass eine bessere Konstruktion wohl nicht möglich ist. Was als fehlerhaft betrachtet wurde, erweist sich durch den Wissensfortschritt als genial konstruiert.[6]

Ähnlich kann bei anderen Beispielen angenommener Fehlkonstruktionen argumentiert werden. Die Tendenz ist: Je besser wir die Funktionen der Organe oder auch des Erbguts verstehen, desto weniger scheinen sie fehlerhaft konstruiert zu sein. Diese Entwicklung in der Forschung spricht deutlich für Schöpfung und gegen die Evolutionslehre.

Atavismus: „Rückschlag". Struktur, die als das Wiedererscheinen eines in der Stammesgeschichte verlorengegangenen Einzelmerkmals interpretiert wird.

Noch eine Anmerkung: Wenn – durch Evolution motiviert – manche Organe als „nutzlos" betrachtet werden, kann das unter Umständen die medizinische Forschung hemmen. Es besteht die Gefahr, dass nicht nach den Funktionen geforscht wird, wenn man nicht mit Funktionen rechnet. Das kann dann auch für die Behandlung von Krankheiten von Nachteil sein.

Atavismen – Rückschläge in frühere Evolutionsstadien?

Ein Argument für Evolution und gegen Schöpfung wird auch aus dem Vorkommen von bestimmten Missbildungen entwickelt. Denn manche Missbildungen haben gewisse Ähnlichkeiten mit Ausprägungen von Organen mutmaßlicher Vorfahren der betreffenden Art. In diesen Fällen werden sie häufig als Atavismen interpretiert, d. h. als „Rückschläge" in stammesgeschichtlich früher verwirklichte Stadien („Atavismus" kommt vom lateinischen *atavus* = Urgroßvater, Urahn). Als Atavismen werden beim Menschen Halsfisteln, ein ungewöhnlich stark ausgebildetes Haarkleid, Schwänzchen und überzählige Brustwarzen angeführt. Halsfisteln sind Kanäle im Bereich der äußeren Halshaut und des Rachens, sie werden als offen gebliebene Kiemenspalten gedeutet (Rückschlag zum Fischstadium). Fellartige Behaarung soll eine Erinnerung an felltragende Vorfahren sein, ebenso soll die Ausbildung einer schwanzartigen Bildung im Steißbereich auf geschwänzte Vorfahren hinweisen usw. Beispiele für Atavismen bei Tieren sind zusätzlich auftretende Zehen bei Pferden (Abb. 6-8) oder vier- statt zweiflügelige Taufliegen (Abb. 6-9).

Abb. 6-8 Atavistischer zusätzlicher Huf bei einem Pferd.

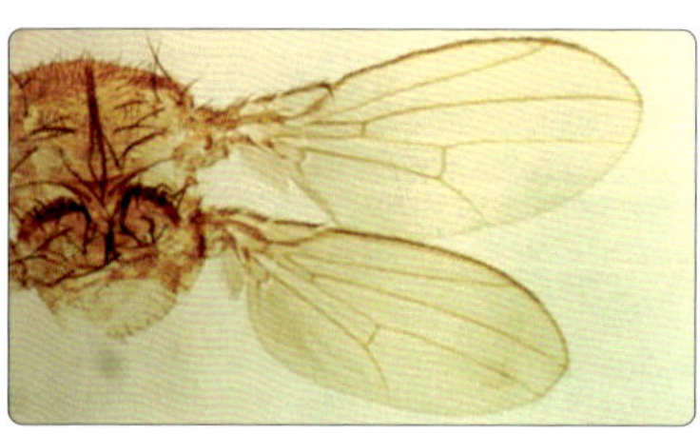

Abb. 6-9 Oben: Normale Form der Fruchtfliege *Drosophila* im Querschnitt. Hinter dem Flügel befindet sich das kleine Schwingkölbchen. Unten eine vierflügelige Mutante ohne Schwingkölbchen. Es gibt auch Fruchtfliegenmutanten mit vier Schwingkölbchen und ohne Flügel. Mit Rückschlägen in ein Vorfahrenstadium haben solche Mutationen nichts zu tun.

Mit den als Atavismen interpretierten Missbildungen wird selektiv argumentiert. Denn fast alle Missbildungen können nicht als evolutionär bedingte Rückschläge interpretiert werden, beispielsweise gegabelte Rippen, Hasenscharte, Sechsfingrigkeit, die Ausbildung von zwei Köpfen oder das Auftreten eines fünften Beines und viele andere. Diese Missbildungen sind mit Sicherheit keine Hinweise auf früher verwirklichte stammesgeschichtliche Stadien. Die Tatsache, dass einige wenige Missbildungen in manchen Aspekten an Ausprägungen bei mutmaßlichen Vorfahren erinnern, ist nicht besonders bemerkenswert und aufgrund vieler Ähnlichkeiten der jeweils verglichenen Arten auch aus der Perspektive der Schöpfung zu erwarten.

Noch wichtiger aber ist: Atavismen gleichen bei genauerer Betrachtung den mutmaßlichen Vorfahrenstrukturen nicht in jeder Hinsicht. So gibt es Pferde mit atavistischen zweizehigen Füßen (s. o.); unter den fossilen Pferden sind allerdings nur ein-, drei- und vierzehige Formen bekannt. Vierflügelige Taufliegen-Mutanten werden als Hinweis dafür gewertet, dass die normalerweise zweiflügeligen Insekten von vierflügeligen abstammen. Die Ausbildung von vier Flügeln wird daher als Atavismus interpretiert. Solche Formen können aber nicht als Hinweis auf stammesgeschichtliche Vorfahren gewertet werden, denn sie besitzen keine Schwingkölbchen und sind flugunfähig. Schwingkölbchen (Abb. 6-9) sind ein Teil des Gleichgewichtsorgans und werden für die Flugfähigkeit benötigt. Auch die sehr selten bei neugeborenen Menschen auftretenden „Schwänzchen" gleichen in vielerlei Hinsicht nicht Schwänzen von Tieren.[7]

„Abfall-DNA" und das ENCODE-Projekt

Ähnliche Behauptungen wie in Bezug auf „Rudimentäre Organe" gibt es auch im molekularen Bereich. Im Erbgut soll es neben den funktionalen Genen eine sehr viel größere Menge funktionsloser Reste geben. Sie werden häufig als evolutionärer Abfall bezeichnet. Bereits vor über 40 Jahren wurde dafür der Begriff „Junk-DNA" geprägt, das bedeutet „Abfall-DNA" oder „Müll-DNA". Von diesen Teilen des Erbguts wurde angenommen, dass sie keinerlei Funktion besitzen. Evolutionstheoretisch wurde das so erklärt: Nicht mehr benötigte DNA sei durch Mutationen funktionslos geworden, aber nicht verloren gegangen. Im Laufe der Evolution hätten sich solche unbrauchbaren Gene im Erbgut angesammelt. Auch die bereits in Kapitel 5 erwähnten Pseudogene werden dazugezählt. Sie sind funktionalen Genen sehr ähnlich, können aber nicht für funktionsfähige Proteine codieren. Evolutionstheoretisch wird angenommen, dass intakte Gene durch Mutationen funktionslos geworden sind. Pseudogene könnten auch bei einer fehlerhaften Genverdopplung entstanden sein. Ein anderer Teil des Erbguts, der manchmal als funktionsloser Rest betrachtet wird, ist sogenannte repetitive DNA. Dabei handelt es sich um DNA-Stücke, die vielfach wiederholt werden.

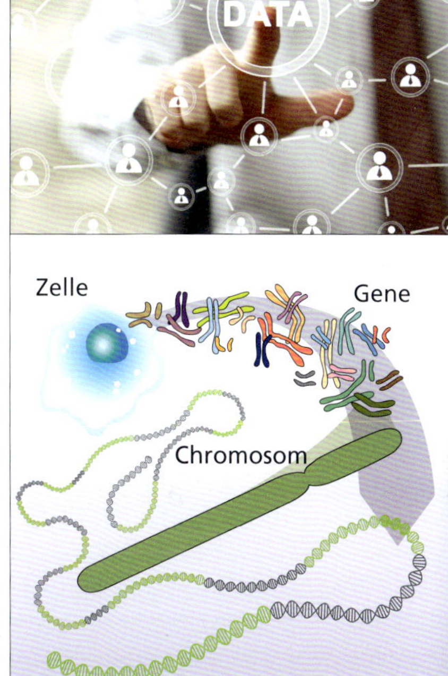

Abb. 6-10 Je mehr man das Erbgut untersuchen konnte und je mehr Details bekannt sind, desto ausgeklügelter erweist es sich.

Tatsächlich ist alles viel komplizierter. Im Laufe der Zeit haben die Kenntnisse über das Erbgut zugenommen. Dabei hat sich herausgestellt, dass diese Abschnitte der DNA wichtige Funktionen haben. Sie erfüllen vor allem Regulationsaufgaben (vgl. Abb. 5-9). Ein umfangreiches Forschungsprojekt namens ENCODE hat viel Licht ins Dunkel gebracht. Noch um die Jahrtausendwende dominierte die Vorstellung, das Erbgut beinhalte vor allem Anleitungen für den Aufbau von Proteinen. Heute haben wir ein viel komplexeres Bild vom Erbgut.[8]

Nach derzeitigem Kenntnisstand enthält das menschliche Erbgut rund 21.000 Gene, die für Proteine codieren. Man nennt sie daher codierende Gene. Aus ihnen bestehen aber nicht einmal 2 % des Erbguts. Dass der andere Teil – mehr als 98 % des menschlichen Erbguts – nutzloser Abfall wäre, wurde schon wegen der enormen Menge bezweifelt. Außerdem hätte er längst durch Selektion beseitigt werden müssen, wenn es sich dabei wirklich um funktionslose Teile des Erbguts handeln würde. Doch seit etwa 15 Jahren gibt es neue Methoden, um die „dunklen Seiten" des Erbguts – die nicht-codierenden Gene – genauer zu untersuchen. Dabei hat sich Folgendes herausgestellt:

1. Manche nicht-codierenden Bereiche des Erbguts spielen eine Rolle in der Genregulation. Das heißt, sie haben einen Einfluss darauf, wie die codierenden Gene zum Einsatz kommen: in welchen Organen welche codierenden Gene zu welcher Zeit, wie lange und wie intensiv genutzt werden.

2. Es gibt DNA-Sequenzen, bei denen eine einzige Mutation – also ein Unterschied in einem einzigen DNA-Baustein – darüber entscheidet, ob ein Individuum krank oder gesund ist. Ein großer Teil dieser Sequenzen liegt in Bereichen zwischen den codierenden Genen. Wenn also schon eine einzige Mutation im nicht-codierenden Bereich eine Krankheit verursachen kann, kann dieser Bereich nicht funktionslos sein.

> In den Zellen, Geweben und Organen wird nichts dem Zufall überlassen.

3. Es wird sehr viel mehr DNA in RNA umgeschrieben (vgl. Kasten S. 40), als für die Herstellung von Proteinen benötigt wird. Im Jahr 2007 wurden Daten aus dem ENCODE-Projekt veröffentlicht. Daraus geht hervor, dass 93 % des gesamten menschlichen Erbguts übersetzt und somit in irgendeiner Weise genutzt werden.[9] Eine weitere ENCODE-Veröffentlichung im Jahr 2012 zeigt auf, dass 80 % des menschlichen Erbguts nachgewiesenermaßen eine biochemische Funktion haben.[10] Es kann gut sein, dass diese Zahl durch weitere Forschung nahezu 100 % erreichen wird. Die durch ENCODE gewonnenen Daten sind somit ein klarer Beleg dafür, dass der größte Teil des Erbguts eine Aufgabe hat – auch wenn in vielen Fällen noch nicht klar ist, welche.

4. Es gibt sogenannte MikroRNA-Gene. Sie codieren für sehr kurze RNA-Stücke aus 21 bis 30 Bausteinen, die Regulationsaufgaben erfüllen.

Eine biblische Sicht auf Mängel in der Schöpfung

Auch im Zeugnis der Bibel gibt es Hinweise darauf, dass sich seit der Schöpfung auf unserer Erde vieles verändert hat. Hier ist vor allem an den Sündenfall zu denken, durch den letztlich Krankheit, Missbildungen, verschiedenste Nöte und der Tod in die Schöpfung gekommen sind. Diese Kennzeichen gehören daher nicht zur ursprünglichen Schöpfung. Im dritten Kapitel des Buches Genesis (1. Buch Mose) werden verschiedene Veränderungen der Schöpfung angesprochen, wenn auch vieles nur in Andeutungen. Auch im Neuen Testament geht der Apostel Paulus im Römerbrief darauf ein, dass die gegenwärtige Schöpfung seufzt und durch die Vergänglichkeit „geknechtet" ist (Römerbrief 8,19ff.). Wir kommen im Kapitel 12 darauf zurück.

Ein MikroRNA-Gen kann dabei bis zu mehrere Hundert proteincodierende Gene regulieren. Ist auch nur ein einzelnes dieser MikroRNA-Gene defekt oder fehlt es, kann es zu großen Schäden in den Zellen kommen.

5. Darüber hinaus wurden bisher etwa 27.000 sogenannte „lange nichtcodierende Gene" entdeckt. Diese Gene haben viele wichtige biologische Funktionen bei der Übersetzung der DNA in Proteine.

Je mehr die Kenntnisse über den Aufbau des Erbguts und die Aufgaben von verschiedenen Typen kürzerer oder längerer Genabschnitte zunehmen, desto mehr schwinden die Hinweise auf funktionslose DNA-Abschnitte. In den Zellen, Geweben und Organen wird nichts dem Zufall überlassen. Es fällt auf, welch ausgefeilte Prozesse hinter verschiedenen Regulationsaufgaben stecken. Hier spielt der Großteil des Erbguts eine entscheidende Rolle.

Mittlerweile zeichnet es sich ab, dass das Konzept der Abfall-DNA selbst im Abfalleimer der Geschichte der Erforschung des Erbguts landen wird.

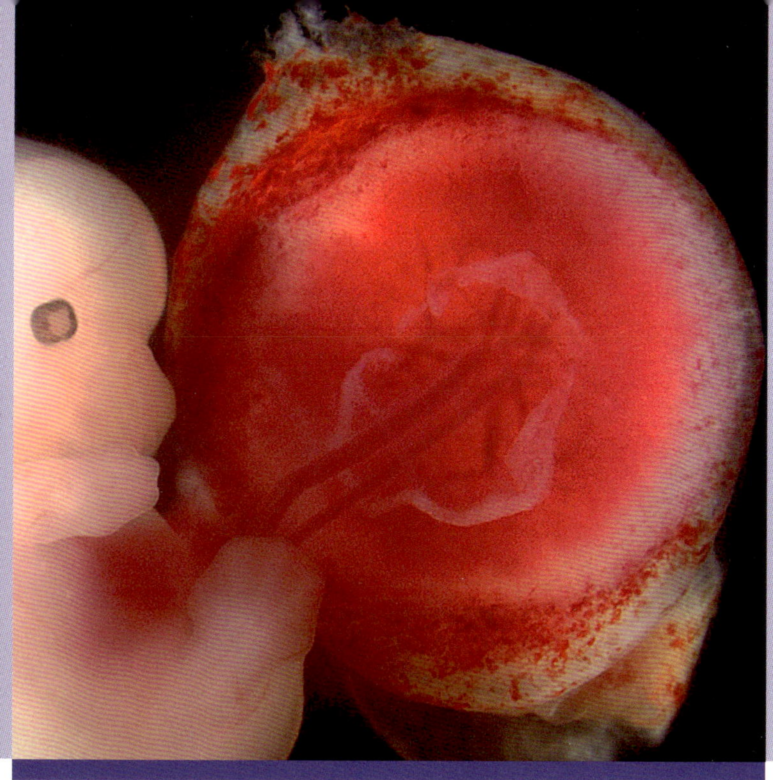

Embryo mit Plazenta (7. Schwangerschaftswoche)

7. Die vorgeburtliche Entwicklung – Baustelle der Evolution?

Zuletzt haben wir in der Beweisaufnahme im Fall Schöpfung oder Evolution Indizien besprochen, die man *an ausgewachsenen heutigen Lebewesen* beobachten kann: Design-Indizien, Variationsmechanismen, Ähnlichkeiten zwischen verschiedenen Arten und schließlich möglicherweise fehlkonstruierte Organe und Gene, die als funktionslos angesehen werden (oder wurden). Wir gehen nun einen Schritt weiter und befassen uns mit einem der faszinierendsten Aspekte des Lebens: der individuellen Entwicklung. Wir betrachten also die Lebensspanne von der Befruchtung bis zur Geburt und weiter bis zum ausgewachsenen Organismus und seinem Tod. Dieser Prozess wird als **„Ontogenese"** bezeichnet. Ihre erste Phase ist die Embryonalentwicklung. Daran schließt die Fetalentwicklung an, die beim Menschen und vielen Tieren mit der Geburt endet. Bei Säugetieren finden Embryonal- und Fetalentwicklung im Mutterleib statt. Bei anderen Tieren verläuft sie im Ei oder außerhalb des Organismus, z. B. im Wasser.

Ontogenese: Lebensspanne von der Befruchtung bis zur Geburt und weiter bis zum ausgewachsenen Organismus und seinem Tod.

Ausgeklügelte Vorgänge in der Ontogenese

Unsere Überlegungen konzentrieren sich hier auf die Lebensphase nach der Verschmelzung von Ei- und Samenzelle (Befruchtung), in der der

Abb. 7-1 Die ersten Stadien der Embryonalentwicklung.

Organismus heranwächst. Dabei werden die verschiedensten Gewebe und Organe form- und funktionsgerecht gebildet.

Man muss sich vor Augen halten, was hier passiert: Von außen betrachtet gleicht der ganze Prozess einer sich selbst konstruierenden und regulierenden Maschine. Eine wichtige Rolle spielt dabei das in der befruchteten Eizelle vorliegende Erbgut. Es enthält zu gleichen Teilen väterliche und mütterliche Erbinformationen (Gene). Aber für die Gestaltungsvorgänge während der Ontogenese sind nicht alleine die Gene als Informationsquelle nötig. Eiweißverbindungen im Zellplasma und komplizierte Moleküle auf den Zellmembranen fungieren als Sender und Empfänger. Sie können mechanische oder biochemische Signale des Kindes oder der Mutter speichern, aufnehmen und abgeben. Bei der Einnistung des menschlichen Keims in die Schleimhaut der Gebärmutter werden beispielsweise Hormone (Botenstoffe) ausgetauscht.

Auch diese Prozesse sind wiederum nur Teil eines noch viel komplizierteren Ganzen von miteinander verwobenen biologischen Abläufen. Eine formgerechte Embryonalentwicklung erfordert vielfältige Steuerungsprozesse und unzählige Wechselwirkungen zwischen dem Erbgut und den sich bildenden Geweben. Die einzelnen Gewebe und Organe entwickeln sich dabei in gegenseitiger Abhängigkeit voneinander – und nicht nach einem fixen, in den Genen vorgegebenen Bauplan. Z. B. wachsen Blutgefäße, Nerven, Muskeln, Knorpel und Knochen nicht in einer ganz genau festgelegten Weise. Sie bilden sich in wechselseitiger Abstimmung und fortlaufender Wechselwirkung mit der Umgebung aus. Es findet ein stän-

Exploratives Verhalten als Design-Indiz

In der Ontogenese (Individualentwicklung) laufen zahlreiche Mechanismen ab, bei denen auf Signale der Umgebung „geantwortet" wird. Dadurch werden die Entwicklungen des wachsenden Organismus in bestimmte Richtungen gelenkt. Auf diese Weise erfolgen zum Beispiel das Wachstum des Zellskeletts, das Muskelwachstum und die Bildung des Nerven- und Blutgefäßsystems. Das heißt: Das Wachstum erfolgt gemäß weniger Regeln; die genaue Ausprägung wird durch die Rahmenbedingungen mitgesteuert. Andere Rahmenbedingungen führen zu einem anderen Wachstumsergebnis. Diese Fähigkeit wird als „exploratives Verhalten" („erforschendes Verhalten") bezeichnet, weil die Umgebung gleichsam „erkundet" wird und sich die Wachstumsprozesse und die jeweiligen Formbildungen entsprechend anpassen.

In der Technik werden Maschinen normalerweise nach exakten Bauplänen gebaut, in denen jedes noch so kleine Konstruktionsdetail genau vorgegeben wird. Organismen funktionieren dagegen eher wie hochdisziplinierte Armeen: Der Feldherr muss nicht jedem Soldaten einzeln Anweisungen geben, sondern kann sich auf strategische Entscheidungen konzentrieren. Manchmal reicht ein Befehl, um zahlreiche teilselbständige Einheiten sinnvoll in Bewegung zu setzen. Diese sind selbst in der Lage, kurzfristigere taktische und operative Handlungen durchzuführen, die dem größeren strategischen Konzept dienen. Voraussetzungen dafür sind eine Steuerinstanz, eine Befehlskette mit Feedbackoption und Informationen für die einzelnen „Einheiten". Deshalb bilden sich Blutgefäße, Nervensysteme etc. scheinbar „von selbst" – ohne fixen Bauplan. Sie kommunizieren mit der Umgebung und entscheiden nach festgelegten Regeln die Details ihrer weiteren Entwicklung.

„Exploratives Verhalten" lässt sich als Krönung der Ingenieurskunst betrachten. Eine so elegante Konstruktionsmethode funktioniert jedoch nur, wenn sie durch eine entsprechend anspruchsvolle Programmierung koordiniert und durch intelligent ablaufenden Prozesse ermöglicht wird. Mit gutem Grund kann eine solch ausgeklügelte Programmierung als Design-Indiz gewertet werden (vgl. Kapitel 2).

diger Informationsaustausch statt. Dabei spielen Feedbackmechanismen eine große Rolle (s. Kasten „Exploratives Verhalten"). Um eine solche dynamische und durch viele Faktoren koordinierte Konstruktion zu regeln, ist ein kaum vorstellbares Maß an Planung und Zielorientierung erforderlich. Allein diese Tatsache ist ein klares Design-Indiz.

In Kapitel 2 haben wir uns mit der Vogelfeder beschäftigt. Sie ist ein typisches Beispiel dafür, dass für die Funktionsfähigkeit vielfältige Abstimmungen erforderlich sind (vgl. Kasten S. 53): Das betrifft das Baumaterial, den Feinbau, die Gestaltung der Tragfläche mit den vielen

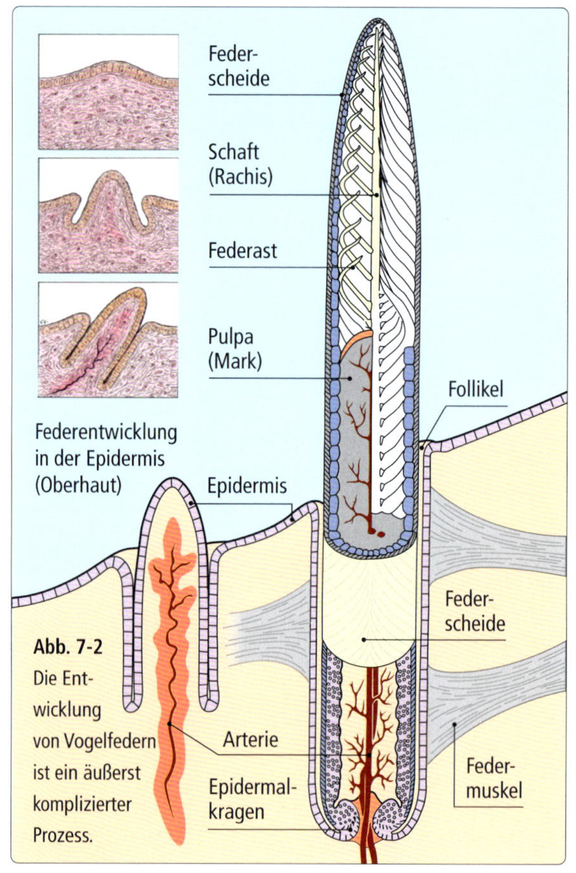

Abb. 7-2 Die Entwicklung von Vogelfedern ist ein äußerst komplizierter Prozess.

„Reißverschlüssen“, die Verankerung im Körper, die Steuerung der einzelnen Federn und des gesamten Federkleides beim Flug und die damit einhergehenden Verhaltensweisen. Das alleine ist schon erstaunlich genug. Aber alle diese Einzelelemente müssen im Vogelei angelegt und ausgebildet werden (vgl. Abb. 7-2). Die Ausbildung der Federn im Vogelei ist ein höchst anspruchsvoller Vorgang: Zunächst entsteht eine Aufwölbung der Haut. Deren Zentrum wird dann eingesenkt und später schräg gestellt. Anschließend bildet sich ein mehrschichtiger Zylinder. Dieser wird später hohl und schließlich in die Anlagen der zukünftigen Federäste und Federstrahlen zerteilt. Dabei müssen das Wachstum und die Modellierung so erfolgen, dass eine Hauptachse (der Schaft) entsteht und alle zukünftigen Elemente der Feder in einer Ebene angeordnet werden (bei einer Konturfeder). Zwei Federspezialisten schreiben dazu: „Eine komplexe Abfolge von Ereignissen vermittelt der Feder ihren Charakter als entweder weiche Daunenfeder oder als Flugfeder mit einer steifen Fahne.“[1] Zwei andere Wissenschaftler stellen fest: „Die Wachstumsmuster folgen einer besonders komplizierten Choreografie.“[2] Und Steve Hunter gebraucht ein eindrückliches Bild: „Federwachstum ähnelt mehr der Art, wie ein Bildhauer eine Statue aus einem Marmorblock herausmeißelt – die Statue von David war schon im Felsen, Michelangelo entfernte lediglich alles, was nicht David war. In ähnlicher Weise startet eine Feder nicht als Schaft, aus dem Zweige sprießen, sie beginnt vielmehr als sich verjüngender Zylinder, und Zelltod formt die Strukturen.“[3] Die fertigen Federn sind tote Gebilde; bis zur ihrer „Fertigstellung“ muss an alles gedacht worden sein, was die fertige Feder braucht.

Sklave als Atlant – Marmorstatue von Michelangelo Buonarotti, 1519 – die Form wird herausgemeißelt.

Umwege in der Embryonalentwicklung als Hinweise auf Evolution?

Trotz der komplexen Prozesse, die in der Embryonalentwicklung ablaufen, wird diese von Evolutionsbiologen als ein Vorgang angesehen, der viele Spuren der evolutionären Stammesgeschichte des Organismus biologisch archiviert hat. Als „Beweis“ dafür – und als Argumentation gegen intelli-

Im „Originalton" bei Ernst Haeckel liest sich das Gesetz so:

„Die Ontogenesis ist die kurze und schnelle Rekapitulation [Wiederholung, d. Verf.] der Phylogenesis, ... Das organische Individuum (...) wiederholt während des raschen kurzen Laufes seiner Entwickelung die wichtigsten von denjenigen Formveränderungen, welche seine Voreltern während des langsamen und langen Laufes ihrer paläontologischen Entwicklung ... durchlaufen haben."

gente Schöpfung – wird behauptet, dass es in der Embryonalentwicklung Teilprozesse und Strukturbildungen gibt, die für den heutigen hochentwickelten Träger konstruktiv und funktionell unsinnig sind. Daraus wird auch die sehr populäre und eingängige Behauptung abgeleitet, dass es in der Embryonalentwicklung (des Menschen oder anderer Organismen) bestimmte Stadien oder Organe gibt, die den Ausprägungen bei stammesgeschichtlichen Vorfahren entsprechen. Die bekanntesten Beispiele dafür sind: Menschliche Embryonen bilden vorübergehend „Kiemen" aus; bei der Ausbildung der Gliedmaßen tritt ein „Flossen"-Stadium auf; vorübergehend bildet sich in der Steißgegend ein Schwänzchen; später bildet der menschliche Fötus eine Art „Fell" aus. Diese Strukturen werden auch als Rekapitulationen (Wiederholungen) bezeichnetet. Es wird argumentiert, dass sie vorkommen, weil der Mensch von kiemenbesitzenden, schwanztragenden bzw. mit Fell ausgestatteten Vorfahren abstammt – einen anderen Sinn hätte ihre Existenz bzw. ihr Auftreten nicht. Ausgehend von Schöpfung wären solche „Umwege" in der Embryonalentwicklung unerklärbar und widersprüchlich. Diese Argumentation erinnert an die Behauptung, dass es funktionslose rudimentäre Organe gibt, deren Existenz nur durch Evolution und nicht durch Schöpfung erklärt werden könne (vgl. Kapitel 6).

Ernst Haeckel, ein deutscher Anatom und Zeitgenosse von Charles Darwin, ging noch weiter. Er formulierte im Jahr 1866 ein viel beachtetes „Gesetz", das als „Biogenetisches Grundgesetz" in die Geschichte der Biologie eingegangen ist. Dieses „Gesetz" besagt, dass in der menschlichen Individualentwicklung (Ontogenese) die evolutive Stammesgeschichte in verkürzter Form und im Zeitraffer durchlaufen wird. Man könnte daher an der Ontogenese die stammesgeschichtliche Evolution ablesen. Oder anders gesagt: Besonders in der frühen Individualentwicklung (Embryonal- und Fetalentwicklung) sollen die Entwicklungsabfolgen durch die vorausgegangene Evolution bedingt sein. Die Evolution soll also in der Embryonalentwicklung ihre Spuren in Form von alten konstruktiven Elementen hinterlassen haben. Erkennbar soll das z. B. an den oben genannten Umwegen und Bildungen – wie Kiemen, Flossen oder einem Schwänzchen – sein, die während der Embryonalentwicklung des Menschen vermeintlich unnötigerweise beschritten werden.

rien!) teilweise zurück oder werden zu Teilen der Hauptschlagader (Aorta), der Kopfarterien und anderer Gefäße des Gesichts und des Schultergürtels. Die Entstehung und Umformung dieser Arterien verläuft abgestimmt auf die Gesamtentwicklung des Kindes. Jeder einzelne Schritt ist dabei unbedingt notwendig für eine fehlerfreie Form und Funktion z. B. des Ohres oder des Kauapparats.

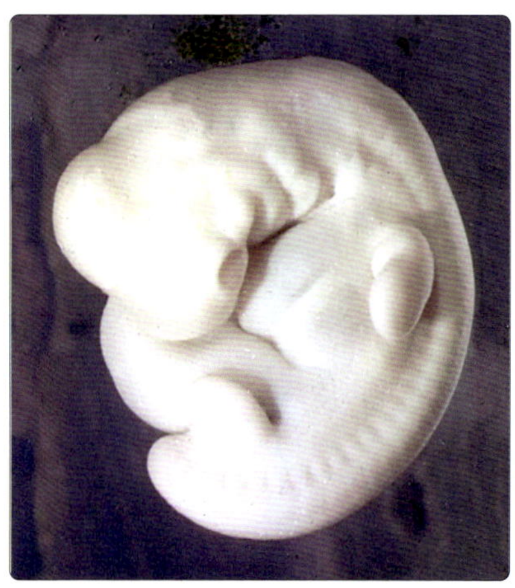

Abb. 7-5 Das Körperende eines menschlichen Embryos (hier 6. Woche, 8 mm lang) hat nichts mit einem „Schwänzchen" zu tun.

Ein weiteres Beispiel für eine unangemessene Verwendung eines evolutionstheoretisch gefärbten Begriffs ist der Hinweis auf eine sogenannte *„Schwanzanlage"*, die beim menschlichen Embryo von der 4. bis zur 6. Woche vorhanden sein soll (vgl. Abb. 7-5). Typische Baumerkmale des Schwanzes von Wirbeltieren sind knöcherne Elemente. In Verlängerung der Wirbelsäule bilden sie eine mehr oder weniger bewegliche funktionelle Einheit mit Muskeln. Beim menschlichen Embryo erscheint am unteren Ende des Körpers eine kegelförmige Struktur, die unter anderem Anlagen des sich entwickelnden Rückenmarks und der Wirbelsäule enthält. Die zellulären Vorläufer dieser Strukturen zeigen ein spezifisches genetisches Aktivitätsmuster[6], aber keine Spuren von ausgebildeten Knochen oder Muskeln im Sinne stammesgeschichtlicher Erinnerungen an einen tierischen Schwanz. Ausgehend von diesem Kegel erfolgt die Bildung des unteren Anteils der Wirbelsäule (von welcher der Kegel letztlich selbst eingeschlossen wird), die Anlage der Knochen und Muskulatur der Beine und der Hüftregion sowie der sie versorgenden Nerven. Später wächst die Wirbelsäule aber stärker als das Nervensystem in die Länge. Zum Zeitpunkt der Geburt befindet sich das Ende des Rückenmarks daher in Höhe des 3. Lendenwirbels. Im Rahmen der menschlichen Embryonalentwicklung vom Auftreten eines Schwanzes zu reden, widerspricht den vorliegenden Fakten.

Beim menschlichen Embryo gibt es keine Spur von Knochen oder Muskeln als Reste eines funktionsfähigen Schwanzes.

Bei den sehr selten vorkommenden „Schwänzchen" an Neugeborenen handelt es sich um eine nicht-erbliche Störung. Da sie nicht im Erbgut verankert ist, kann sie schon deshalb nicht als stammesgeschichtlicher Rückschlag gedeutet werden. Solche „Schwänzchen" enthalten Fett und Bindegewebe – niemals jedoch ein Stück Wirbelsäule wie die Schwänze vieler Wirbeltiere. Nur selten befinden sie sich an der „richtigen" Stelle (d.h. an der Stelle der gedachten Fortsetzung der Wirbelsäule). Darüber hinaus sind solche „schwanzartigen" Bildungen auch an ganz anderen Körperstellen und als Zusatzbildungen bei Tieren mit Schwanz bekannt. Ein Rückschlag in frühere Evolutionsstadien können sie also nicht sein.

Als nächstes gehen wir kurz auf ein interessantes Merkmal des menschlichen Fötus ein, das z. T. spekulativ mit dem *Fell* affenähnlicher Vorfahren in Beziehung gebracht wird. Die ersten Anlagen der zukünftigen Haare bilden sich in der Haut schon in der 9. Schwangerschaftswoche. Viel später entwickelt sich dann aus diesen Haaranlagen auch die für das menschliche Gesicht typische Behaarung. Ab der 20. Woche ist der ganze Körper mit einer ersten feinen Behaarung bedeckt, die auch Lanugo (lat. *lana* =

feine Wolle) genannt wird. Sie wird bis zur 36. Schwangerschaftswoche beibehalten – und das aus gutem Grund: Durch diese Behaarung wird die Käseschmiere (*Vernix caseosa*), eine spezielle Schutzschicht aus abgestoßenen Hautzellen und Drüsensekreten, an der Oberfläche des Fötus verankert. Aggressive Substanzen und Ausscheidungsprodukte in der Flüssigkeit, die den Embryo bzw. den Fötus umgibt, können so dessen zarte Haut nicht schädigen. Das Auftreten der Lanugobehaarung ist notwendig, damit sich der Fötus richtig entwickelt. Eine Zurückführung auf das Fell vermeintlicher stammesgeschichtlicher Ahnen ist zu ihrem Verständnis nicht nötig. Sie tritt übrigens auch bei felltragenden Tieren auf. Daher entspricht die Lanugo des Menschen der Lanugo bei Tieren, nicht jedoch dem Fell von Tieren.

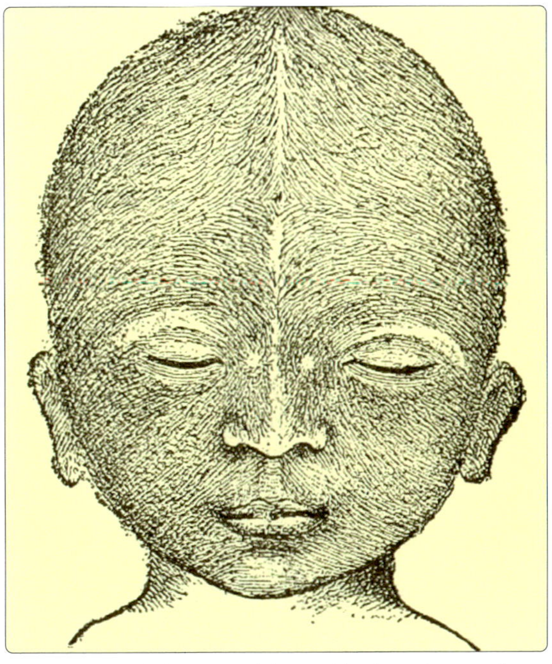

Abb. 7-6 Lanugobehaarung auf dem Gesicht eines 5 Monate alten menschlichen Fetus.

Embryonalentwicklung – kein Modell für Evolution

Manchmal wird argumentiert: Die Embryonalentwicklung zeigt, dass eine Entwicklung von einer einzigen Zelle zum ausgewachsenen Organismus möglich ist. Könnte dies bei der Stammesgeschichte (Evolution) also nicht auch so funktionieren? Beide Prozesse sind jedoch in vielfacher Hinsicht grundverschieden. Die wichtigsten Unterschiede sind:

- Die Embryonalentwicklung ist direkt untersuchbar. Für die Stammesgeschichte gilt das im Wesentlichen nicht.
- Bei der Embryonalentwicklung ist die komplette genetische Information von Anfang an vorhanden. In der Stammesgeschichte müsste sie zuerst Schritt für Schritt aufgebaut werden.
- Die Embryonalentwicklung ist programmiert, zielgerichtet und kontrolliert. Das alles trifft auf die Stammesgeschichte nicht zu. Dort spielen Zufall und Auslese die Hauptrolle.
- Die Embryonalentwicklung erfolgt innerhalb von Wochen und Monaten. Die Stammesgeschichte soll Milliarden von Jahren gedauert haben.

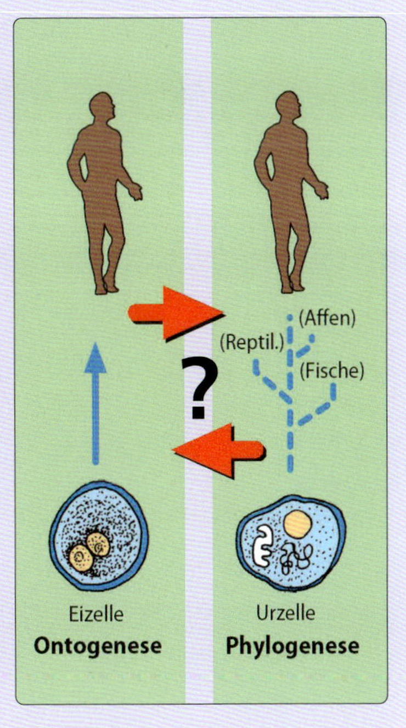

Die frühen Anlagen der Gliedmaßen unterscheiden sich im inneren Bau völlig von Fischflossen.

Schließlich betrachten wir noch die *„Flossen“* beim menschlichen Embryo. Auch hier handelt es sich um eine Fehlinterpretation embryonaler Anlagen (Abb. 7-7). Beim Menschen wie bei den Wirbeltieren verläuft die Entwicklungsrichtung der Arme und Beine von „zentral nach peripher“ und von „innen nach außen“. Das heißt: Zunächst werden die körpernahen Strukturen (Oberarm, Unterarm, Handwurzel) sichtbar angelegt, erst danach die körperferneren (Mittelhand, Finger, Fingerkuppen). Bei der Entwicklung der menschlichen Hand werden in der 6. Embryonalwoche zunächst die bindegewebigen Anlagen der Handwurzel und die knorpeligen Strahlen der Mittelhand sichtbar. Diese sind – und das ist ganz normal – durch Gewebebrücken verbunden. Flossen – mit Schwimmhäuten zwischen den Fingern – sind das nicht. Die Finger sind zu diesem Zeitpunkt genetisch angelegt, aber noch nicht äußerlich ausgebildet. Dieses Stadium ist erst die Voraussetzung für die folgende normale Entwicklung und das exakte Wachstum der Finger. In weiterer Folge verlängern sich die Fingeranlagen durch bevorzugtes Wachstum an ihren freien Enden. Die Zellvermehrung zwischen den Fingern wird unterdrückt. Die frühen Anlagen der Gliedmaßen weisen zwar in ihrem äußeren Umriss ein flossenartiges Aussehen auf, unterscheiden sich aber im inneren Bau völlig von Fischflossen. Eine Gleichsetzung mit Flossen ist daher fehl am Platz.

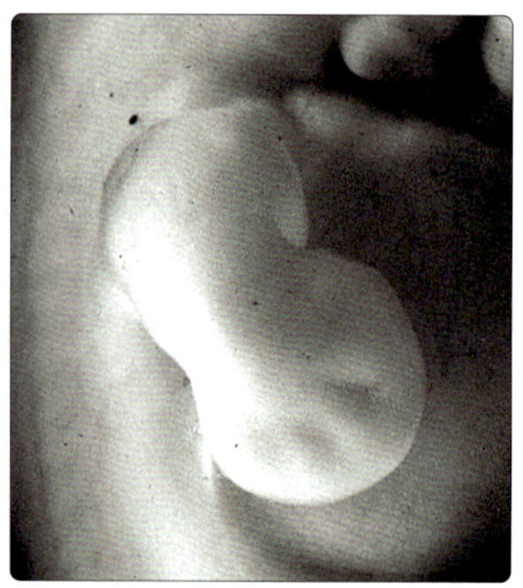

Abb. 7-7 Die Anlage der menschlichen Hand in einem sehr frühen embryonalen Stadium. Die Ähnlichkeit mit einer Flosse ist nur sehr oberflächlich gegeben; der Aufbau ist jedoch sehr verschieden. Der ganze Embryo ist zu diesem Zeitpunkt etwa 10 mm groß (ca. 7. Schwangerschaftswoche).

Ontogenese aus biblischer und ethischer Sicht

Gerade beim Betrachten der Ontogenese offenbart sich die schöpferische Allmacht und Weisheit Gottes besonders eindrucksvoll.
Sie lädt uns geradezu ein, mit dem Psalmisten in den Lobpreis Gottes einzustimmen: „Du hast mich mit meinem Innersten geschaffen, im Leib meiner Mutter hast du mich gebildet. Herr, ich danke dir dafür, dass du mich so wunderbar und einzigartig gemacht hast! Großartig ist alles, was du geschaffen hast – das erkenne ich! Schon als ich im Verborgenen Gestalt annahm, unsichtbar noch, kunstvoll gebildet im Leib meiner Mutter, da war ich dir dennoch nicht verborgen. Als ich gerade erst entstand, hast du mich schon gesehen. Alle Tage meines Lebens hast du in dein Buch geschrieben – noch bevor einer von ihnen begann! Wie überwältigend sind deine Gedanken für mich, o Gott, es sind so unfassbar viele!“ (Psalm 139,13-17, Hfa).
Auch die Bibel bezeugt, dass der Mensch ab dem Moment der Verschmelzung von Ei und Samenzelle ganz und unverwechselbar Mensch ist. Darüber hinaus kann menschliches Leben aus biblischer Sicht nicht erfasst werden, ohne auch geistige Aspekte und die Beziehung zu Gott zu berücksichtigen. Das kann nicht ohne Auswirkung darauf bleiben, wie wir mit ethischen Fragestellungen aus diesem Kontext umgehen (z. B. Abtreibung, Nutzung menschlicher Stammzellen).

Zusammenfassung

In der Embryonalentwicklung des Menschen treten keine Organanlagen oder Strukturen auf, die Organe oder Organanlagen tierischer Vorfahren repräsentieren. Alle embryonalen Bildungen in allen Organismen sind für die korrekte Ausformung des Lebewesens notwendig. In keinem Fall handelt es sich um stammesgeschichtliche funktionslose Überbleibsel. Klare Indizien für Evolution sind daher nicht erkennbar. Embryologische Befunde zeigen hingegen auf, dass der Mensch vom ersten Moment seiner Existenz an und in allen seinen Entwicklungsphasen typisch und unverwechselbar Mensch ist. Wie jeder andere Organismus kann er allein aufgrund der ihm eigenen Ontogenese von einem artfremden Wesen unterschieden werden. Haeckels Biogenetisches Grundgesetz – die Behauptung, dass in der Embryonalentwicklung die Stammesgeschichte kurz gerafft wiederholt wird – ist kein zwingender Schluss aus den Beobachtungsdaten. Es entspringt vielmehr der evolutionstheoretischen Überzeugung Haeckels, gemäß der er die ontogenetischen Daten bewertet hat. Ganz im Gegenteil: Unzählige Daten und Befunde aus der Ontogenese-Forschung sprechen gegen die Deutung, dass die Evolution der passende Schlüssel zum Verständnis der Ontogenese ist. Ein wissenschaftliches Verständnis der Individualentwicklung aller Lebewesen ist ohne Voraussetzung von Evolution sehr gut möglich.

8. Fossilien – tote Zeugen

Wenn wir uns nun mit Fossilien beschäftigen, betreten wir ein ganz neues Wissensgebiet. Es kann weitere Indizien für die „Beweisaufnahme" zu Schöpfung und Evolution liefern. Wir werfen gleichsam einen Blick in die Vergangenheit, allerdings nur indirekt. Denn die Lebewesen aus früherer Zeit können wir nur anhand ihrer bis heute erhalten gebliebenen Reste untersuchen. Solche konservierten Überreste und Spuren früherer Lebewesen werden als **Fossilien** bezeichnet. Dazu zählen Versteinerungen, Abdrücke, Innenausgüsse von Hohlformen, Fußspuren oder auch Bernsteineinschlüsse (Abb. 8-2).

Fossilien: konservierte Überreste und Spuren früherer Lebewesen.

Der Wissenschaftszweig, der sich mit Fossilien beschäftigt, ist die **Paläontologie**. Übersetzen könnte man das als „Lehre über die alten Lebewesen". Dabei ist hier mit „alt" gemeint, dass es sich um fossil erhaltene Lebewesen aus der Vergangenheit handelt.

Paläontologie: Forschungsgebiet, das sich mit den fossil erhaltenen Lebewesen befasst.

Fossilien sind gewöhnlich in **Sedimentgesteinen** eingebettet. Das sind schichtweise gebildete Gesteine, die in der Regel durch Wassertransport und Ablagerung entstanden sind. Normalerweise bleibt von Lebewesen nach ihrem Tod nichts übrig. Spätestens nach ein paar Jahrzehnten hat sich auch das härteste Material, wie z. B. Zähne oder Schalen, aufgelöst. Ist Sauerstoff verfügbar, verrichten Mikroorganismen ihr Zersetzungswerk. Im Laufe der Zeit verschwindet das Lebewesen spurlos. Dennoch werden weltweit in vielen Sedimentgesteinen Fossilien in enorm großer Zahl gefunden. Diese Tatsache ist daher ein deutlicher Hinweis darauf, dass mehr oder weniger große katastrophale geologische Ereignisse zu einer sauerstofffreien Einbettung von Lebewesen oder ganzen Lebensräumen geführt haben müssen – nur so konnten diese konserviert werden (Abb. 8-1).

Man hat Milliarden von fossilen Tieren und Pflanzen gefunden. Auch von Menschen gibt es Fossilien (s. Kapitel 9). Die bisher vorliegenden Funde wurden etwa 250.000 verschiedenen Arten zugeordnet. Das könnte ca. 5.000-10.000 Grundtypen (vgl. Kapitel 4) entsprechen. Ihnen gegenüber stehen etwa 2.000.000 bekannte heute lebende Arten.

Im Unterschied zu den bisher diskutierten Indizien stammen die Lebewesen, die zu Fossilien geworden sind, aus der Vergangenheit. Fossilien sind gleichsam Momentaufnahmen – Schnappschüsse – eines Individuums, eines Ereignisses oder eines Lebensraums aus der Vergangenheit. Aber auch Fossilien ermöglichen keinen direkten Blick in die Vergangenheit. Wie alle anderen Indizien müssen sie interpretiert und zum Sprechen gebracht werden. „Fossilien tragen keine Etiketten", schrieb einmal der Züricher Paläontologe Peter Schmid.

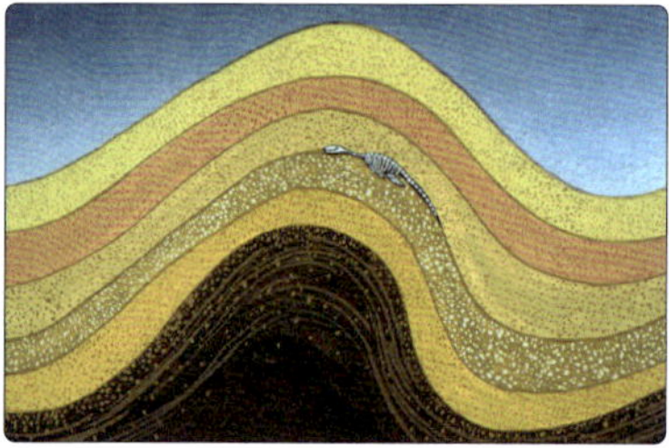

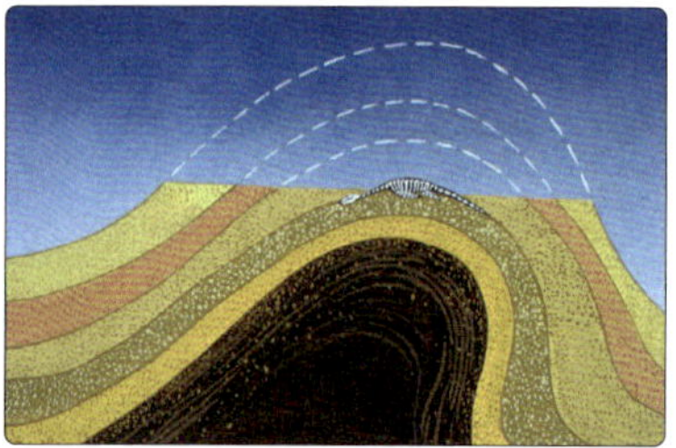

Abb. 8-1 Vermutete Stadien einer Fossilisierung in einfacher Darstellung. Ein Lebewesen wird durch Ablagerung von Sand und anderem abgetragenem Material verschüttet und dadurch „konserviert" und zu einem Fossil umgewandelt. Später kann es zu einer Hebung und Faltung der entstandenen Schichten kommen. Durch nachfolgende Erosion können die mittlerweile versteinerten, fossilisierten Überreste freigelegt werden.

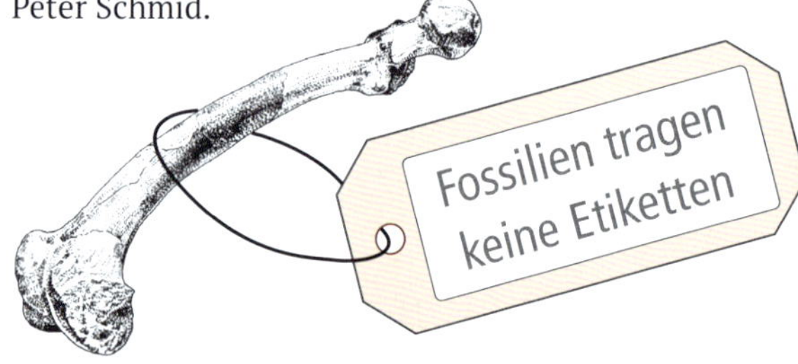

Abb. 8-2 Fossilien können als Abdrücke (**A**), Fußspuren (**B**), Ausgüsse von Hohlformen (**E**, hohler Baumstamm) oder körperlich, dreidimensional (**C**) erhalten sein. Es gibt noch andere Möglichkeiten der Fossilentstehung: Wird ein Lebewesen von viel Baumharz umhüllt, kann dieses Harz zu Bernstein werden. Das Lebewesen bleibt als Einschluss erhalten (**D**). In seltenen Fällen wurden Lebewesen in Eis konserviert (**F**).

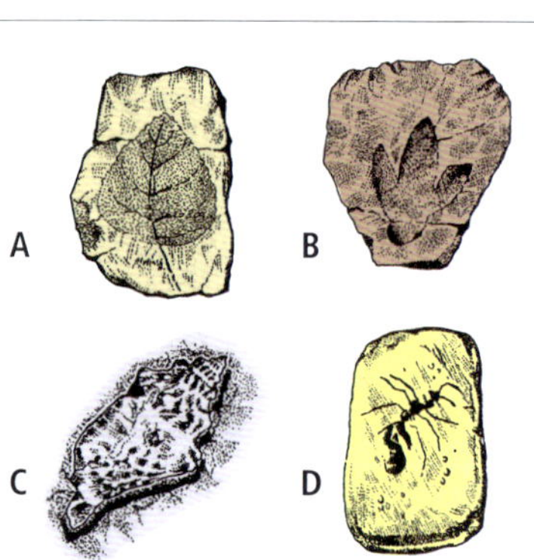

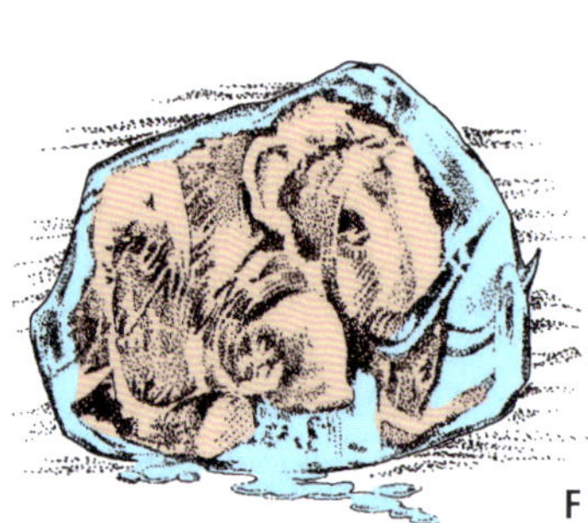

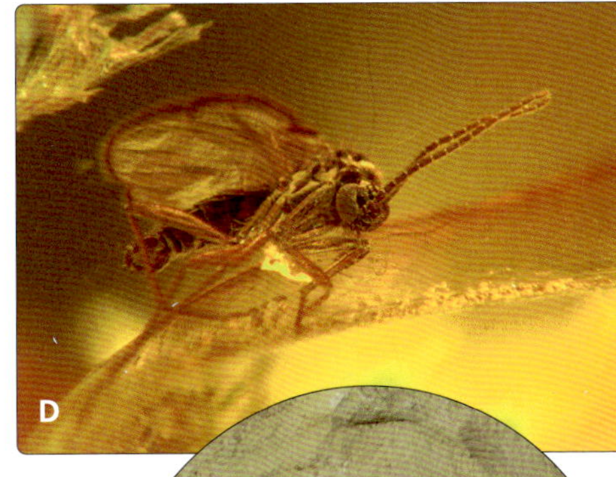

Erwartungen an den Fossilbericht

Je nachdem, ob man von Evolution oder Schöpfung ausgeht, lassen sich unterschiedliche Erwartungen an den Fossilbericht formulieren. Fassen wir zunächst zusammen, welche Indizien im jeweiligen Fall zu finden sein sollten: Im Fall von Evolution wird man im Großen und Ganzen eine relativ kontinuierliche Abfolge von sich schrittweise ändernden Formen erwarten. Diese sollte mit einfachen Formen in den untersten geologischen Schichten beginnen. Die komplexesten Formen sollten in den obersten Schichten zu finden sein. Unter den Fossilien sollten auch zahlreiche Formen sein, die als evolutive Übergangsformen interpretiert werden können.

Ausgehend von Schöpfung wird man im Gegensatz dazu erwarten, dass sich zumindest zwischen mutmaßlichen Grundtypen (vgl. Kapitel 4) Grenzen abzeichnen. Die Fossilabfolgen sollten eher diskontinuierlich sein. Zwischen den Grundtypen sollte es also auffällige Lücken geben. Innerhalb von Grundtypen ist hingegen eine größere Formenfülle zu erwarten, die durch Radiation und Mendel'sche Artbildung entstanden ist (s. Kapitel 4 und s. u.).

Je detaillierter man sich mit dieser Frage beschäftigt, desto unklarer wird allerdings, welche Befunde man im Rahmen der beiden Modelle tatsächlich erwarten sollte. Das soll an drei Beispielen verdeutlicht werden:

Abb. 8-3 Fossilien: Flugsaurier *Pterodactylus* (**A**), Libelle (**B**), Ammonit (**C**), Trauermücke (**D**), Qualle (unten).

Wenn es Makro-evolution gab, sind zahlreiche Übergangs-formen zu erwarten.

Erstes Beispiel: Wenn es im Laufe der Evolution auch gewisse Sprünge gegeben hätte, würde man nicht durchweg eine kontinuierliche Fossilabfolge erwarten. Die Möglichkeit einer sprunghaft verlaufenden Evolution müsste allerdings durch experimentell nachweisbare Mechanismen plausibel gemacht werden. Das ist bisher für nennenswerte Sprünge, die auch zu *funktionalen* Änderungen führen, nicht der Fall.[1] Die Erwartungen, die man an den Fossilbericht hat, hängen also mit den angenommenen Evolutionsmechanismen zusammen. Eine sprunghaft verlaufende Evolution würde zudem Schöpfung imitieren. Lücken zwischen verschiedenen Grundtypen werden ja geradezu erwartet, wenn man von Schöpfung ausgeht.

Zweites Beispiel: Schöpfung schließt nicht aus, dass es Grundtypen gibt, die ausgeprägte Mosaikformen sind. Solche weisen Merkmalskombinationen verschiedener anderer Grundtypen auf. Im Gegenteil: Gerade wenn man von erschaffenen Grundtypen ausgeht, können Merkmale verschiedener Grundtypen in beliebiger Verteilung auftreten. Das führt zu eher netzartigen Ähnlichkeitsbeziehungen (Abb. 8-4, Abb. 8-5). Im Gegensatz dazu sind baumartige Ähnlichkeitsbeziehungen zu erwarten, wenn die Grundtypen auf evolutivem Wege entstanden wären. Das bedeutet aber auch: Einige dieser Mosaikformen könnten durchaus Merkmalskombi-

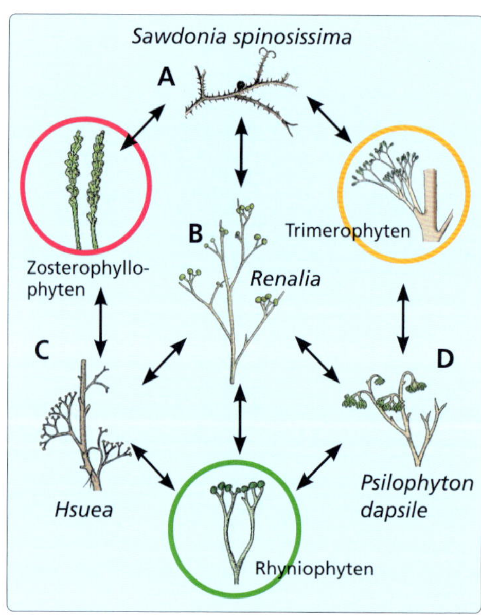

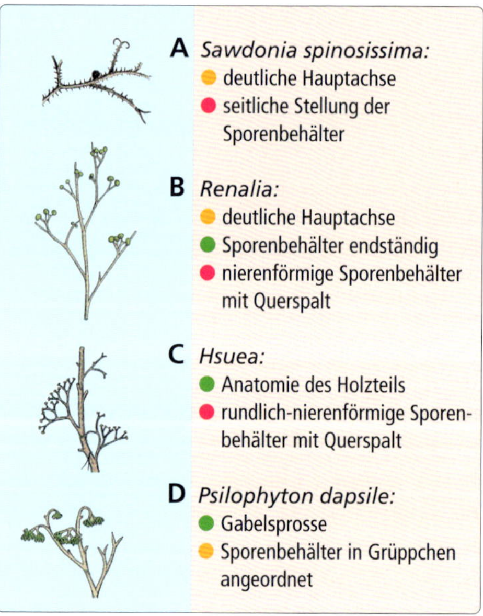

Abb. 8-4 Netzartige Verbindungen am Beispiel von sieben fossilen Pflanzenarten bzw. ganzen Gruppen (eingerahmt) des Devons. Die vier Arten A, B, C und D zeigen Merkmalskombinationen der drei farblich hervorgehobenen größeren Gruppen. Die kleinen Farbpunkte rechts kennzeichnen, mit welcher Art sie das betreffende Merkmal teilen.
Stammbäume lassen sich hier nur konstruieren, wenn man umfangreiche Konvergenzen annimmt (vgl. Kapitel 3). Die einzelnen Gruppen und Gattungen können leichter netzartig miteinander verbunden werden.[2]

Abb. 8-5 Unter Dinosauriern gibt es Formen, die unterschiedliche vogeltypische Merkmale haben. Insgesamt stehen sie mit ihren Merkmalsmosaiken aber nicht zwischen Dinosauriern und Vögeln: Es sind keine Übergangsformen. Verbindet man die Formen auf der Basis von ähnlichen Merkmalen, ergibt sich ein Netzwerk.[3]

nationen aufweisen, die eine Deutung als Übergangsformen erlauben. Diese könnten somit als Indizien für Evolution interpretiert werden.

Drittes Beispiel: Bis vor einigen Jahrzehnten wurde das Auftreten von Konvergenzen komplexer Organe als evolutionstheoretisch unwahrscheinlich angesehen (vgl. Kapitel 3). Bei Stammbaumrekonstruktionen wird daher bis heute versucht, die Anzahl der anzunehmenden Konvergenzen zu minimieren. Daher kann man auch erwarten, dass es möglich sein müsste, mithilfe der Fossilien Stammbäume mit wenigen Konvergenzen zu rekonstruieren. Mittlerweile hat sich allerdings herausgestellt, dass Konvergenzen sehr viel häufiger auftreten, als früher vermutet wurde. Daher stellen einige Biologen ihre Argumentation auf den Kopf: Sie halten es für möglich, dass Konvergenzen doch sehr leicht auftreten können. Dann dürfte man aber nicht erwarten, dass in rekonstruierten Stammbäumen nur wenige Konvergenzen vorkommen. Auch hier besteht ein Zusammenhang mit den Kenntnissen über die Evolutionsmechanismen. Solange keine *empirisch nachgewiesenen* Mechanismen bekannt sind, die zu vielfachen Konvergenzen führen, darf man diese konsequenterweise auch in Stammbaumrekonstruktionen nicht erwarten. Das führt zu Schwierigkeiten bei der Interpretation der Fossilfunde. Unter Umständen ist unklar, ob bestimmte Funde Evolution oder Schöpfung stützen. Wir wissen bereits aus Kapitel 1: Indizien, die zu beiden Modellen passen, können keinen Hinweis darauf geben, welches Modell besser zu den Daten passt.

Wenn es Schöpfung gab, ist eine Abgrenzbarkeit von Grundtypen zu erwarten.

Ein weiterer grundsätzlicher Aspekt ist zu beachten: Es ist unerlässlich, mit klar definierten Begriffen zu arbeiten. Besonders wichtig ist das bei der Frage nach möglichen evolutiven Übergangsformen. Hier muss klar zwischen beschreibenden und interpretierenden Begriffen unterschieden werden. „Beschreibend" heißt: Nur die Befunde werden dargestellt. Es muss möglichst genau geklärt werden, welche Merkmale ein Fossil besitzt – unabhängig davon, was diese Merkmale bedeuten. „Interpretie-

Zwischenformen sind nicht automatisch Übergangsformen.

rend" heißt: Nun wird darüber hinaus eine Aussage gemacht, was die am Fossil beobachteten Merkmale in Bezug auf Schöpfung oder Evolution *bedeuten* könnten. Wie werden sie im jeweiligen Ursprungsmodell gedeutet?

Es hat sich bewährt, „Zwischenform" und „Mosaikform" als beschreibende Begriffe zu verwenden (Tab. 8-1). Der berühmte „Urvogel" *Archaeopteryx* (Abb. 8-6) kann beispielsweise als Mosaikform bezeichnet werden. Denn er besitzt zum einen eine Reihe von vogeltypischen Merkmalen (z. B. flugtaugliche flächige Federn), zum anderen aber auch Merkmale, die typisch für Dinosaurier sind (z. B. eine lange Schwanzwirbelsäule). Letztere kommen bei heutigen Vögeln nicht vor. Daher wird er oft als Übergangsform interpretiert.

Ein weiteres Beispiel dieser Art ist die vierflügelige Gattung *Microraptor* (Abb. 8-6). Sie ist auch eine Mosaikform mit Vogel- und Dinosauriermerkmalen. Anders als *Archaeopteryx* wird sie aber nicht als Übergangsform interpretiert. Denn ihre Vierflügeligkeit passt nicht in einen Übergang von Dinosauriern zu Vögeln.

„Übergangsform" und „Bindeglied" sind interpretierende Begriffe. Das heißt: Eine Zwischenform kann unter Umständen als Übergangsform interpretiert werden. Wenn die betreffende Zwischen- oder Mosaikform insgesamt deutlich von anderen Formen abgegrenzt werden kann, könnte sie aber auch als eigenständiger Grundtyp mit einer speziellen Merkmals-

Abb. 8-6 Rekonstruktionen des berühmten „Urvogels" *Archaeopteryx* (links) und des vierflügeligen *Microraptor* (rechts).

Beide Gattungen besitzen flugtaugliche Federn und andere vogeltypische Merkmale. Sie haben aber auch verschiedene reptiltypische Merkmale, z.B. eine lange Schwanzwirbelsäule und einen bezahnten Kiefer. Es handelt sich daher um Mosaikformen. Als solche können sie auch als eigene Grundtypen mit mosaikartiger Merkmalskombination interpretiert werden.

Microraptor wird trotz Mosaikmerkmalen nicht als Übergangsform interpretiert, da diese Gattung vierflügelig war. Da Evolutionsbiologen die (zweiflügeligen) Vögel von zweibeinigen Raubdinosauriern ableiten, passt eine vierflügelige Form nicht zu diesem angenommenen Übergang.

beschreibender Begriff	interpretierender Begriff
Mosaikform	Bindeglied
Zwischenform	Übergangsform
Vereinigte Merkmale verschiedener Gruppen	Übergänge in Einzelmerkmalen

Tab. 8-1 Beschreibende und interpretierende Begriffe

kombination betrachtet werden. Auch das ist eine Deutung. So muss von Fall zu Fall genauer untersucht werden, wie überzeugend die unterschiedlichen Deutungen sind.

Allgemeine Beobachtungen in der Fossilüberlieferung

Trotz der Schwierigkeiten bei der Deutung der fossilen Befunde haben die in den geologischen Sedimentabfolgen überlieferten Fossilabfolgen einige relativ unumstrittene allgemeine Kennzeichen. Dazu gehören drei generelle Befunde:

1. Befund: Die Fossilabfolgen zeigen aufsteigend von tieferen zu höher gelegenen Schichten weltweit regelhafte und auch ähnliche Abfolgen.

Um diesen Befund zu erläutern, müssen wir ein bisschen in die Geologie einsteigen. Oben wurde erwähnt, dass Fossilien gewöhnlich in Sedimentgesteinen eingebettet sind (also in durch Ablagerung entstandenen, geschichteten Gesteinen). An vielen Orten der Erde findet man sehr viele Schichtpakete übereinander. Zum Teil sind diese Abfolgen durch nachfolgende Schrägstellung der Schichten und Abtragung freigelegt. Oder sie lassen sich z. B. in Canyons (Abb. 10-9) beobachten oder durch Tiefbohrungen ermitteln. Die gesamte geologische Säule ist zwar nirgends komplett vorhanden, sie kann aber anhand des Vergleichs vieler Abfolgen auf verschiedenen Kontinenten als gut begründet angesehen werden. Es gibt auch Regionen, an denen ein größerer Teil der Schichtenfolge ab dem Kambrium anzutreffen ist.

Viele Tier- und Pflanzengruppen findet man fossil nicht in den tiefer abgelagerten Sedimentgesteinen. Sie treten nach und nach in weltweit ähnlichen Abfolgen in den verschiedenen Schichtgesteinen in Erscheinung. So erscheinen die ersten Fischfossilien in tieferen (und damit relativ älteren) Schichten als die ersten Amphibien. Diese findet man wiederum vor Fossilien von Reptilien, Vögeln und Säugetieren (Abb. 8-7).

Känozoikum	0	Quartär	Menschenfossilien
		Tertiär	Säugetiere heutiger Grundtypen
Mesozoikum	65	Kreide	Dinosaurier sterben aus bedecksamige Blütenpflanzen
	142	Jura	„Urvogel"
	200	Trias	Erste fossile Dinosaurier
Paläozoikum	251	Perm	Fossile Reptilien nehmen zu
	296	Karbon	Erste Reptilien Bärlappbäume Nacktsamer
	358	Devon	Erste Amphibien
	417	Silur	Erste Landpflanzen Fische
	444	Ordovizium	Kieferlose Fische
	488	Kambrium	Kambrische Explosion: viele Tierstämme fossil vertreten
Präkambrium	542 MrJ	Proterozoikum	Fast nur einfache fossile Formen
		Archaikum	(Einzeller, Algen)

Abb. 8-7 Einige ausgewählte markante Beispiele der Regelhaftigkeit der Fossilablagerungen. Die weltweit in ähnlicher Weise aufeinanderfolgenden Schichtgesteine enthalten unterschiedliche charakteristische Lebensgemeinschaften. Dies gilt als eines der Hauptargumente für Makroevolution. Das Übereinander der Fossilien wird demnach als ein Voneinander-Abstammen interpretiert. Doch diese Deutung ist nicht zwingend. „Erste" bedeutet: Erstmalige fossile Überlieferung. MrJ: Millionen radiometrische Jahre (s. Kapitel 10).

Ähnlich ist die Situation bei vielen anderen größeren Gruppen von Lebewesen. Fossilien von Bedecktsamigen Samenpflanzen (Angiospermen) sind nur aus Schichten der Kreide und des Tertiärs bekannt. Es gibt zwar Pollenfunde von Angiospermen, die aus älteren (d. h. tieferen) Schichten stammen, aber aus dem „Erdaltertum" gibt es keine unumstrittenen Belege.

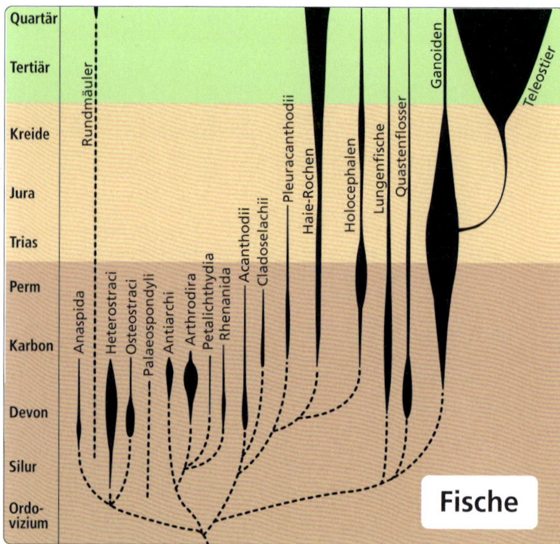

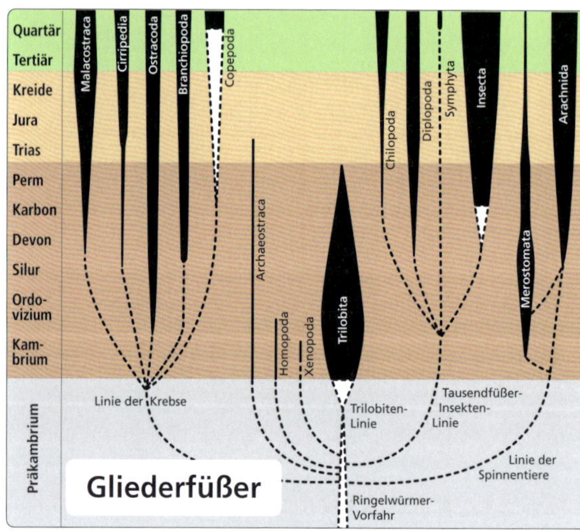

Abb. 8-8 Innerhalb größerer Gruppen von Lebewesen tauchen die einzelnen Familien fossil nicht nach und nach auf, sondern ziemlich abrupt und voneinander abgegrenzt. Die Fossilabfolgen lassen sich daher nicht gut durch Bäume darstellen, sondern eher durch ein Nebeneinander verschiedener Formengruppen.

Das heißt insgesamt: Größere Fossilgruppen treten nicht in regelloser Weise und ungeordnet in Erscheinung, sondern gestaffelt in regelhaften Abfolgen. Diese sind weltweit sehr ähnlich und passen grob zu einer allgemeinen Abstammung aller Lebewesen, also zum Evolutionsmodell. Wir werden weiter unten sehen, dass diese Feststellung jedoch nur für die *groben Abfolgen* zutrifft.

Auch hier muss zwischen Daten und Deutungen unterschieden werden: Das relative *Über*einander lässt sich durch ein zeitliches *Nach*einander des Auftretens und durch ein Abstammen voneinander deuten. Die *Abstammung voneinander* wurde jedoch nicht beobachtet und ist nicht beobachtbar. Man kann nur argumentieren, dass sie als eine Deutungsmöglichkeit ungefähr zum beobachteten Befund passt. So gesehen ist die Fossilreihenfolge ein gutes Argument für Makroevolution.

Wenn man der Bibel folgend von einer anfänglichen Erschaffung aller *Grundtypen* ausgeht – gemeinsam in der Schöpfungswoche (1. Mose 1) –, ist die Erklärung dieser Abfolgen sehr schwierig. Für die Schöpfungslehre stellt sich hier also die Aufgabe, verständlich zu machen, weshalb diese Ablagerungsreihenfolge auftritt. Das ist eine bisher noch nicht befriedigend gelöste Aufgabe.[4]

2. Befund: Alle größeren Fossilgruppen tauchen plötzlich in beachtlicher Verschiedenartigkeit auf.

Die Fossilien von größeren Organismengruppen ändern sich nicht allmählich bzw. schrittweise oder graduell in Formen anderer Gruppen. Ganz im Gegenteil: Sie weisen markante Sprünge auf – und zwar regelmäßig. Man spricht von einer Diskontinuität im Fossilbericht. Evolutionär wäre hingegen zumindest im Regelfall eine kontinuierliche Veränderung zu erwarten. Neue Formengruppen sollten mit geringer Artenzahl und geringen Unterschieden zwischen ihren Vertretern beginnen. Diese sollten dann allmählich im Laufe der Zeit zunehmen, also nach und nach eine größere Vielfalt und zunehmende Verschiedenartigkeit aufweisen. Doch diese Erwartung erfüllt der Fossilbericht regelmäßig nicht (Beispiele in Abb. 8-8).

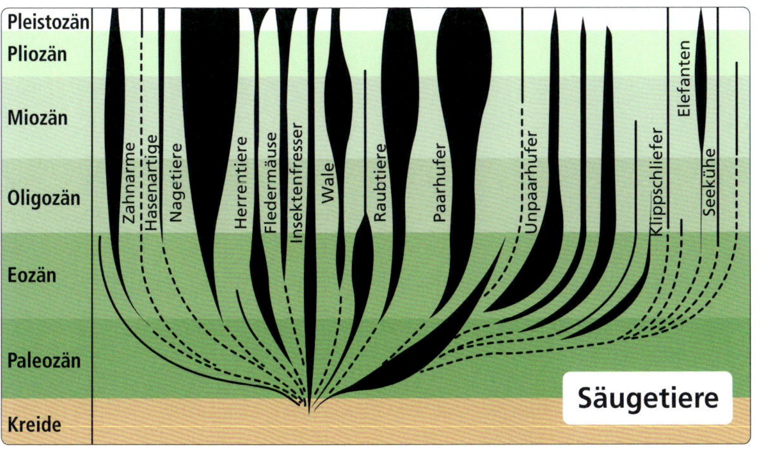

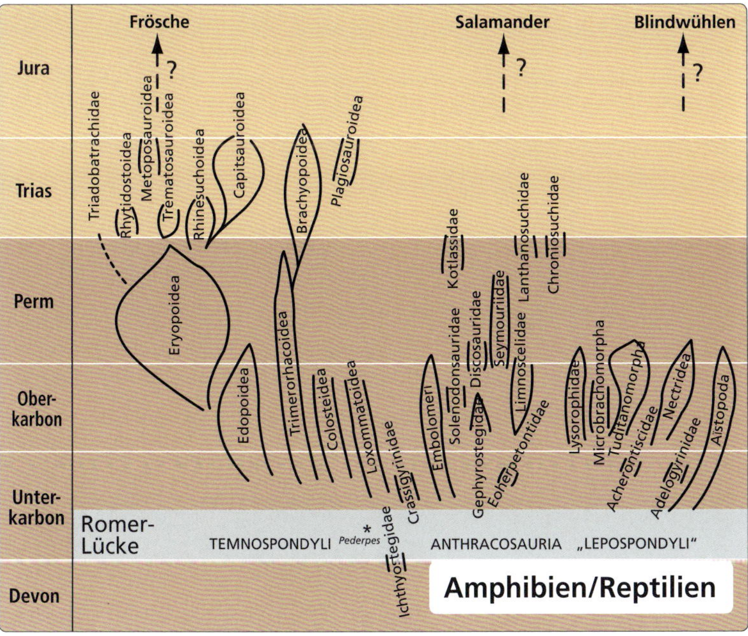

Abb. 8-8 (Forts.) Formengruppen am Beispiel der Vierbeiner und der Säugetiere. Die „Romer-Lücke“ ist ein Bereich, aus dem fast keine Vierbeinerfossilien bekannt sind, obwohl einige Vierbeiner in tieferen Schichten des Devons entdeckt wurden. (Diese Lücke wurde nach dem Paläontologen Alfred Romer benannt.)

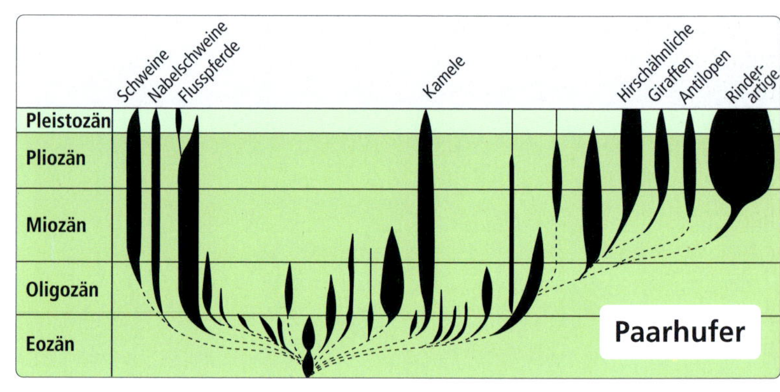

Abb. 8-9 Fossile Formengruppen am Beispiel der Paarhufer, hier relativ fein aufgelöst bis zum Familienniveau, das ungefähr Grundtypen (Kapitel 4) entspricht. Die heute noch vorkommenden Familien sind beschriftet.

Die markanteste Diskontinuität in der Fossilüberlieferung findet sich am Übergang vom Präkambrium zum Kambrium. In kambrischen Sedimenten tritt eine hochdifferenzierte Tierwelt so plötzlich und derart vielgestaltig auf, dass von einer „kambrischen Explosion" gesprochen wird – diese Bezeichnung wurde von Evolutionstheoretikern geprägt. Douglas Erwin und James Valentine, zwei Spezialisten auf diesem Gebiet, stellen im Vorwort ihres Buches „The Cambrian Explosion" fest: „... während einer relativ kurzen Zeitspanne im frühen Kambrium erfolgt ein explosives Erscheinen vieler verschiedener, gestaltlich abgegrenzter Fossilien, einschließlich Vertreter der meisten größeren Tiergruppen, die auch heute leben."[5] Lebewesen aus allen bekannten Tierstämmen, die Hartteile besitzen, sind im Kambrium (meist bereits im Unterkambrium) vertreten (Abb. 8-10), dazu auch solche ohne Hartteile. So sind z. B. Schwämme, Hohltiere, Ringelwürmer, Armfüßer, Gliederfüßer, Weichtiere, Stachelhäuter und auch kieferlose Fische gefunden worden. Diese Tierstämme sind zudem – schon von Beginn ihres fossilen Nachweises an – in der Regel in verschiedene, deutlich abgrenzbare Untergruppen (Klassen) aufgespalten und geographisch meist weit verbreitet.[6]

Abb. 8-10 Künstlerische Darstellung des Qingjiang-Biotops aus dem Kambrium, mit charakteristischen Formen, die in der Fossillagerstätte gefunden wurden.

Aber nicht nur an der Grenze zum Kambrium ist eine ausgeprägte Diskontinuität im Fossilbericht zu beobachten. Auch in jüngeren Schichten treten neue Fossilgruppen in der Regel abrupt und in erheblicher Verschiedenartigkeit auf (vgl. Abb. 8-8 und 8-11).

Das plötzliche, explosionsartige Auftauchen komplexer Lebensformen widerspricht der langsamen und gleichmäßigen Höherentwicklung des Lebens.

Auch bei den Fossilien von Menschen und Menschenaffen zeigt sich eine solche Zäsur: Einen Fossilnachweis von „Affenmenschen" gibt es nicht. Diesem Thema widmen wir uns weiter in Kapitel 9.

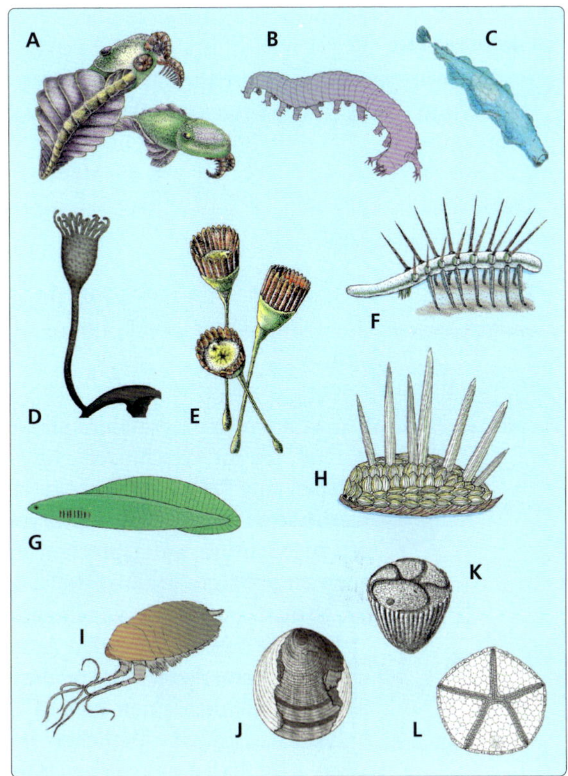

Abb. 8-11 Sehr verschiedenartige Baupläne tauchen in der Fossilüberlieferung im Kambrium plötzlich auf.

A *Anomalocaris* (Lobopoda; ca. 50-100 cm lang)
B *Aysheaia* (Lobopoda; ca. 1-6 cm)
C *Eognathacantha ercainella* (Chaetognatha, Pfeilwürmer)
D *Cotyledion tylodes* (Entoprocta, Kelchwürmer; Kelchbreite ca. 6 mm)
E *Dinomischus* (incertae sedis; ca. 3 cm)
F *Hallucigenia* (Onychophora, Stummelfüßer, inc. sed.; ca. 5 cm)
G *Haikouichthys ercaicunensis* (Chordata, Vertebrata; ca. 3 cm)
H *Wiwaxia* (incertae sedis ; ca. 5 cm)
I *Leanchoilia* (Arthropoda, Gliederfüßer; ca. 5 cm)
J *Lingulella chengjiangensis* (Brachiopoda, Armfüßer; Schale ca. 1 cm)
K *Camptostroma* (Echinodermata, Stachelhäuter; ca. 1,5 cm)
L *Stromatocystites (*Echinodermata)

Zwei Präzisierungen zum Gesagten sind hier wichtig:

1. Innerhalb von vermuteten Grundtypen kann es eine große Vielfalt von nur schwer abgrenzbaren Gattungen geben. Denn das Grundtypkonzept (Kapitel 4) besagt, dass alle zu demselben Grundtyp gehörenden Arten von einem (geschaffenen) Vorfahren abstammen, der mit großer genetischer Vielfalt und präexistenten Variationsprogrammen ausgestattet war. Innerhalb von Grundtypen läuft Mendel'sche Artbildung ab (vgl. Kapitel 4), die dazu führen kann, dass verschiedenste Merkmalskombinationen auftreten. Man spricht hier auch von **Radiation**. Die Folge davon ist ein Netzwerk von Ähnlichkeitsbeziehungen innerhalb eines Grundtyps. Innerhalb eines Grundtyps kann es folglich viele Formen geben, die als Übergangsformen interpretiert werden können. Daraus kann aber nicht geschlossen werden, dass dies auch *grundtypübergreifend* gilt.

Aus dieser Perspektive können viele Gruppen von näher verwandten Fossilformen als eine Vielfalt *innerhalb von Grundtypen* interpretiert werden. Ein Beispiel dafür könnten die Horndinosaurier oder die Sauropoden-Dinosaurier sein (vgl. Kasten Dinosaurier, S. 123). Solche Aufspaltungen innerhalb von vermuteten Grundtypen unter den Fossilien ähneln der

Abb. 8-14
Parmastega

Unter den Fossilien finden sich viele solcher Mosaikformen, die aber in der Regel nicht als Übergangsformen gedeutet werden können. Ein typisches aktuelles Beispiel dieser Art ist die Gattung *Parmastega* (Abb. 8-14). Dieser im Jahr 2019 entdeckte fossil erhaltene Vierbeiner weist ein unerwartetes Merkmalsmosaik auf. *Parmastega* ist unter den gut erhaltenen Vierbeinern die geologisch älteste Gattung und steht gemäß einer aktuellen Stammbaum-Rekonstruktion an der Basis der Vierbeiner. Aber es weist mehrere markante Merkmale auf, die dieser Position deutlich widersprechen. Besonders sein weitgehend knorpeliges Skelett und die ungewöhnlich hochstehenden Augen passen überhaupt nicht in eine evolutive Abfolge.[7] Ein buntes Merkmalsmosaik ist jedenfalls leichter verständlich, wenn man – wie im Rahmen von Schöpfungsmodellen – von einer freien Kombinierbarkeit von Merkmalen ausgeht. Weitere solche evolutionäre unpassende Mosaikformen sind die in Abb. 8-4 gezeigten Gattungen *Caudipteryx, Rahonavis, Mononykus* und *Microraptor*. Sie besitzen teils dinosauriertypische und teils vogeltypische Merkmale, passen aber nicht in eine Übergangsposition zwischen Dinosauriern und Vögeln.

Beispiele dieser Art gibt es zuhauf. So hat sich bei den Bedecktsamigen Blütenpflanzen (Angiospermen) herausgestellt: Keine Angiospermen-Gruppe enthält ausschließlich undifferenzierte oder hochdifferenzierte Merkmale. Die meisten Angiospermen-Familien sind eine Mischung aus mehr oder weniger differenzierten Merkmalen in unterschiedlichen Kombinationen. Es gibt keine Familie mit ausschließlich primitiven oder ausschließlich abgeleiteten Merkmalen. Das gilt auch für den Fossilbericht.[8] Bei anderen größeren Pflanzengruppen wie zum Beispiel den Farnen werden ähnliche Beobachtungen gemacht.

Auch die oben erwähnten Dinosaurier mit Vogelmerkmalen lassen sich keinesfalls in evolutionäre Abfolgen einreihen. Vielmehr sind die vogeltypischen Merkmale unsystematisch auf verschiedene Dinosauriergruppen verteilt. Wenn man Ähnlichkeitsbeziehungen graphisch darstellt, geht das am besten in Form eines Netzwerks (vgl. Abb. 8-4) und nicht so gut in Form eines Baumes. Zudem passen die Abfolgen der Mosaikformen in der Schichtenfolge der Sedimentgesteine häufig nicht zu angenommenen evolutionären Abfolgen.

Das heißt also: Unter den Fossilformen sind viele Mosaikformen bekannt. Einige von ihnen können als evolutionäre Übergangsformen interpretiert werden. Doch in den meisten Fällen ist das nicht schlüssig möglich. Grafische Darstellungen von Ähnlichkeitsbeziehungen der Mosaikformen einer größeren Formengruppe sind oft besser netzartig und nur mit Merkmalswidersprüchen in Baumform möglich. Außerdem taucht die Vielfalt der Mosaikformen im Fossilbericht insgesamt recht abrupt auf. Eine zunehmende Vielfalt und Verschiedenartigkeit wird nicht beobachtet (vgl. Abb. 8-8).

Arten mit langem Atem – „lebende" Fossilien

Zahlreiche fossile Arten sind heute ausgestorben. Daneben gibt es aber auch eine große Anzahl von Arten oder Gattungen, die von ihrem erstmaligen fossilen Nachweis bis heute im Wesentlichen gleich geblieben sind. Man spricht in solchen Fällen von „lebenden Fossilien". Sie sind ein wichtiges Indiz für die Beurteilung der beiden Ursprungsmodelle „Schöpfung" und „Evolution". Zumindest auf Grundtypebene (vgl. Kapitel 4) sind lebende Fossilien überaus häufig. So sind beispielsweise über 80 % der heutigen Säugetierfamilien auch als Fossilien bekannt (die Familien entsprechen in etwa den Grundtypen). Auch viele in Bernstein erhaltene Gliederfüßer (vor allem Insekten) gleichen auf Familienebene, oft sogar auf Gattungsebene, im Wesentlichen heutigen Formen (Beispiel in Abb. 8-16). Auch bei den Moosen sind viele der fossil bekannten Gattungen noch unter den heutigen Formen vertreten.

Wie interpretieren Evolutionstheoretiker das Indiz „lebende Fossilien"? Es wird vermutet, dass die Lebensräume dieser Organismen über sehr große Zeiträume (bis zu Hunderte Millionen Jahre) unverändert geblieben sind. So soll es keinen äußeren Antrieb zu Veränderungen gegeben haben. Allerdings scheinen viele „lebende Fossilien" auch stark wechselnde Umweltbedingungen unverändert überstanden zu haben. Ausgehend von Evolution ist schwer zu erklären, warum sich parallel dazu andere Arten in ähnlichen Lebensräumen verändert haben sollen. Lebende Fossilien entsprechen hingegen gut den Erwartungen aus der Schöpfungsperspektive. Erschaffene Grundtypen besitzen ein Variationspotenzial, das Veränderungen nur in relativ engen Grenzen erlaubt.

Abb. 8-15 Beispiel für ein „lebendes Fossil: Der heute in China vorkommende Gingko-Baum mit seinen charakteristischen Blättern ist fossil seit dem unteren Jura (etwa 200 Millionen radiometrische Jahre) bekannt. Das hier abgebildete fossile Blatt stammt aus Sedimenten des Eozäns Nordamerikas (auf 49 Millionen radiometrische Jahre datiert).

Abb. 8-16 Langkäfer (Familie Brentidae) in baltischem Bernstein

Fazit

Insgesamt weist der Fossilbericht einige Indizien auf, die zu Evolution passen: Die grobe Abfolge der Fossilgruppen und manche Zwischenformen, die als Übergangsformen interpretiert werden können. Mosaikformen können aber auch gut im Rahmen von Schöpfung als eigene Grundtypen (vgl. Kapitel 4) gedeutet werden. Andere – wie die regelhaften Abfolgen verschiedener Fossilgemeinschaften – sind aus Sicht von Schöpfung schwierig zu verstehen. Andererseits widerspricht das plötzliche, sprung-

Weshalb treten Fossilgruppen zeitlich gestaffelt und Menschenfossilien nur in den obersten Schichten auf?

Nach der biblischen Schilderung sind alle Grundtypen (Vgl. Kapitel 4) praktisch gleichzeitig (in der Schöpfungswoche) erschaffen worden. Daher stellt sich die Frage, weshalb verschiedene Gruppen von Lebewesen nacheinander, gestaffelt in der geologischen Schichtenfolge, fossil überliefert sind (Abb. 8-7). Und weshalb werden Menschenfossilien nur in den obersten Schichten gefunden? Dazu gibt es bisher im Rahmen der biblischen Schöpfungslehre keine befriedigende Antwort. Folgende Aspekte können aber eine Rolle spielen: Es ist nicht zu erwarten, dass der überwiegende Teil der Lebewesen-Gruppen fossil in den meisten Schichten zu finden ist. Es gibt Gründe aus der Sedimentologie (Bildung von Schichtgesteinen), dass nur ein Teil der Organismengruppen die Chance hatte, fossilisiert zu werden. Das gilt besonders für Landlebewesen und erst recht für den Menschen. Frühere erdgeschichtliche Katastrophen führten zum Aussterben vieler Arten, die nun als Fossilien vorliegen. Die heute lebenden Grundtypen könnten diese Katastrophen in geschützten Lebensräumen überstanden haben. Erst danach wanderten sie in ihre heutigen Biotope ein. So lautete die um 1830 aufgestellte Hypothese von Georges Cuvier, dem Begründer der Paläontologie. Das späte fossile Erscheinen des Menschen könnte auf diese Weise erklärt werden. Dieses Konzept der fossil nicht überlieferten Lebensräume wird auch heute in besonderen Fällen in der Geologie aufgegriffen. Als allgemeine Erklärung der Fossilabfolgen ist es allerdings nicht ausreichend.

Auf die Fossilüberlieferung des Menschen (vgl. Kapitel 9) kann man dieses Konzept wie folgt anwenden: Nach biblischer Überlieferung gab es den Menschen schon, seit es Leben gibt (seit der Schöpfungswoche). Doch die Menschen könnten zunächst in kleinen Populationen in geographisch eng umgrenzten, vor Katastrophen geschützten Gegenden gelebt haben; daher war die Chance einer fossilen Dokumentation gering. Erst später kam es durch klimatische Veränderungen zu ausgedehnten Savannenbildungen. Dadurch wurden weite Wanderungsbewegungen und Beutezüge des Menschen leichter möglich. Durch die Ausbreitung stieg auch die Wahrscheinlichkeit, dass Menschen bei Katastrophen umkamen und fossilisiert wurden. Es bleiben dennoch viele Fragen bezüglich der fossilen Abfolgen offen. Manfred Stephan erläutert diesen Ansatz genauer im Buch „Der Mensch und die geologische Zeittafel".

hafte Auftreten größerer Gruppen von Lebewesen im Fossilbericht einer Deutung durch Evolution, besonders, weil dieser Befund regelmäßig bei verschiedensten Tier- und Pflanzengruppen vorliegt. Dieses plötzliche Auftreten passt dagegen als Indiz für die Abgrenzbarkeit von Grundtypen. Auch die sehr große Anzahl „lebender Fossilien“ (mindestens auf Grundtyp-Ebene) ist leichter durch Schöpfung als durch Evolution zu erklären.

Offene Fragen und ungelöste Probleme der biblischen Schöpfungslehre. Wir haben nun eine Reihe von Indizien für einen Schöpfer und gegen eine evolutive Entstehung der Lebewesen vorgestellt. Aber wir haben auch darauf hingewiesen, dass manche Kennzeichen und Merkmale der Lebewesen und ihrer Vielfalt ebenso zu Evolution passen – wenn auch nicht zwingend[9] –, und offene Fragen angesprochen. Versteht man die ganze biblische Urgeschichte mit Schöpfung, Sündenfall, Sintflut und Zerstreuung der Völker nach dem Turmbau zu Babel als tatsächliches Geschehen (wie das laut dem Schriftzeugnis des Neuen Testaments auch Jesus und die Apostel getan haben), stellen sich weiterführende Fragen nach einer kurzzeitig verlaufenen, nicht-evolutionären Erdgeschichte: Wie kann man die weltweite Sintflut mit der geologischen Schichtenabfolge in Verbindung bringen? Wie können die Befunde der radiometrischen Altersbestimmungen, die hohe Alter ergeben, im Rahmen einer jungen Erde interpretiert werden? Gibt es schlüssige Modelle, wie Plattentektonik und andere geologische Mega-Prozesse in kurzer Zeit verlaufen sind? Hier sind viele Fragen offen. Nur in Teilbereichen gibt es gute Lösungsansätze und Antworten.[10] Einige dieser Aspekte werden in Kapitel 10 behandelt.

9. „Urmenschen“, Neandertaler & Co.

Die Höhle Liang Bua, in der die Knochen des Hobbit-Menschen im Jahr 2003 entdeckt wurden.

Zu den bekanntesten Fossilien gehören neben den Dinosaurierfossilien auch Fossilien von Menschen und Menschenaffen. Jeder hat zumindest schon einmal von den Neandertalern gehört. Obwohl die Forschung gerade in den letzten Jahren vieles am Bild des Neandertalers verändert hat, steht dieser Begriff doch für viele für einen sehr primitiven Menschen, der evolutionär noch nicht so hoch entwickelt war wie wir heute. Im Kontext der fossilen Funde wird oft von „Urmenschen“ oder sogar „Affenmenschen“ gesprochen. Solche Fossilien werden häufig als Bindeglieder zwischen Tieren und Menschen interpretiert. Sie gelten als Belege für eine Abstammung des Menschen aus dem Tierreich. Diese wurde vor allem auch durch bildliche Darstellungen stark popularisiert (Abb. 9-1). Darum ist es gerade hier wichtig, Daten und Deutungen voneinander zu unterscheiden.

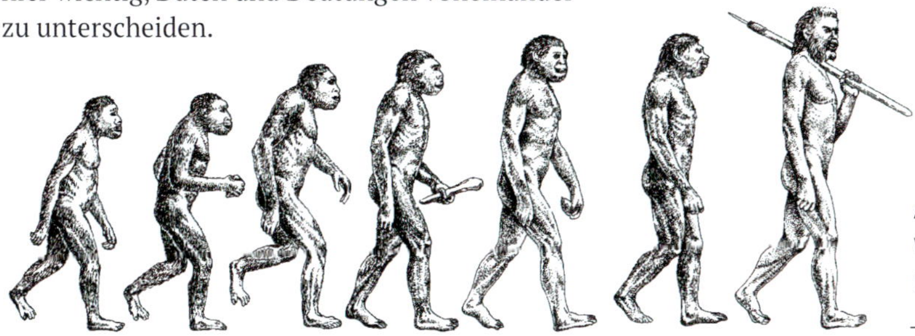

Abb. 9-1 Vom Affen zum Menschen?

Welche Merkmale sind entscheidend dafür, ob ein Fossil dem Grundtyp des Menschen zugeordnet werden kann oder nicht? Eine besondere Rolle spielen hier Merkmale, aus denen die Fortbewegungsweise erschlossen werden kann (aufrecht gehend, vierbeinig oder kletternd). Ähnlich wichtig sind Gehirngröße und Gehirnstruktur. Von großem Interesse ist außerdem, ob es Hinweise auf Werkzeugherstellung und Werkzeugnutzung gibt.

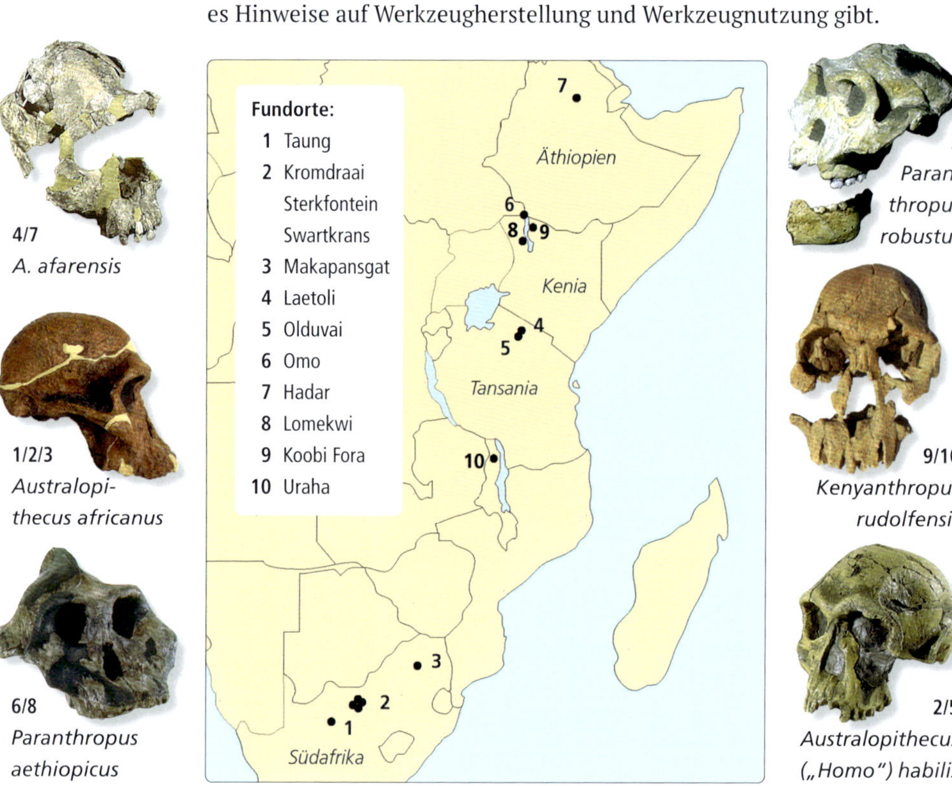

Abb. 9-2 Fossil erhaltene Schädel (-teile) aus der Formengruppe der *Australopithecus*-Artigen.

Fossile „Südaffen“ – sind das Affenmenschen? Die bedeutendste Gruppe unter den fossil bekannten Menschenaffen ist die Gattung *Australopithecus*. In ihr wird von vielen Forschern auch ein direkter Vorfahre des Menschen vermutet. *Australopithecus* bedeutet übersetzt „Südaffe“ (benannt nach dem Fundgebiet des ersten Fundes – Südafrika). Von dieser vielgestaltigen Gruppe sind etwa zehn Arten entdeckt worden. Weitere *Australopithecus*-artige Gattungen sind *Paranthropus, Ardipithecus* und die sogenannten Habilinen. Diese wurden früher als *Homo habilis* und *Homo rudolfensis* – also als Menschen – klassifiziert. Später wurden sie aus der Gattung *Homo* ausgeschlossen und werden nun manchmal *Australopithecus* bzw. *Kenyanthropus* zugeordnet. Abb. 9-2 zeigt einige Schädelfossilien von Arten dieser Gruppe.

Radiometrische Jahre: Mittels radioaktiven Zerfalls bestimmte Jahre (vgl. Kapitel 10).

Diese Formen lebten radiometrischen Datierungen zufolge (vgl. Kapitel 10) über einen Zeitraum von ca. 4 Millionen Jahren in einem Areal, das sich vom Kap der Guten Hoffnung über Ostafrika bis zur Sahelzone erstreckte. Ihre fossile Überlieferung überlappt zeitlich ab ca. 2 Millionen radiometrische Jahre vor heute mit der Fossilüberlieferung des echten Menschen (Gattung *Homo*, s. u.) (vgl. Abb. 9-8).

menschenähnlich	affenähnlich	weder - noch
• Form des Darmbeins	• Gehirnstruktur	• Breite des Beckens
	• Schnauze	• große Backenzähne
intermediär	• Brustkorb	• kleine Schneidezähne
• relative Gehirngröße	• Schulterblatt	• kräftige Jochbögen
• Kieferform	• gekrümmte Finger- und Zehengrundglieder	• zweibeiniger Gang (anders als beim Menschen)
• Proportionen der Gliedmaßen		

Tab. 9-1 Typische Merkmale der Gattung *Australopithecus*.

Auf welche Indizien berufen sich Evolutionstheoretiker, wenn sie bestimmte *Australopithecus*-Artige als mögliche evolutionäre Übergangsformen zwischen Menschenaffen und Menschen interpretieren? Insgesamt sind diese Formen dem Menschen in der Tat ähnlicher als die heute lebenden Menschenaffen. Das kann als Indiz für Evolution gewertet werden. Das Becken hat einige menschenähnliche Merkmale. Daher sind viele Forscher der Auffassung, dass ein zweibeinig-aufrechter Gang möglich war. Auch im Bereich des Gebisses und der Kieferform wird auf menschenähnliche Merkmale hingewiesen. Weiterhin wird der Gebrauch einfacher Werkzeuge diskutiert (das ist aber nicht gesichert – besonders was die Werkzeug*herstellung* betrifft). Ihre Gehirnvolumina schwanken zwischen ca. 350 und 700 cm^3 und liegen somit im Bereich der afrikanischen Menschenaffen.[1] In Relation zum Körpergewicht ist das Gehirn von *Australopithecus* jedoch etwas größer.

Um Fossilfunde realistisch interpretieren zu können, muss man das gesamte Merkmalsspektrum berücksichtigen.

Auf der anderen Seite besitzt diese Gruppe aber viele großaffentypische Merkmale, z. B. die Gehirnstruktur, eine Schnauze, ein trichterförmiger Brustkorb, die Form des Schulterblatts oder gekrümmte Zehen- und Fingerknochen. Dazu kommt, dass zahlreiche sehr spezielle Merkmale in einer Ausprägung vorkommen, wie es sie weder bei Menschenaffen noch beim Menschen gibt (Tab. 9-1). Ungewöhnlich sind z. B. der dicke Zahnschmelz, breitkronige Backenzähne und sehr kleine Eckzähne. Diese passen nicht in einen Übergangsbereich vom Affen zum Menschen.

Schon seit langem ist auch das wichtigste Indiz für eine Übergangsstellung von *Australopithecus* – die Fortbewegungsweise – umstritten. Wahrscheinlich stellte der zweibeinige Gang nur eine gelegentliche Fortbewegungsweise dar. So sprechen die schon erwähnten gekrümmten Finger- und Zehenknochen und Merkmale des Schultergürtels deutlich für eine Fortbewegung im Geäst (Abb. 9-3).

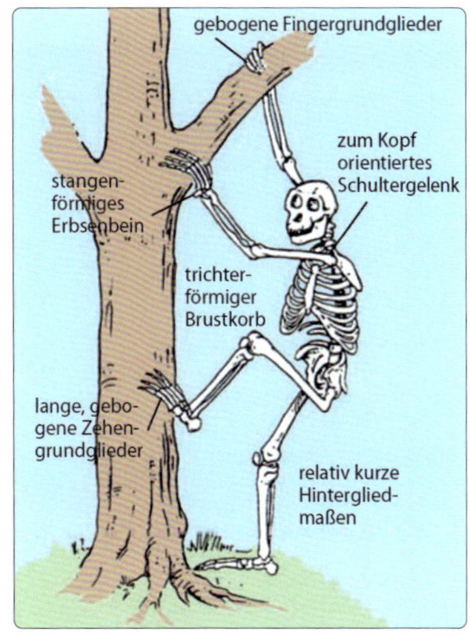

Abb. 9-3 Mögliche kletternde Fortbewegung bei *Australopithecus afarensis* und Merkmale, die für diese Fortbewegungsweise sprechen.

Allgemein gilt: Um Fossilfunde realistisch interpretieren zu können, darf man nicht nur einzelne Merkmale herausgreifen, sondern muss das gesamte Merkmalsspektrum berücksichtigen. Wird dies gemacht, zeigt sich, dass die *Australopithecus* Artigen nicht in eine Übergangsstellung zwischen Menschenaffen und Menschen passen. Das wird auch von manchen Evolutionstheoretikern eingeräumt, die deshalb nach geeigneteren Übergangsformen zwischen Menschenaffen und dem Menschen suchen.

Eine Übergangsstellung dieser Fossilgruppe zwischen Affen und Menschen ist also nicht erwiesen. Man kann vielmehr unter Berücksichtigung des gesamten Merkmalsbestands einen deutlichen Unterschied zu fossil erhaltenen Menschen (s. u.) erkennen. Der als „Südaffe" übersetzte Name *Australopithecus* ist daher durchaus passend. Aufgrund des insgesamt einzigartigen Merkmalsspektrums können diese Formen als eigenständiger, ausgestorbener Grundtyp (vgl. Kapitel 4) betrachtet werden, der nicht in einer Abstammungsbeziehung mit dem Menschen steht.

Irreführende Bezeichnungen

In populären Medien wird für *Australopithecus* und ähnliche Formen häufig die Bezeichnung „Urmensch" verwendet. Wie im Haupttext erläutert wurde, ist diese Benennung aufgrund ihrer Merkmale nicht gerechtfertigt. Sie resultiert vielmehr aus der verbreiteten Auffassung, dass der Mensch evolutiv aus diesen Formen hervorgegangen sei. Der Begriff „Urmensch" ist somit irreführend. Dasselbe gilt für manche Gattungen, die den Wortteil „*-anthropus*" (gr. *anthropos* = Mensch) im Namen tragen – wie die im Haupttext besprochenen Gattungen *Kenyanthropus* und *Sahelanthropus*, die eindeutig keine Menschen waren.

Zitate von Fachleuten zur Entstehung des Menschen

Henry Gee: „Es wird immer deutlicher, dass die althergebrachte Vorstellung von der Menschheitsevolution nicht der Realität entspricht. Eine Schritt für Schritt nachvollziehbare Wandlung von einem Affenwesen über immer menschlichere Zwischenstufen bis hin zum modernen Menschen hat vermutlich nicht stattgefunden – zumindest nicht in geordneter Reihenfolge. Stattdessen hat es offenbar anatomische Parallelentwicklungen bei den verschiedenen Linien der Vorfahren gegeben, und das auch noch zu verschiedenen Zeiten. Die Zuordnung neuer Skelettfunde wird für die Experten immer schwieriger." (ZEIT 13/2001)

Aiello & Collard kommentieren im renommierten Wissenschaftsjournal Nature (Bd. 410, S. 527): „Wahrscheinlich ist es vorerst am besten, die Benennung von Vorfahren zu vermeiden und eine einfache Teilung vorzunehmen: nämlich eine Teilung zwischen menschenähnlichen Formen mit altertümlichen Aspekten und solchen mit modernen Aspekten (*Homo sapiens* und die anderen *Homo*-Arten)."

Hominine: Menschenähnliche; alle fossilen und lebenden Menschenformen einschließlich ihrer im Evolutionsmodell vermuteten unmittelbaren Vorläufer.

Neue Funde seit der Jahrtausendwende – kein Stammbaum mehr

Zu Beginn dieses Jahrtausends haben neue „Urmenschen"-Funde von sich reden gemacht: Zu ihnen gehört der sog. „Millennium-Mensch" (Gattungsname *Orrorin*). Er verdankt seinen Namen seiner Entdeckung kurz vor der Jahrtausendwende. Ein weiteres Fossil mit dem neuen Gattungsnamen *Kenyanthropus* („Kenya-Mensch“) wurde im Jahr 2001 beschrieben. Im Jahr 2003 folgte *Sahelanthropus* („Mensch aus Sahel“, mit ca. 350 cm³ Hirnvolumen). Später kam noch *Homo naledi* mit 465–610 cm³ Hirnvolumen dazu. Beispielhaft beschäftigen wir uns kurz mit diesen Formen.[2]

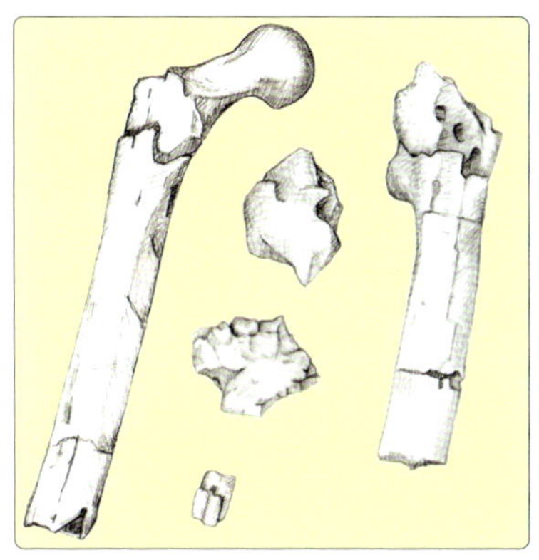

Abb. 9-4 Von *Orrorin* sind nur einige Zähne, drei Oberschenkelstücke und ein Oberarmknochen sowie Fingerknochen fossil erhalten.

Von *Orrorin* (Abb. 9-4, radiometrisch auf 6 Millionen Jahre datiert) wurden nur 13 fossile Knochen gefunden: einige Zähne, drei Oberschenkelstücke und ein Oberarmknochen sowie Fingerknochen.[3] Sie stammen von mindestens fünf Individuen. Mit vermutlich 1,50 m Körpergröße war er deutlich größer als *Australopithecus*. Der relativ große Oberschenkelkopf könnte auf einen aufrechten Gang hindeuten, der „menschlicher“ war als bei den *Australopithecus*-Artigen. Die Art des Gangs kann auf Basis der gefundenen Fossilfragmente jedoch nicht sicher beurteilt werden. Der kräftige Oberarmknochen und die leicht gebogenen Fingerknochen weisen eher auf die Lebensweise eines Baumbewohners hin – ähnlich wie z. B. die des Schimpansen.

Zu einer möglichen Interpretation als Vorfahr des Menschen äußern sich viele Forscher kritisch. *Orrorin* könnte genauso ein Vorfahre des Schimpansen oder ein ausgestorbener miozäner Menschenaffe sein. Aus der Sicht der Schöpfungslehre kann er als Angehöriger eines eigenen Grundtyps (vgl. Kapitel 4) interpretiert werden.

Das „Flachgesicht“ *Kenyanthropus platyops* (Abb. 9-5) wurde auf 3,5 Millionen radiometrische Jahre datiert. Es zeigt eine einzigartige Kombination von sogenannten primitiven und fortschrittlichen Merkmalen: Das höchstens schimpansengroße Gehirn und die Ohröffnung sind so klein wie bei den Schimpansen.[4] Der Zahnschmelz auf den Backenzähnen ist dick wie bei einigen *Australopithecus*-Artigen. Die oberen Vorbackenzähne sind dreiwurzelig wie bei *Paranthropus*. Die Wangenknochen ähneln dem flächig ausgezogenen Teil unterhalb der Nase von *Kenyanthropus rudolfensis*. Die Form des Oberkiefers entspricht der von *Australopithecus habilis*. Die Backenzähne sind klein wie beim Menschen.

Abb. 9-5 *Kenyanthropus platyops*

Diese ungewöhnliche Merkmalskombination erlaubt auch bei diesem Fund keinen einfachen Einbau in einen einigermaßen widerspruchsfreien Stammbaum. Möglicherweise kann *Kenyanthropus* in den Grundtyp der *Australopithecus*-Artigen gestellt werden.

Von der Gattung *Sahelanthropus* (Abb. 9-6) wurde ein Schädel aus Zentralafrika beschrieben. Mit einem Alter von fast 7 Millionen radiometrischen Jahren gilt er für viele inzwischen als ältester **Hominine**. *Sahelanthropus* weist ein erstaunliches Mosaik von menschenaffenartigen und eventuell auch menschenähnlichen Merkmalen auf: Der Schädel sieht von hinten aus wie ein afrikanischer Menschenaffe. Von vorne ähnelt er einem robusten *Australopithecus*, mit dickem Zahnschmelz und relativ großen Kauflächen. Die Position des Hinterhauptslochs könnte auf einen aufrechten Gang hinweisen, doch dies ist fraglich. Der Fund bereitet aufgrund des Merkmalsmixes beträchtliche Deutungsschwierigkeiten. Da vom Skelett unterhalb des Schädels nichts

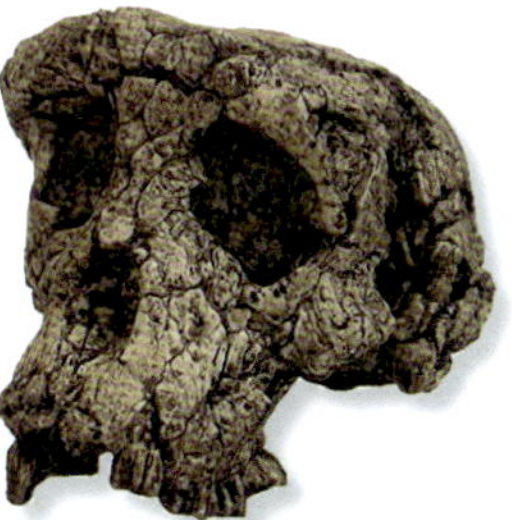

Abb. 9-6 *Sahelanthropus*

Abb. 9-7 Zwei Schädelfossilien von *Homo naledi.* Diese Art war trotz des Gattungsnamens „Homo" kein Mensch. Von der Seite gesehen zeigt ein Schädeltyp (links) eine lange und niedrige Form und verfügt über eine lange leicht geneigte Stirn, die glatt in die Augenbrauen übergeht. Der andere Schädeltyp (rechts) ist sehr kurz und rund und besitzt eine steil ansteigende Stirn, die durch eine flache Rinne von den gut ausgebildeten Augenbrauen abgegrenzt ist.

fossil überliefert ist, fehlen wichtige Informationen, um diesen Fund einzuordnen. Einige Forscher halten den neuen Fund für einen Proto-Gorilla, der nichts mit einem Vorfahren des Menschen zu tun hat. *Sahelanthropus* lässt sich jedenfalls nicht leicht in ein Evolutionsschema einordnen.[5]

Homo naledi (Abb. 9-7) wurde in einer Höhle bei Johannesburg (Südafrika) gefunden. Sein Alter wird mit 236.000 bis 335.000 radiometrischen Jahren angegeben. Aufgrund menschlicher Merkmale im Bereich der Beine wurde vermutet, dass *Homo naledi* einen menschenartigen zweibeinigen Gang praktizierte. Merkmale der Handwurzelknochen wurden als Hinweise auf die Fähigkeit, Werkzeuge zu gebrauchen, gedeutet. Doch diese Schlussfolgerungen sind aufgrund des fossilen Belegmaterials unsicher. Sie gehören zu den spekulativsten Schlüssen in der Paläanthropologie. Außerdem sind Schulter und Brustkorb großaffenähnlich und zeigen wie die Finger- und Fußglieder deutliche Kletteranpassungen. Neben seinen einmaligen Merkmalen zeigt er auch viele *Australopithecus*-ähnliche Merkmale. Besonders wegen seiner Kletteranpassungen sollte diese Form nicht zu den Menschen, sondern zu den nichtmenschlichen Homininen gestellt werden. Vielleicht repräsentiert *„Homo" naledi* einen eigenen Grundtyp.

Viele Fossilformen, die die Bezeichnung „Mensch" tragen, sind keine Menschen.

Viele dieser Gattungen tragen die Bezeichnung „Mensch" (*anthropus*, griech. = Mensch, *homo*, lat. = Mensch) im Namen. Aufgrund ihres Körperbaus – soweit dieser fossil bekannt ist – ist diese Bezeichnung nicht gerechtfertigt. Sie wird daher auch von manchen evolutionstheoretischen Forschern abgelehnt. Diese Namensgebung spiegelt die fragwürdige Gepflogenheit wider, dass Formen, die sich aus evolutionstheoretischer Sicht auf dem Weg zum Menschen befinden könnten, kurzerhand als „menschlich" eingestuft werden.[6]

Vom Stammbaum zum „Grundtyp-Gebüsch"? In den letzten Jahrzehnten wurden außer den genannten Formen noch weitere neue fossile Arten entdeckt (*Australopithecus sediba, A. deyiremeda* und der *Australopithecus*-artige *Homo luzonensis*). Dabei zeigte sich eine klare Tendenz weg von einem relativ einfachen Stammbaum – vom Tier zum Menschen – hin zu einem komplizierten Netzwerk von Ähnlichkeiten und unklaren Abstammungsverbindungen (Abb. 9-8 vermittelt einen Eindruck davon). Bildhaft ausgedrückt: Der Stammbaum „verbuscht" zusehends.[7] Die bekannten Fossilien lassen sich nicht gut in eine stimmige Abstammungslinie hin zum Menschen einordnen. Bei jeder Art bzw. Gattung kommen Merkmale vor, die den jeweiligen Stammbaumdarstellungen widersprechen. Man spricht von Merkmalswidersprüchen: Je nach Gewichtung der verschiedenen Merkmale ergeben sich daher unterschiedliche Stammbaum-Rekonstruktionen.

Aus der Sicht der Grundtypenbiologie der Schöpfungslehre lässt sich diese Situation so deuten: Bei den *Australopithecus*-Artigen handelt es sich um einen vielgestaltigen Grundtyp mit zahlreichen präexistenten Merk-

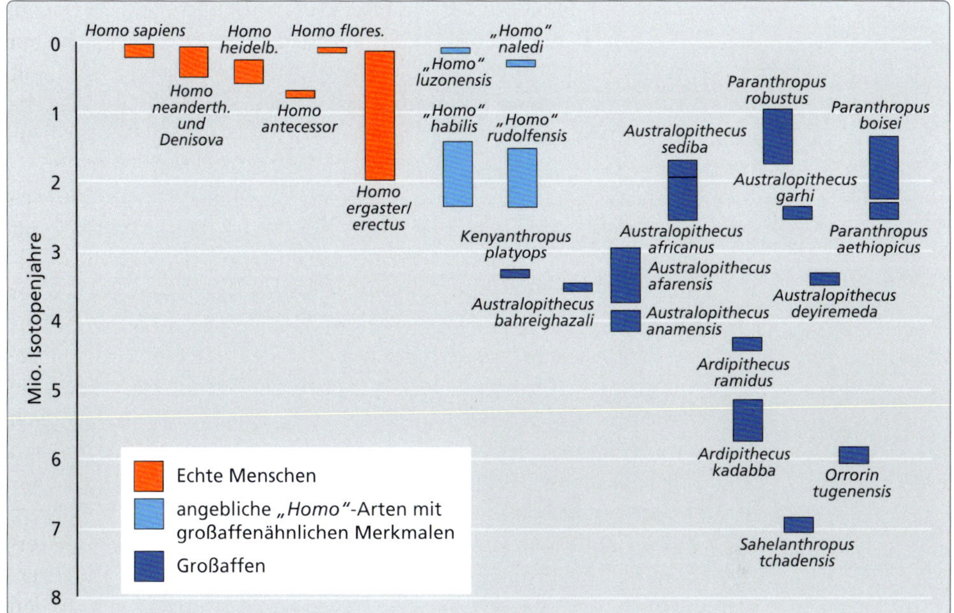

Abb. 9-8 Die fossilen Homininen-Arten und ihr zeitliches Auftreten in den Schichtenfolgen. „Isotopenjahre" sind radiometrisch bestimmt (siehe dazu Kapitel 10). Die Vielfalt der Formen lässt sich kaum in einen Stammbaum bringen.

malen. Diese können innerhalb des Grundtyps in unterschiedlichster Weise abgerufen oder kombiniert werden (vgl. Kapitel 4). Das würde die netzförmigen Ähnlichkeitsbeziehungen erklären. Manche Formen wie *Orrorin* könnten auch zu anderen Grundtypen gehören.

Fossilien von Menschen

Die ersten sogenannten „echten Menschen" (Gattung *Homo*) besiedelten Afrika und Eurasien. Nach herkömmlichen Datierungen wird das Alter des Menschen mit etwa 2 Millionen Jahren angegeben (siehe dazu aber Kapitel 10). Weiter oben wurden drei Kriterien für die Einordnung als Mensch genannt, die an Fossilien oder Hinterlassenschaften untersucht werden können: Fortbewegungsweise, Gehirnstruktur und Werkzeugherstellung. Die echten Menschen (*Homo erectus, H. neanderthalensis* und *H. sapiens*) haben einen eindeutig menschlich aufrechten Schreitgang. Sie besitzen ein menschenartiges Gehirn (soweit das an Fossilien erkennbar ist). Außerdem haben sie Werkzeuge hergestellt. Gerade in Bezug auf den aufrechten Gang und die Werkzeugherstellung unterscheiden sie sich deutlich von den nichtmenschlichen Formen (also von *Australopithecus* und den anderen oben beschriebenen Gattungen).

Betrachtet man alleine die Gehirngröße, stellt sich die Situation anders dar. Hier bietet der Fossilbefund ein gutes Indiz für eine Verbindung von Menschenaffen und Menschen. Denn manche Fossilien, die aufgrund des gesamten Merkmalsbestandes als Menschen einzustufen sind, besaßen ein sehr kleines Gehirn. Die „Zwergen"-Art *Homo floresiensis* aus Indonesien – wegen seiner geringen Körpergröße auch als „Hobbit-Mensch" bezeichnet und radiometrisch auf 60.000–100.000 Jahre datiert – hatte z.B.

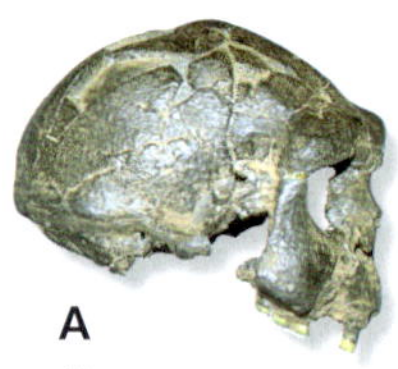

A
Homo erectus

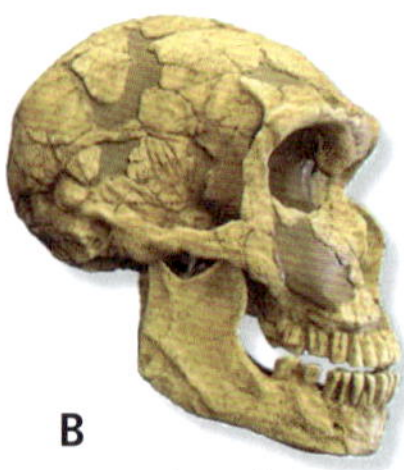

B
Neandertaler

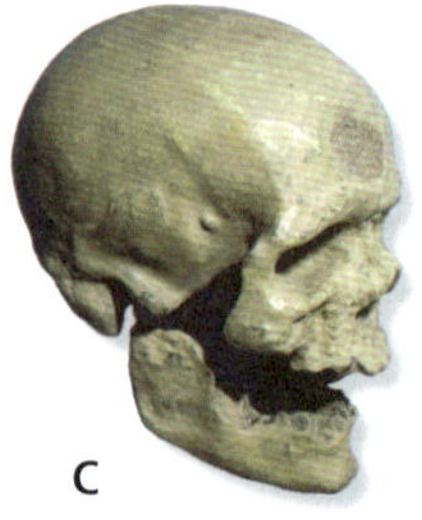

C
Homo sapiens

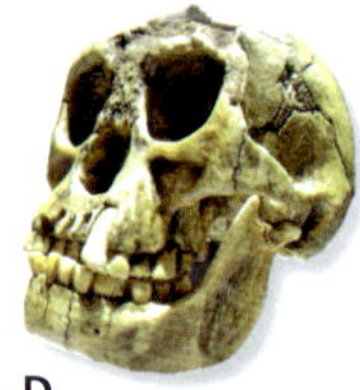

D
Flores-Mensch

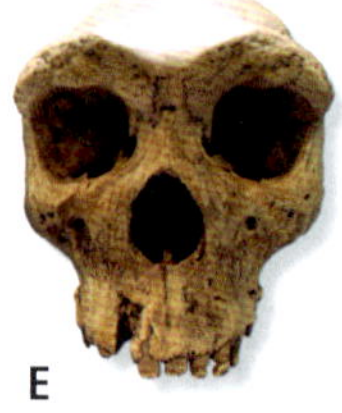

E
Homo heidelbergensis

Abb. 9-9 Fossilien des Menschen.

nur ca. 430 cm^3 Gehirnvolumen (Abb. 9-9D). Aufgrund seiner sonstigen Merkmale und seines ausgeprägten Werkzeuggebrauchs wird diese Art dennoch meist als Mensch eingestuft. Die Gehirngröße alleine kann also nicht als sicheres Maß für menschliche Intelligenz verwendet werden. Die an Schädelinnenabdrücken manchmal erkennbare strukturelle Architektur des Gehirns ist hingegen entscheidend für die Zugehörigkeit zur Gattung *Homo*. Auch andere menschliche Formen z. B. aus Georgien besaßen ein sehr geringes Gehirnvolumen (ca. 550-775 cm^3), trotz menschlichen Körperskeletts. Das Gehirnvolumen ermöglicht also keine klare Abgrenzbarkeit zwischen menschlichen und nichtmenschlichen Formen. Außerdem haben jünger datierte Formen tendenziell größere Gehirnvolumina (mit einigen Ausnahmen wie z. B. der Neandertaler). Mit dem übrigen Skelett (Rumpf und Gliedmaßen) verhält es sich bei den *Australopithecus*-Arten teilweise jedoch genau umgekehrt: je jünger, desto unähnlicher dem Menschen.[3]

Generell kann man gestaltlich drei große Gruppen von Menschen voneinander unterscheiden: die Gruppe um *Homo erectus* und *Homo ergaster* (Abb. 9-9A), den Neandertaler *Homo neanderthalensis* (Abb. 9-9B) und *Homo sapiens* (Abb. 9-9C). Ihre jeweils charakteristischen Merkmale (siehe Kasten Seiten 139/140) zeigen dabei jedoch fließende Übergänge zu den jeweils anderen Menschengruppen. Solche Formen haben oft einen eigenen Artnamen erhalten – zum Beispiel *Homo heidelbergensis* (Abb. 9-9E) aus Deutschland oder *Homo antecessor* aus Spanien.

Ähnlich wie bei nichtmenschlichen Homininen-Fossilien (*Australopithecus* und anderen) haben neue Schädelfunde zu einer zunehmenden Vernetzung von Merkmalsübereinstimmungen geführt. Viele Schädel früher Menschen weisen einmalige Merkmalskombinationen auf. Diese lassen sich bei weitem nicht widerspruchsfrei in Stammbäume einordnen.[4] Diese vernetzten Merkmalsbeziehungen weisen zusammen mit Ergebnissen genetischer Studien auf komplexe Verwandtschaftsverhältnisse unter den Frühmenschen hin. Das heißt: Es dürfte viele Fortpflanzungsbeziehungen und Überlappungen zwischen verschiedenen Menschenformen gegeben haben (Abb. 9-10). Das spricht dafür, dass sie alle zu einer einzigen Fortpflanzungsgemeinschaft gehören. Aus Sicht der Grundtypenbiologie kann man sie als unterschiedliche Ausprägungen innerhalb eines vielgestaltigen Grundtyps „Mensch“ interpretieren. Die Situation ist somit ähnlich wie bei den vernetzten Merkmalsbeziehungen der *Australopithecus*-Artigen. Diese bilden aber insgesamt eine eigene – von den *Homo*-Formen abgrenzte – Gruppe.

Auch zeitlich gibt es unter den Menschenformen Überlappungen. Fossilien von *Homo erectus* gehören zwar mit Abstand zu den geologisch ältesten menschlichen Fossilien (ab ca. 2 Millionen radiometrische Jahre). In Südostasien überlappte die Zeitspanne von *Homo erectus* jedoch beinahe die Spanne seines möglichen Nachfahren *H. floresiensis* (s. o.). In den jüngeren Schichten kommen sogar vier menschliche Arten zeitgleich vor: *Homo neanderthalensis* in Europa, Denisova in Asien, *Homo erectus* auf Java und *Homo sapiens* in der ganzen Alten Welt.

Die wenigen fragmentarischen Funde von *„Homo“ habilis* (Abb. 9-2) zeigen, dass dieser trotz seines Namens und relativ großem Gehirn (ca.

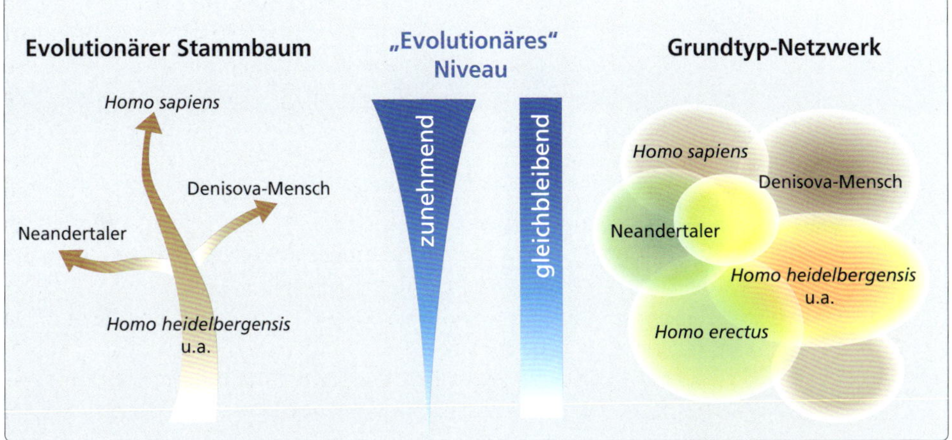

Abb. 9-10 Verwandtschaftsverhältnisse des Menschen nach dem Abstammungsmodell (Evolution, links) und dem Grundtypmodell. Die einzelnen menschlichen Formen besitzen im Schädelbereich verschiedene Merkmalskombinationen. Diese überlappen in unterschiedlicher Weise und gleichen in ihren Ähnlichkeitsbeziehungen daher eher einem Netzwerk als einem Baum. Auch Untersuchungen des Erbguts deuten auf solche Überlappungen hin. Diese Situation passt gut zum Grundtypmodell der Schöpfungslehre. Dort kann aufgrund von angelegter Vielfalt innerhalb eines Grundtyps (hier Grundtyp Mensch) mit verschiedensten Merkmalskombinationen gerechnet werden (vgl. Kapitel 4).

Schwierige Rekonstruktionen

Rekonstruktionen sind oftmals problematisch. Das ist umso mehr der Fall, je weniger Überreste fossil erhalten sind. Wird aus einigen Kieferbruchstücken oder aus Teilen von Beinen und Füßen eine Ganzkörper-Rekonstruktion erstellt, ist das nicht seriös – wurde aber dennoch gemacht. Aber selbst, wenn die Fundsituation besser ist, können viele wichtige Details oft nicht sicher rekonstruiert werden. Denn Weichteile wie z. B. Sehnen fehlen. Diese sind aber für die Rekonstruktion von Händen und Füßen wichtig, welche wiederum eine Voraussetzung für die Rekonstruktion der Fortbewegungsweise sind. Besonders irreführend können Darstellungen von Gesichtern sein. Im menschlichen Auge gibt es weiße Bereiche, in den Augen von Menschenaffen dunkle. Wenn Menschenaffen mit weißen Augen rekonstruiert werden, wirken sie menschlicher. Aus den Fossilbefunden sind die Augen aber gar nicht rekonstruierbar. Ebenso sind filmische Darstellungen von sich bewegenden „Urmenschen" oder „Affenmenschen" irreführend. Hierzu werden Menschen in entsprechende Kostüme gesteckt, und sie bewegen sich dann menschenartig mit scheinbar affenähnlichem Körper, oder es handelt sich um Computeranimationen. Bei solchen Bewegtbildern sollte man im wahrsten Sinne des Wortes seinen Augen nicht trauen.

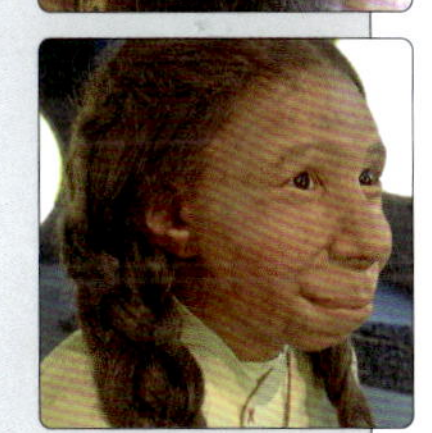

Der Neandertaler wurde schon auf verschiedenste Weise rekonstruiert. Dabei waren oft Vorurteile oder Mutmaßungen mit im Spiel. Heute ist unbestritten, dass der Neandertaler ein Mensch war und menschlich wirkte.

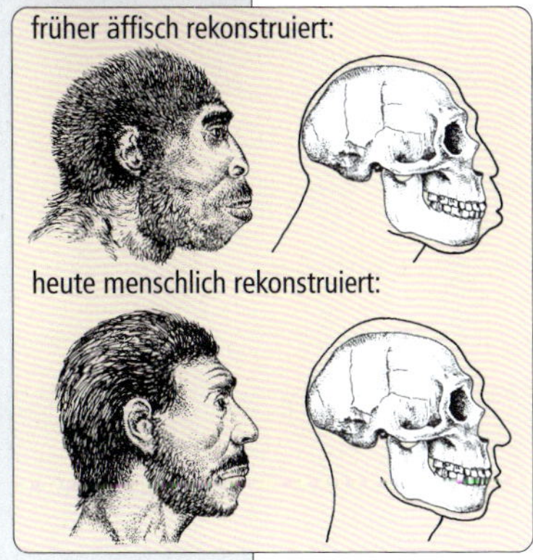

500-800 cm³) gar kein Mensch war. Sein Skelett weist großaffenartige Klettermerkmale auf und besitzt im Gegensatz zu *Homo erectus* (mit dem er 0,5 MrJ zeitgleich lebte) Gliedmaßenverhältnisse wie *Australopithecus*. Auch die meerkatzenartigen Bogengänge im Innenohr widersprechen einem dauerhaft menschlich-aufrechten Gang. Zudem sprechen *Australopithecus*-artige Unterkiefer, Zähne und Zahnabnutzungsmuster gegen eine menschliche Ernährungsweise.

Abb. 9-11 Viele unterschiedliche Merkmalsausprägungen: Inuit in der Arktis und Massai in Ostafrika.

Unterschiede: Evolutionär oder funktionell bedingt? Viele Merkmalsausprägungen innerhalb von Grundtypen lassen sich durch unterschiedliche Umwelt- oder Klimabedingungen erklären. Auch heute haben beispielsweise kälteangepasste Volksgruppen wie die Inuit in der Arktis (Abb. 9-11) oder die Sámi in Lappland kurze, stämmige Körper mit kurzen Extremitäten. Die Massai Ostafrikas (Abb. 9-11) hingegen haben einen hochgewachsenen, schlanken Körper mit langen Extremitäten. Der Körperbau steht im Zusammenhang mit dem Wärmehaushalt. Möglicherweise lassen sich auch fossile Formen wie *Homo erectus* durch solche Klimaanpassungen erklären. Beim Neandertaler wurden ähnliche Proportionen wie bei den heutigen Sámi festgestellt. Auch Gehirngröße und Klimabedingungen dürften zusammenhängen, da besonders über den Schädel ein Wärmeaustausch mit der Umgebung erfolgt. Jedenfalls lässt sich an heutigen Menschen ein auffälliger Zusammenhang zwischen Klimazonen und Gehirngröße erkennen: Die Gehirnvolumina werden tendenziell größer, je kühler das Klima wird. Je heißer die Sonne hingegen brennt, desto tendenziell kleiner ist das menschliche Gehirn (Abb. 9-12).

Nun bildet der Schädel aber ein funktionales Ganzes. Die Gehirngröße wirkt sich daher auf die gesamte Konstruktion aus. Bei einem kleinen Gehirn (wie bei *Homo erectus*) ist die Stirn automatisch niedriger. Daher kann es sein, dass der Kaudruck, der vom Kieferapparat auf den Gehirnschädel wirkt, durch massiveren Knochenaufbau und möglicherweise durch Überaugenwülste – als Widerlager gegen die Kaukräfte – aufgefangen und umgeleitet werden muss. Somit wären die Einzelmerkmale „kleines Gehirn – fehlende Stirn – Überaugenwülste“ funktional gekoppelt.

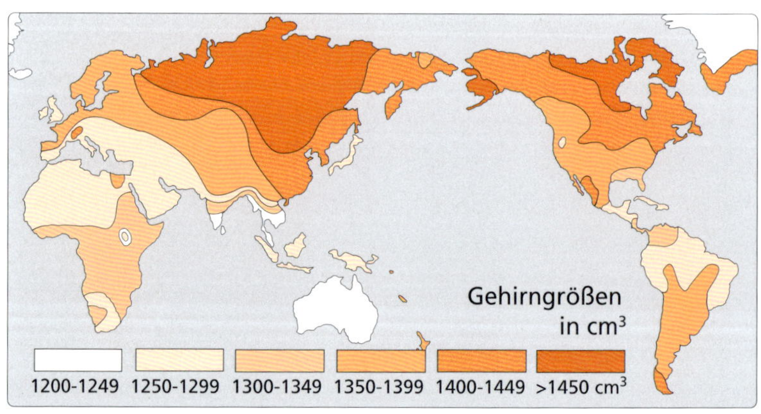

Abb. 9-12 Verteilung der absoluten Gehirngrößen heutiger Menschen. Die in kühleren nördlichen Breiten lebenden Populationen besitzen größere Gehirne (dunkelbraun), während in zunehmend heißeren Klimazonen die Gehirngrößen abnehmen (hellbraun).

Was unterscheidet die menschlichen fossilen Formen?

Die *Homo ergaster/erectus*-Gruppe. Typisch für diese Menschengruppe sind ausgeprägte Überaugenwülste, ein niedriger und langgezogener Gehirnschädel, ein relativ kleines Gehirn, eine flache Stirn und eine massive Kieferkonstruktion mit vorspringender Kieferpartie und fliehendem Kinn (vgl. Abb. 9-9A). Auch wenn sich diese Schädelmerkmale stark von denen des heutigen Menschen unterscheiden, trifft dies nicht auf die grundlegende Konstruktion des Schädels zu. Die Gehirngröße ist zwar gering (meist zwischen 800 und 1100 cm^3), liegt aber doch meistens innerhalb der Variationsbreite des heutigen Menschen und nur vereinzelt darunter. Die aus Schädelinnenausgüssen ableitbare Gehirnstruktur ist eindeutig menschlich, ebenso die Schädelbasisknickung und die Nasenkonstruktion. Der Knochenbau des Rumpf- und Extremitätenskeletts ist in seinen Proportionen dem heutigen Menschen sehr ähnlich. Er zeichnet sich nur durch seine mehr oder weniger starke Robustheit aus. Mehrere Teilskelette aus Afrika zeigen, dass diese Form menschlich-aufrecht ging. Tierknochen, die wahrscheinlich nach einem bestimmten Muster aufgeschlagen wurden, um an das Mark zu gelangen, deuten auf Fleischverzehr hin. Parallele Schnittspuren an Langknochen sind ein Hinweis auf ein systematisches Zerlegen der Beute. Bei späteren *erectus*-Formen weiß man sogar von ziemlich ausgefeilten Jagdtechniken (z. B. aufgrund hervorragend gebauter Speere) und dem Einsatz von Feuer.
Aufgrund ihrer Hinterlassenschaften muss man auch alle anderen menschlichen Verhaltensweisen bei *Homo erectus* und *Homo ergaster* vermuten. Ihr künstlerisches und technisches Verständnis ist weit besser ausgeprägt, als bislang meist angenommen wurde. Bei *Homo erectus* auftretende Merkmale finden sich in etwas schwächerer Ausprägung auch bei manchen heutigen Menschenformen, z. B. bei den australischen Ureinwohnern (Aborigines; Abb. 9-14).

Unterschiede im Schädelbau können auch auf unterschiedlichen Ernährungsweisen und Klimabedingungen beruhen.

Der Neandertaler. Der Neandertaler *(Homo neanderthalensis)* zeichnet sich durch eine Reihe von Merkmalen aus, die ihn in der Regel von den heutigen Menschen unterscheiden: Er hatte ein robustes Skelett, eine gedrungene Körperstatur, ein vorspringendes Mittelgesicht, ein ziemlich großes Gehirn und eine relativ langgestreckte Schädelform. Die einzelnen Merkmale des Neandertalers befinden sich aber innerhalb der Variationsbreite von *Homo sapiens* (vgl. auch Kasten „Rekonstruktionen" auf S. 137). Erst die Summe der Merkmale ergibt die recht gut abgrenzbare, spezialisierte Form des Neandertalers. Sie könnte in Verbindung mit einer Kälteanpassung stehen. Auch das relativ und absolut größere Gehirn und die einzigartige Form des Gesichts („Spitzgesicht": hervorspringendes Mittelgesicht, vgl. Abb. 9-9B) werden häufig als Klimaanpassungen verstanden. Es bestehen kaum Zweifel, dass Neander-

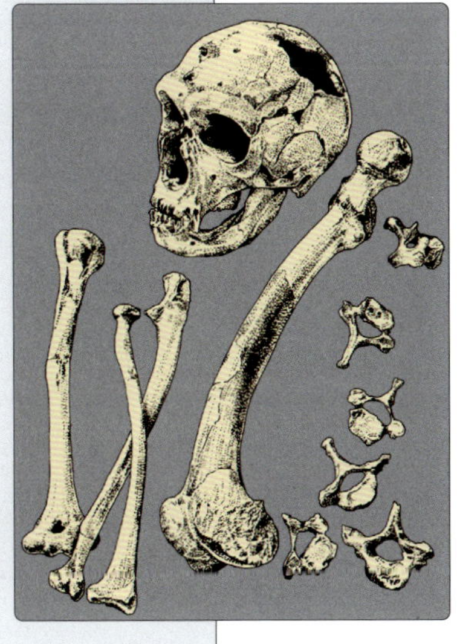

taler über Sozialstrukturen verfügten, ihre Toten bestatteten und die gleichen Artikulationsmöglichkeiten wie der heutige Mensch besaßen (Zungenbein und Mittelohrknochen beim Neandertaler und seinem Vorgänger *Homo heidelbergensis* sind menschlich). Auch kultische und musische Leistungen gehörten zu seinem Alltag. Die Neandertaler stellten Schmuck und Musikinstrumente her (vgl. Abb. 9-13). Die frühere Vorstellung vom Neandertaler als einem sehr primitiven Wesen ist längt widerlegt. Es gibt kaum Indizien dafür, dass Körperbau und Verhaltensrepertoire des Neandertalers „primitiver" als beim heutigen Menschen waren, auch wenn es im Körperbau deutliche Unterschiede zum heutigen Menschen gibt.

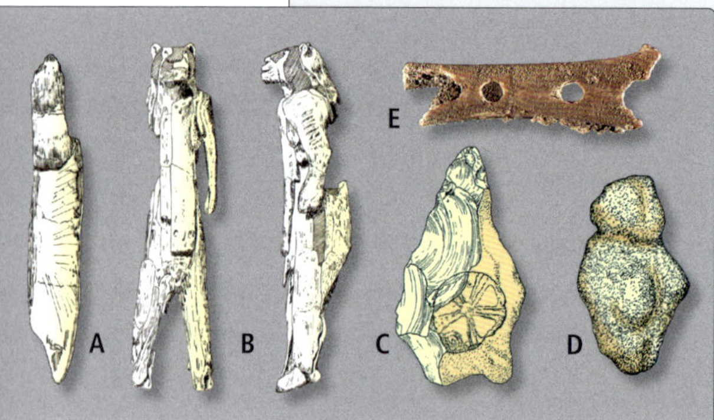

Abb. 9-13 Alte Kunst:
A Ein in Bilzingsleben/Thüringen gefundener Elefantenknochen mit einem Ritzmuster, bei welchem es sich sehr wahrscheinlich um einen Mondkalender handelt (0,4 MrJ).
B Eine möglicherweise vom Neandertaler hergestellte 28 cm hohe, löwenköpfige menschenartige Figur aus Mammutelfenbein; Hohlenstein-Stadel bei Asselfingen/Schwäbische Alb, auf 32 000 rJ datiert.
C Feuersteinhandaxt aus Norfolk mit fossilem Seeigel, evtl. 0,8 MrJ.
D Eine weibliche Figur aus vulkanischem Gestein vom Acheuléenort Berekhat Ram, Israel. Mit einem datierten Alter von 233 000–280 000 Jahren ist es wahrscheinlich die älteste bekannte figürliche Darstellung.
E Eine aus einem Oberschenkelknochen eines Bären hergestellte Neandertaler-Flöte aus Mousterien-Schichten Sloweniens, 0,04 MrJ.

***Homo sapiens* – der „weise" Mensch.** Typisch für den anatomisch „modernen" Menschen (*Homo sapiens*, Abb. 9-9C) sind ein graziler Schädelbau, ein relativ kurzer hochgewölbter Schädel, schwächere Muskelansatzstellen, schwach ausgeprägte oder fehlende Überaugenwülste, ein ausgeprägtes Kinn und ein graziles Skelett. Schon frühe Funde belegen eine ausgefeilte Werkzeugtechnik und große kulturelle Vielfalt. Gerade diese enorme kulturelle Vielfalt steht in starkem Kontrast zur vergleichsweise geringen Vielfalt an körperlichen Merkmalen innerhalb der Gattung *Homo*. Das kann als Rest einer ursprünglich sehr viel größeren Vielfalt innerhalb des Grundtyps Mensch interpretiert werden.

Gerade die enormen kulturellen Fähigkeiten des Menschen deuten darauf hin, dass der Mensch nicht nur ein materielles Wesen ist, sondern geistige Aspekte eine wesentliche Rolle spielen – im Gegensatz zu Tieren!

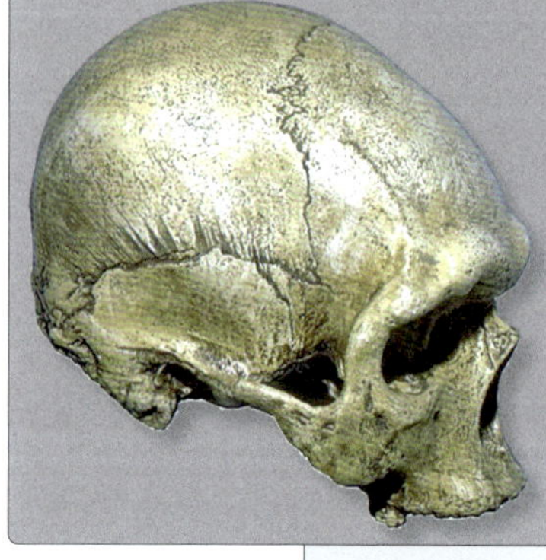

Abb. 9-14 Schädel eines heutigen australischen Ureinwohners.

Solche Unterschiede haben also nichts mit Evolution oder evolutionären Trends zu tun. Sie sind vielmehr Ausdruck von Anpassungsfähigkeit innerhalb eines Grundtyps mit einem großen Variationspotenzial (vgl. Kapitel 4).

Zusammenfassung

Bei der Deutung von Fossilien ist es wichtig, den gesamten Merkmalsbestand zu berücksichtigen. Es wäre unsachgemäß, aufgrund einzelner Merkmale weitreichende Schlussfolgerungen zu ziehen. Bei manchen Formen ist der Fossilbefund dürftig. Rekonstruktionen der Fortbewegungsweise oder der Fähigkeit zur Werkzeugherstellung sind alleine auf Basis von Skelettresten oft nicht sicher möglich.

Die *Homo*-Formen sind unter Berücksichtigung des kompletten Merkmalsbestandes deutlich gegen *Australopithecus* und andere fossile Menschenaffen-Gruppen abgegrenzt. Zwar unterscheiden sich *Homo erectus/ergaster*, der Neandertaler und verschiedene sogenannte „Mischformen" in manchen Merkmalsausprägungen vom heutigen Menschen, dennoch ist ihr Status als Mensch gut begründet. Viele der Merkmalsausprägungen bewegen sich außerdem innerhalb der Bandbreiten, die auch heute beim Menschen zu beobachten sind. Das gilt weitgehend auch für die Gehirngröße. Für sich alleine betrachtet kann diese ohnehin nicht als eindeutiger Maßstab für die geistigen Kapazitäten gelten. Das haben erst vor kurzem die Funde des „Hobbit"-Menschen gezeigt. Daraus folgt: Körperliche Unterschiede zwischen fossilen Formen und dem heutigen Menschen sind nicht notwendigerweise als evolutionäre Abstufungen oder Höherentwicklungen zu deuten, sondern können als Ausdruck einer Anpassungsfähigkeit des Grundtyps Mensch interpretiert werden. Dies wird dadurch unterstützt, dass manche Merkmalsausprägungen in eine Beziehung zu klimatischen Verhältnissen gebracht werden können. Außerdem zeigt sich, dass die unterschiedlichen Merkmalsausprägungen in verschiedenen Kombinationen auftreten, die sich kaum stammbaumartig darstellen lassen. Aus dem vermuteten Stammbaum wurde ein „Stammbusch", dessen „Dickicht" mit jedem Fund undurchschaubarer wird. Ein solcher „Stammbusch" kann gut als ein Formenspektrum innerhalb eines Grundtyps (vgl. Kapitel 4) interpretiert werden – hier des Grundtyps „Mensch". (Zur Frage, weshalb Menschenfossilien nur in den obersten Schichten vorkommen, siehe die Kastentexte auf S. 126 und S. 156.)

Auch die Vielfalt der menschenaffenartigen *Australopithecus*-Artigen lässt sich nicht gut in ein Abstammungsschema bringen. Die verschiedenen Formen dieser Gruppe sind ebenfalls eher netzartig miteinander verbunden. Sie können als variabler Grundtyp zusammengefasst werden, der insgesamt relativ deutlich vom Grundtyp des Menschen abgegrenzt ist.

10. Kann das Alter des Lebens bestimmt werden?

Jedes Modell über den Ursprung der Lebewesen (und der unbelebten Welt) macht auch Angaben zum Alter und zu zeitlichen Abfolgen. Aus der Sichtweise des Naturalismus (vgl. Kapitel 1) soll das Weltall etwa 13,8 Milliarden Jahre alt sein und in einem „Urknall" seinen Anfang genommen haben. Die Erde soll durch kosmische Vorgänge entstanden sein, die alleine aufgrund natürlicher physikalischer und chemischer Gesetzmäßigkeiten abgelaufen sind. In diesem Rahmen gehen die meisten Geowissenschaftler derzeit von einem Erdalter von 4,6 Milliarden Jahren aus.

In diesem Buch beschäftigen wir uns nur mit der Geschichte der Lebewesen. Daher beschränken wir unseren Blick auf die Erde und dort auf jene Gesteine, die Fossilien – Spuren des Lebens – enthalten. Als älteste Zeugnisse des Lebens werden zum Teil umstrittene Spuren einzelliger Lebewesen betrachtet, die knapp 4 Milliarden Jahre alt sein sollen. Dann tat sich – nach evolutionstheoretischen Vorstellungen – lange Zeit nicht viel, bis vor ca. 580 Millionen Jahren die Ediacara-Fauna (vgl. Bild auf dieser Seite) auftauchte und es vor etwa 540 Millionen Jahren zur „kambrischen Explosion" kam (vgl. Kapitel 8).

Wie bei allen anderen Fragen zur Geschichte des Lebens geht es auch beim Thema „Alter des Lebens" darum, aussagekräftige Indizien zusammenzutragen und zu deuten. Denn offensichtlich lässt sich das Alter aus den verfügbaren naturwissenschaftlichen Daten nicht direkt bestimmen.

Die Bibel und das Alter der Erde

Folgen wir den Schilderungen der Bibel über die Erschaffung des Lebens auf der Erde, führt das nicht nur in der Frage nach Schöpfung oder Evolution zu einem ganz anderen Bild als aus der Sichtweise des Naturalismus. Gerade auch in der Frage nach dem Alter der Schöpfung ergibt sich ein enormer Unterschied – dieser könnte kaum größer sein. Denn die biblischen Texte vermitteln ein Alter des Lebens von nur etwa 10.000 Jahren. Diese Größenordnung ergibt sich aus dem Gesamtzusammenhang des Alten und des Neuen Testaments. Laut der Bibel ist der physische Tod eine Folge des Gerichtshandelns Gottes – und nicht Teil seines Schöpfungshandelns. Der Tod ist eine Konsequenz der Sünde des Menschen, d. h. seiner Abkehr vom Schöpfer (Römerbrief Kapitel 5 ab Vers 12; vgl. Kapitel 12 in diesem Buch). Die Menschheitsgeschichte wird – beginnend mit dem ersten Menschenpaar – in Generationen dargestellt. Das führt zu einem Alter der Menschheit von etwa 10.000 Jahren. Da die Abfolge der Stammväter in den biblischen Texten unvollständig sein kann, ist eine genauere Angabe nicht sicher möglich.

Biblisch gesehen gehören der Mensch und die außermenschliche Schöpfung zusammen. Daher gilt das Todesschicksal als Folge der Sünde auch für die Tierwelt (wenn auch – anders als beim Menschen – nicht aus eigenem Verschulden). Die Geschichte aller Lebewesen ist somit unmittelbar mit der Geschichte des Menschen verknüpft. Für sie gilt derselbe Zeitrahmen. Aus Sicht der Bibel müssen die paläontologischen Zeugnisse der Naturgeschichte also im kurzen Zeitrahmen der Menschheitsgeschichte gedeutet werden. Denn die überaus zahlreichen Fossilien von Tieren und Pflanzen, aber auch die Fossilien des Menschen, sind Zeugnisse des (gewaltsamen) Todes. Die Fossilien können biblisch gesehen daher erst nach der Erschaffung des Menschen und dem Sündenfall entstanden sein.

Es gibt keine Uhr, an der man das Alter von Naturgegenständen aus der Vergangenheit (z. B. Fossilien) einfach ablesen kann. Im Folgenden gehen wir daher diesen beiden Fragen nach:

1. Wie aussagekräftig sind die naturwissenschaftlichen Indizien, die herangezogen werden, um das Alter des Lebens mit 3–4 Milliarden Jahren und das Alter von vielzelligen Tieren mit bis zu etwa 600 Millionen Jahren anzugeben (Ediacara-Fauna, kambrische Explosion)?

2. Gibt es naturwissenschaftliche Indizien für ein sehr viel geringeres Alter der Lebewesen von etwa 10.000 Jahren (vgl. dazu Kasten „Die Bibel und das Alter der Erde“)?

Kann man das Alter von Gesteinen und Fossilien bestimmen?

Wenn wir im Alltag eine Zeitangabe benötigen, werfen wir meistens einen Blick auf eine Uhr. Um Zeit zuverlässig anzeigen zu können, benötigen wir einen regelmäßig ablaufenden Vorgang. Besonders anschaulich ist das zum Beispiel bei einer Sanduhr oder einer Pendeluhr. Ein Pendelschlag benötigt stets dieselbe Zeit, unabhängig davon, wie stark das Pendel ausschlägt. Hier können wir die Prozesse, die für die Zeitbestimmung genutzt werden, direkt beobachten. Dabei können wir auch feststellen, in welchem Zustand sich die Uhr zum Ausgangszeitpunkt befindet oder ob es irgendwelche Einflüsse von außen gibt. Wenn wir Zeiten bestimmen möchten, die in der ferneren Vergangenheit liegen, wird es sehr viel komplizierter. Hier benötigen wir Uhren, die sehr lange Zeit mit der gleichen Taktung laufen. Außerdem müssen wir gute Gründe für die Annahme haben, dass diese Taktung nicht gestört wurde. Das können wir in diesem Fall aber nicht durch direkte Beobachtung sicherstellen. Daher können wir nur anhand von Indizien beurteilen, ob eine gleichbleibende Regelhaftigkeit in der Vergangenheit gegeben war.

Geochronologie: Wissenschaftszweig, der sich mit der Altersbestimmung von vergangenen Ereignissen in der Erdvergangenheit beschäftigt.

Der Wissenschaftszweig, der sich mit der Altersbestimmung von Ereignissen in der Erdvergangenheit beschäftigt, ist die **Geochronologie**. Für die Altersbestimmung stehen verschiedene Methoden zur Verfügung, die als „Uhren" verwendet werden: Das sind zunächst Methoden, die auf dem radioaktiven Zerfall instabiler chemischer Elemente beruhen. Es werden aber auch Eisbohrkerne und Baumringe untersucht oder andere Verfahren angewendet.

Baumringmethode. Das Dickenwachstum von Bäumen variiert je nach Temperatur und verfügbarer Feuchtigkeit. Somit beeinflussen jahreszeitliche klimatische Schwankungen das Wachstum. Auch weitere Faktoren wie die Tageslänge spielen eine Rolle. In den gemäßigten Breiten führt der jahreszeitliche Wechsel mit deutlichen Temperaturschwankungen zwischen Sommer und Winter dazu, dass sich wegen des unterschiedlichen Wachstums Ringe im Holz bilden. Viele Wissenschaftler gehen davon aus, dass jeder dieser Ringe ein Jahr repräsentiert. Daher werden sie auch „Jahresringe" genannt. Trifft dies tatsächlich zu, muss man also nur die Ringe in einem Stammquerschnitt zählen, um das Alter eines

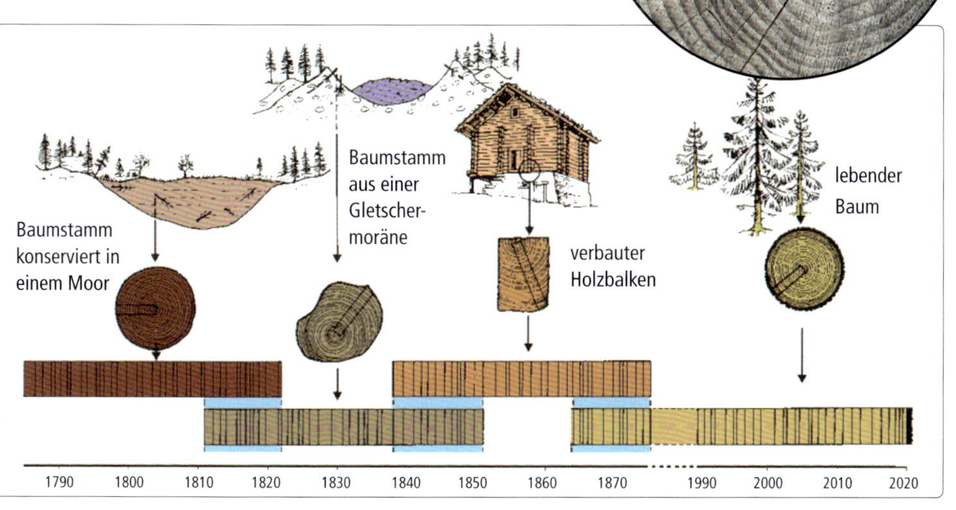

Abb. 10-1 Baumringmethode

> Es ist nicht sicher, dass es sich bei allen Warven- oder Eiskern-Schichten immer um Jahresschichten handelt.

Baumes bestimmen zu können. In der Regel werden Bäume allerdings nur wenige hundert Jahre alt. Doch es besteht die Möglichkeit, z. B. Holz aus älteren Gebäuden auf seine Baumringabfolgen zu untersuchen und mit anderen Proben zu vergleichen. Unter günstigen Umständen kann man Überlappungen verschiedener Abfolgen nachweisen. Mit immer weiteren Überlappungen versucht man sich auf diese Weise Stück für Stück in die Vergangenheit vorzutasten (vgl. die anschauliche Darstellung in Abb. 10-1). Zurzeit haben Dendrochronologen mit dieser Methode überlappende Jahresringabfolgen gefunden, die bis zu ca. 12.500 Jahre in die Vergangenheit zusammengefügt werden können. Was methodisch einfach aussieht (Dicke messen, abzählen und vergleichen), ist in der Praxis allerdings sehr anspruchsvoll und kompliziert. Erst durch statistische Analysen lässt sich beurteilen, ob Überlappungen so gut sind, dass sie auf übereinstimmende Zeiträume hinweisen. Dennoch kann eine solche Einschätzung unsicher bleiben. Dabei hat sich gezeigt: Für geringe Alter ist eine Verifizierung mithilfe historischer Ereignisse möglich. Für höhere Alter ab etwa 3000 Jahre vor heute kann die Baumringmethode jedoch nicht ganz unabhängig eingesetzt werden, da Vordatierungen mit der ^{14}C-Methode notwendig sind.[1] Die ^{14}C-Methode ist eine radiometrische Methode und wird weiter unten beschrieben.

Abb. 10-2 Warven (Skala in Zentimeter).

Warven und Eisbohrkerne. Zwei weitere Altersbestimmungsmethoden beruhen ebenfalls auf Abfolgen bestimmter Muster, die als jahreszeitliche Schwankungen interpretiert werden. Das sind die Altersbestimmungen mithilfe von Warven (Abb. 10-2) und Eisbohrkernen (Abb. 10-3). Warven sind geschichtete Tonlagen am Grund von Seen oder am Meeresboden, die als „Jahresschichten" gedeutet werden. Sie sollen die Menge an innerhalb eines Jahres abgelagertem Material umfassen. In der Regel erfolgen diese Ablagerungen im Jahreslauf nicht gleichmäßig. Daher bilden sich auch hier Schichten ähnlich den Baumringen. Vom Prinzip her sind Warven auch mit den Schichtenabfolgen in Eisbohrkernen vergleichbar. In Grönland und in der Antarktis hat man sehr mächtige („dicke") Eisschich-

Abb. 10-3 Eisbohrkern: 19 cm langes Stück Eis des Bohrkerns GRIP (Grönland) aus einer Tiefe von 1855 Metern. Zu sehen sind 12 Jahresschichten; die Sommerschichten sind mit einem Pfeil markiert, dazwischen liegen die Winterschichten.

ten erbohrt. Diese Eisbohrkerne sollen einen Zeitraum bis über 800.000 Jahre in die Vergangenheit abbilden.

Altersbestimmungen für zeitlich weit zurückliegende lange Chronologien sind sowohl bei der Warven- als auch bei der Eisbohrkernmethode nicht gesichert. Denn es ist unklar, ob es sich bei allen Schichten überhaupt um Jahresschichten handelt. Auch andere Prozesse als nur stetige und gleichmäßige Ablagerungen im Jahreslauf kommen als Ursache für die Entstehung dieser Schichten infrage.[2] Daher werden auch bei der Warven- und Eiskernmethode radiometrische Altersbestimmungen eingesetzt (vgl. Abb. 10-4 und 10-6), auf die wir nun zu sprechen kommen.

Isotope: Atome desselben Elements mit verschiedenen Anzahlen von Neutronen. Die Anzahl der Protonen ist für ein bestimmtes Element dagegen konstant.

Radiometrische Altersbestimmungen: Dreh- und Angelpunkt

Im Vergleich zu den bisher beschriebenen Methoden beruhen radiometrische Altersbestimmungen auf einem ganz anderen Vorgang, nämlich dem radioaktiven Zerfall instabiler Atomkerne (bzw. **Isotope**) bestimmter chemischer Elemente.[3] Dabei entsteht aus einem Mutterisotop durch Aussendung von radioaktiver Strahlung ein Tochterisotop. Dieser Zerfall kann äußerst rasch oder extrem langsam erfolgen. Einzelne Zerfälle sind zwar nicht vorhersagbar, aber man kann eine statistische Gesetzmäßigkeit erkennen: In einer bestimmten Zeit zerfällt ein bestimmter Anteil instabiler Isotope. Der Zeitraum, in dem sich die Hälfte des betreffenden Isotops in das Tochterisotop umgewandelt hat, wird als **Halbwertszeit** bezeichnet.

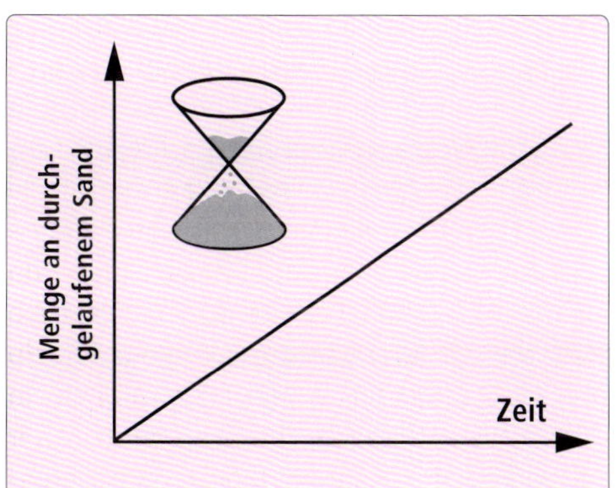

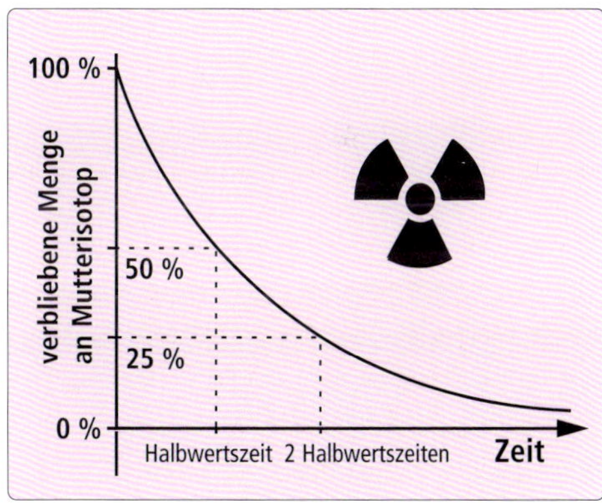

Abb. 10-4 Bei einer Sanduhr gibt es einen einfachen, linearen Zusammenhang zwischen der Menge an durchgelaufenem Sand und der verflossenen Zeit. Sie liefert aber nur brauchbare Ergebnisse, wenn die Ausgangssituation bekannt ist und es keine Störungen beim Durchlauf des Sandes gab.

Beim radioaktiven Zerfall ist der Zusammenhang zwischen dem Zerfall und der verflossenen Zeit komplizierter. Ein radioaktives Isotop (z. B.: ^{87}Rb; Rb = Rubidium) zerfällt in ein Tochterisotop (in diesem Fall ^{87}Sr; Sr = Strontium). Nach 1 Halbwertszeit ist noch die Hälfte der ursprünglichen Menge des Mutterisotops vorhanden (so wird die Halbwertszeit bestimmt), nach 2 Halbwertszeiten noch ein Viertel, nach 3 Halbwertszeiten noch ein Achtel usw. Daraus ergibt sich die im Bild gezeigte Zerfallskurve. Anhand dieser Kurve kann bei bekannter Ausgangssituation an der Menge der verbliebenen Mutteratome die verflossene Zeit bestimmt werden. Es muss aber garantiert sein, dass keine Einflüsse von außen auf die Uhr eingewirkt haben.

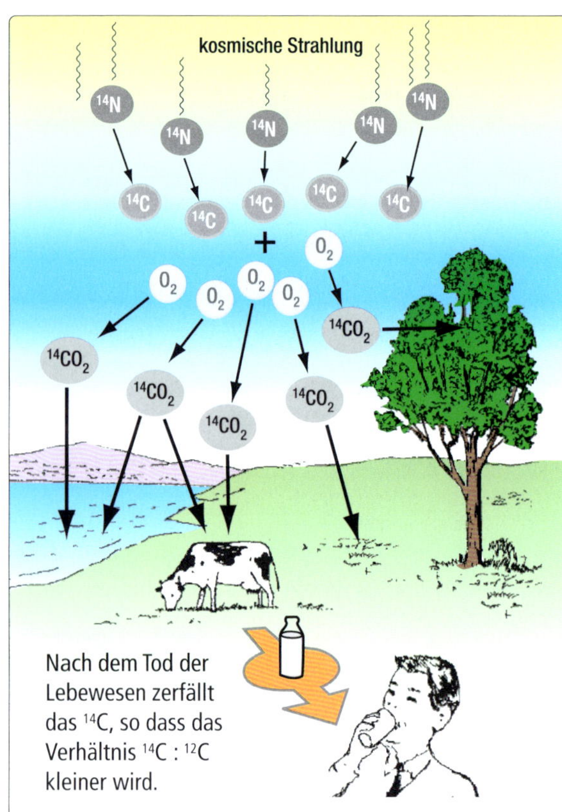

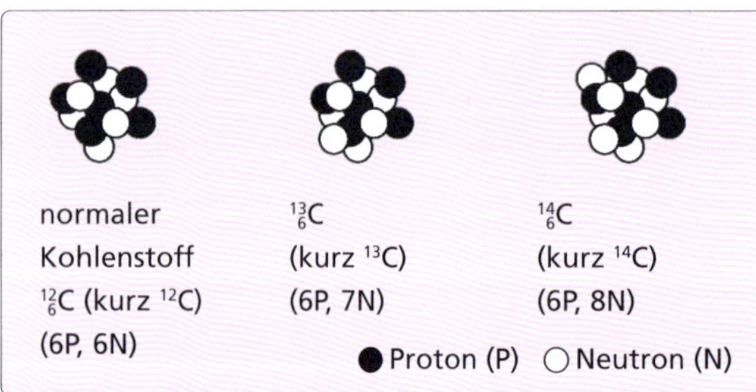

Abb. 10-5 Verteilung des radioaktiven Kohlenstoffs ^{14}C auf der Erde. ^{14}C entsteht in der oberen Atmosphäre. Kosmische Strahlung verwandelt den atmosphärischen Stickstoff (^{14}N) in ^{14}C. ^{14}C gelangt zusammen mit dem normalen ^{12}C über das Kohlendioxid (CO_2) der Luft in die Pflanzen und von dort über die Nahrung in Tiere und den Menschen. In den Lebewesen stellt sich ein Gleichgewicht zwischen ^{14}C und ^{12}C ein: ^{14}C zerfällt zwar, es kommt jedoch auch neues ^{14}C durch das CO_2 der Luft bzw. durch die Nahrung hinzu. Nach dem Tod des Lebewesens verschiebt sich das $^{14}C/^{12}C$-Verhältnis zugunsten von ^{12}C. Denn das ^{14}C zerfällt, ohne ersetzt zu werden. Aus dem veränderten $^{14}C/^{12}C$-Verhältnis lassen sich Schlussfolgerungen über den Sterbezeitpunkt und damit das Alter ziehen.

Nach zwei Halbwertszeiten ist dann noch 1/4 des Mutterisotops übrig, nach drei Halbwertszeiten 1/8 usw. (vgl. Abb. 10-4). Unter der Annahme, dass der Zerfall in der Vergangenheit immer genauso gleichmäßig abgelaufen ist wie heute, kann man aus dem Anteil des Tochterisotops in einer Probe *errechnen* (nicht messen!), vor wie langer Zeit das betreffende Gestein gebildet wurde. Dabei wird auch noch vorausgesetzt, dass zu diesem Zeitpunkt noch kein Tochterisotop vorhanden war. Altersangaben, die auf radiometrischen Altersbestimmungen beruhen, sind „radiometrische Alter“ und müssen nicht zwingend mit Kalenderjahren gleichgesetzt werden (s. u.).

Ein Beispiel ist die Kalium-Argon-Datierung: Kalium-40 (^{40}K) zerfällt mit einer Halbwertszeit von 1,28 Milliarden Jahren zu Argon-40 (^{40}Ar) oder zu Calcium-40 (^{40}Ca). Wenn gesteinsbildende Mineralien Kalium-40 enthalten, kann diese Methode angewendet werden. Aufgrund der großen Halbwertszeit kann die Kalium-Argon-Datierung unter bestimmten Modellannahmen zur Bestimmung entsprechend großer Zeiträume (also von Milliarden radiometrischen Jahren) verwendet werden. Das gilt auch für einige andere radiometrische Altersbestimmungsmethoden, wie z. B. die Uran-Blei-Datierungen[4] oder die Rubidium-Strontium-Datierung.

Ein besonderes und sehr bekanntes Beispiel ist die Radiokarbonmethode (^{14}C-Methode). Sie beruht auf dem Zerfall des seltenen, instabilen Kohlenstoff-Isotops ^{14}C. Normalerweise hat Kohlenstoff 12 Kernteilchen (6 Protonen und 6 Neutronen). ^{14}C hat 14 Kernteilchen: 6 Protonen und 8 Neutronen. Es entsteht, wenn Stickstoff (^{14}N mit 7 Protonen und 7 Neutronen) in der oberen Atmosphäre durch kosmische Strahlung in ^{14}C umgewandelt wird (dabei wird ein Proton zu einem Neutron). Dieses ^{14}C wird in Form von Kohlendioxid (CO_2) von Pflanzen aufgenommen und gelangt über die Nahrung auch in Tiere und Menschen (Abb. 10-5). In den Lebewesen stellt sich ein Gleichgewicht zwischen ^{14}C und ^{12}C ein: ^{14}C zerfällt zwar, es kommt jedoch auch laufend neues ^{14}C hinzu. Das Verhältnis von ^{14}C:^{12}C beträgt in Lebewesen etwa $1:10^{12}$. Nach dem Tod eines Organismus verschiebt sich dieses Gleichgewicht durch den radioaktiven Zerfall von ^{14}C (das dabei wieder in Stickstoff zurückverwandelt wird). Aus dem geänderten Verhältnis ^{14}C:^{12}C kann die Menge des zerfallenen ^{14}C bestimmt werden. Die Halbwertszeit von ^{14}C beträgt nur 5.730 Jahre. Daher kann diese Methode nur für die Bestimmung relativ kurzer Zeiträume verwendet werden. Das geschieht allerdings unter der Voraussetzung, dass die Zerfallsgeschwindigkeit in der Vergangenheit konstant war.

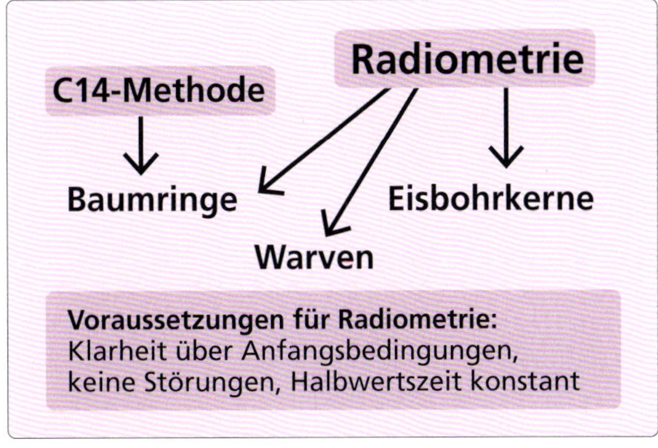

Abb. 10-6 Die Altersbestimmungen mittels Baumringen, Warven und Eisbohrkernen sind für weiter zurück liegende Zeiträume nicht unabhängig, sondern werden unter Zuhilfenahme von radiometrischen Altersbestimmungen verwendet.

Halbwertszeit: Zeit, in der die Hälfte der Mutterisotope in Tochterisotope zerfällt. Nach 2 Halbwertszeiten ist noch ¼ des Mutterisotops übrig usw.

Außer der geringen Halbwertszeit gibt es gegenüber den oben genannten radiometrischen Methoden noch eine weitere Besonderheit: Die Ausgangsmenge von ^{14}C hängt von den Bedingungen in der Atmosphäre ab. Man weiß, dass diese nicht konstant sind. Daher sind ^{14}C-Altersbestimmungen mit Unsicherheiten behaftet und müssen mit anderen Methoden geeicht werden. Es ist denkbar, dass es früher sehr viel weniger ^{14}C in der Atmosphäre gab und seine Menge erst allmählich zugenommen hat. In diesem Fall müsste man bei Altersbestimmungen erhebliche Korrekturfaktoren berücksichtigen. Sonst würden die ^{14}C-Alter gegenüber dem realen Alter viel zu hoch ausfallen.

Alle hier kurz skizzierten radiometrischen Altersbestimmungen beruhen auf der Annahme, dass die Zerfallsgeschwindigkeit (bzw. die Halbwertszeit) über beliebige Zeiträume hinweg konstant ist. Auch das Verhältnis von Mutterisotop zu Tochterisotop muss für den Startzeitpunkt als bekannt vorausgesetzt werden (meist wird davon ausgegangen, dass zu Beginn kein Tochterisotop vorhanden war). Außerdem müsste sichergestellt sein, dass es nach der Bildung des betreffenden Gesteins keine Einflüsse auf die Menge der Mutter- und Tochterisotope gab. Eine unabhängige Bestätigung radiometrischer Altersdaten ist bei höheren Altern nicht möglich. Die aus den gemessenen Konzentrationen von Mutter- und Tochterisotop errechneten Alter betragen sehr häufig Millionen bis Milliarden von Jahren. Diese sehr hohen Alter sind aber nur zutreffend, wenn alle zugrunde gelegten Annahmen über die Konstanz des Zerfalls und die Geschichte der datierten Gesteinsprobe stimmen.

Alle radiometrischen Altersbestimmungen beruhen auf der Annahme, dass die Zerfallsgeschwindigkeit über beliebige Zeiträume hinweg konstant ist.

Auf die Gültigkeit radiometrischer Altersbestimmungen wird mit folgenden drei Argumenten geschlossen: 1. Die radiometrisch bestimmten Alter passen zur relativen Abfolge der geologischen Formationen (vgl. Kapitel 8). 2. Mit verschiedenen radiometrischen Methoden ermittelte Alter stimmen meist gut überein. 3. Instabile Isotope mit relativ kurzen Halbwertszeiten fehlen in der Erdkruste weitgehend. Das ist bei einem hohen Alter der Erde tatsächlich zu erwarten. Solche kurzlebigen Isotope sollten hingegen nachweisbar sein, wenn die Erde nur ca. 10.000 Jahre alt ist. Ob diese drei Argumente tatsächlich die Gültigkeit radiometrischer Altersbestimmungen bestätigen, hängt aber wieder davon ab, dass der radioaktive Zerfall konstant ist und in der Vergangenheit unaufhörlich konstant war.

Es wird heute daran geforscht, ob bestimmte Faktoren die Zerfallsrate der Atome beeinflussen können. Dazu gibt es aktuell zwar einige Vorschläge und Simulationen, aber keine überzeugenden experimentellen Daten. Es bleibt abzuwarten, zu welchen Ergebnissen die weitere Forschung in diesem Bereich kommen wird.

Zusammenfassend kann man daher nach heutigem Wissensstand sagen: Wenn man sich allein auf die radiometrischen Altersbestimmungen stützt, können sie die Vorstellung von einer Hunderte Millionen Jahre dauernden Geschichte des Lebens stützen. Dabei ermöglichen sie relativ genaue Altersangaben (mit nur geringen statistischen Schwankungen).[6] Radiometrische Altersbestimmungen erfolgen aber immer mit den oben beschriebenen Methoden. Sie sind daher nicht absolut zu setzen. Bei den Messungen werden Isotopenhäufigkeiten oder -verhältnisse bestimmt. Das Alter selbst kann prinzipiell nicht direkt gemessen werden.[7] Niemand war mit einer Stoppuhr dabei, um tatsächlich eine Zeitspanne zu bestimmen. Die Ermittlung eines Gesteinsalters erfordert eine Umrechnung der gemessenen Isotopenhäufigkeiten oder -verhältnisse. Das ist nur im Rahmen eines zugrunde liegenden Modells über die Entstehung und Geschichte der jeweiligen Gesteinsprobe möglich.

Radiometrische Altersbestimmungen stützen eine lang andauernde Erdgeschichte, können sie aber nicht beweisen.

Nicht alle Gesteine eignen sich für eine Altersbestimmung mit radiometrischen Datierungsmethoden. Sie können nur angewendet werden, wenn das Gestein ein geeignetes radioaktives Mutterisotop enthält. Das Alter von nicht datierbaren Gesteinsschichten lässt sich aber durch darunter und darüber abgelagerte Gesteine (durch Interpolation) abschätzen. Das gleiche gilt für Fossilien. Auch sie sind meist nicht direkt datierbar. Ihr Alter wird daher durch die Position in der geologischen Abfolge abgeschätzt.

Es gibt aber Möglichkeiten, die radiometrischen Alter indirekt zu testen: Sie sollten einigermaßen mit Altersabschätzungen aus anderen Teilgebieten der Wissenschaft, die auf andersartigen Datensätzen beruhen, übereinstimmen. Im Folgenden zeigen wir an einigen Beispielen, dass eine solche Übereinstimmung nicht durchweg gegeben ist. Es gibt eine Reihe von Indizien aus Sedimentologie, Paläontologie und anderen Forschungsfeldern, die den hohen Altern von Hunderten von Millionen Jahren deutlich widersprechen.

Abb. 10-7 Im aufgelassenen Eisenerztagebau bei Wittmannsgereuth (Thüringisches Schiefergebirge) ist die Schmiedefeld-Formation aufgeschlossen. Sie umfasst die Abfolge vom sog. „Unteren Erzlager, mit dem darüber (ab Hammerkopf des Geologenhammers – weißer Kreis) lagernden „Lagerquarzit" bis zum „Oberen Erzlager". Die Gesamtmächtigkeit schwankt in Oberfranken und Sachsen von Ort zu Ort von 0,5 bis zu 40 m. Auf diesem Foto ist die Schmiedefeld-Formation im Meter-Bereich erschlossen. Aber auch an Stellen (Untertage), wo die Schmiedefeld-Formation nur ca. 80 cm mächtig ist, werden für die Bildungszeit ca. 20 Millionen radiometrische Jahre angenommen, was in massivem Widerspruch zu den geologischen Befunden steht.

Bestätigen geologische Befunde radiometrische Altersbestimmungen?

Die Geochronologie ist nicht die einzige Möglichkeit, wie man versuchen kann, die Bildungszeit und das Alter von geologischen Schichten zu ermitteln. Einen anderen Zugang bietet die Schichtenkunde (**Stratigraphie**). Hier werden Gesteine auf ihre Beschaffenheit und ihren Gesteinsinhalt untersucht (Lithostratigraphie). Die so gewonnenen Erkenntnisse versucht man im Zusammenhang mit den Ereignissen zu verstehen, durch die diese Gesteine – vor allem Ablagerungsgesteine – entstanden sein können (Eventstratigraphie). Mehrere Methoden der Schichtenkunde helfen also bei der Suche nach Antworten auf Fragen wie: „Wie lange hat die Bildung eines Gesteinspakets (etwa einer Sedimentschicht) gedauert?" Gemeinsam werden sie verwendet, um die verstrichene Zeit zwischen der Bildung einer bestimmten Gesteinsschicht und der Bildung einer weiter oben liegenden

Stratigraphie: Bestimmung der zeitlichen und räumlichen Ordnung der Gesteine.

Schicht zu ermitteln. Man kann also versuchen, die bei der Entstehung geologischer Schichten verstrichenen Zeiträume anhand der vorliegenden geologischen Indizien und ihrer Interpretation abzuschätzen.

Zur Verdeutlichung betrachten wir zunächst ein konkretes Beispiel. Die Schmiedefeld-Formation (Thüringisches Schiefergebirge) soll nach radiometrischen Altersbestimmungen in einem Zeitraum von ca. 20 Millionen Jahren entstanden sein. Diese Formation ist nur zwischen 0,5 m und maximal 40 m mächtig („dick"). Alle Indizien deuten auf eine sehr schnelle Ablagerung hin. Außerdem gibt die Gesteinsbeschaffenheit keine Hinweise auf längere Unterbrechungen der Sedimentation – es treten nur gewöhnliche Schichtfugen auf.[8] Die Geländebefunde stehen so in einem massiven Widerspruch zur radiometrischen Altersbestimmung: Die nachweisbar schnelle Schichtenbildung und die geringe Mächtigkeit von maximal 40 Metern lassen kaum mehr als einige hundert Jahre Bildungsdauer zu (es könnte auch noch deutlich weniger sein). Die geologische Interpretation der existierenden Sedimentgesteine passt also um viele Größenordnungen nicht zu den radiometrisch bestimmten etwa 20 Millionen Jahren Bildungsdauer (Abb. 10-7). Das könnte ein Hinweis auf einen Fehler bei den Modellen sein, die den radiometrischen Altersbestimmungen zugrunde liegen.

Ist die Schmiedefeld-Formation nur ein Einzelfall? Tatsächlich wurden vergleichbare Unstimmigkeiten häufig festgestellt. Sie treten vielleicht sogar systematisch auf, wie wir im Folgenden sehen werden.

Man kann messen, wie *schnell* in heutiger Zeit Sedimente (also Ablagerungen von Sand oder Ton usw.) in Seen oder am Meeresgrund entstehen. Nach aktuellen Messungen und Schätzungen bildet sich gegenwärtig pro Jahr im Durchschnitt etwa 1 cm Sediment auf dem Meeresgrund. Analysiert man hingegen Sedimentgesteine, die in der Erdvergangenheit gebildet wurden, müsste diese Ablagerung in der Vergangenheit viel langsamer erfolgt sein. Berechnet man aus den Schichtmächtigkeiten („Schichtdicke") und radiometrischen Altersbestimmungen eine durchschnittliche Sedimentation, so beträgt diese nur 0,001 cm pro Jahr.[9] Das ist nur ein Tausendstel dessen, was heute beobachtet wird. Dieser geringe Wert bezieht sich dabei nicht auf Einzelfälle, sondern ist ein Durchschnittswert.

Abb. 10-8 Bioturbation (Verwühlung durch Bodenorganismen) führt in kurzer Zeit zur Zerstörung der Schichtung; das Bild zeigt eine fossile Bioturbation.

Wie könnte dieser Widerspruch aufgelöst werden? Vielleicht wurde der allergrößte Teil des sedimentierten Materials später wieder erodiert (abgetragen). Das würde aber bedeuten, dass nur ein winziger Bruchteil der mutmaßlich sehr langen Geschichte der Erde in den Sedimentgesteinen dokumentiert ist. Der Geologe Derek Ager hat dies pointiert auf den Punkt gebracht: „Dies kann man als das Phänomen bezeichnen, dass die Lücke wichtiger ist als die Aufzeichnung."[10] Die großen Zeiträume hinterfragt er also nicht. Er scheint vielmehr anzunehmen, dass zwischen den Bildungszeiträumen vieler geologischer Formationen noch viel längere Zeiträume vergangen sein müssen, von denen man heute keine Spuren mehr findet.

Diese Vorstellung ist oft nicht durch Geländebefunde begründet. Sie ist vielmehr die Folge davon, dass die radiometrischen Altersbestimmungen absolut gesetzt werden. Natürlich ist es vorstellbar, dass zwischen Zeiten von Sedimentation viele Sedimente wieder durch Erosion abgetragen wurden. Das würde bedeuten, dass der größte Teil der geologischen Zeit in den Lücken zwischen den Sedimentschichten steckt. Aber Erosion hinterlässt klare Spuren. Wenn diese Annahme stimmt, müsste sie also belegt werden können.

Auch dafür kann man heutige Beobachtungen heranziehen. So wissen wir, dass bodenlebende Organismen binnen Stunden, Tagen oder höchstens Wochen durch ihre Tätigkeit den Schichtaufbau teilweise oder ganz zerstören können (vgl. Abb. 10-8). Geologen sprechen von Bioturbation. Lebewesen durchwühlen die Ablagerungsstrukturen – egal ob an Land oder am Grund von Gewässern. Groß angelegte Untersuchungen kamen aber zu dem Ergebnis, dass Schichten in Sedimentgesteinen in der Regel kaum oder gar nicht gestört sind. In diesen Fällen kann nicht viel Zeit verflossen sein, bis weiteres Sediment darüber abgelagert wurde. Hier kann also in den Schichtlücken nicht viel Zeit stecken.

Störungen der Schichten im kleinen Rahmen sind aber nicht die einzige Spur, die zu erwarten wäre, wenn zwischen den Ablagerungen von zwei Schichtpaketen viel Zeit vergangen ist. Die Zeiträume, um die es hier geht, sind so groß, dass sich ganze Landschaften mit Tälern und anderen unebenen Geländeformen bilden müssten. Abb. 10-9A-D zeigt, wie die Abfolgen von Schichten aussehen sollten, wenn sie über große Zeiträume entstanden wären. Abb. 10-9E hingegen stellt die üblicherweise vorliegende Situation dar. Generell zeigt sich: Es gibt häufig einen dramatischen Unterschied zwischen den unregelmäßigen Oberflächen der heutigen Landschaften und den flachen Oberflächen der Sedimentabfolgen in der Erdvergangenheit (vgl. Abb. 10-10).

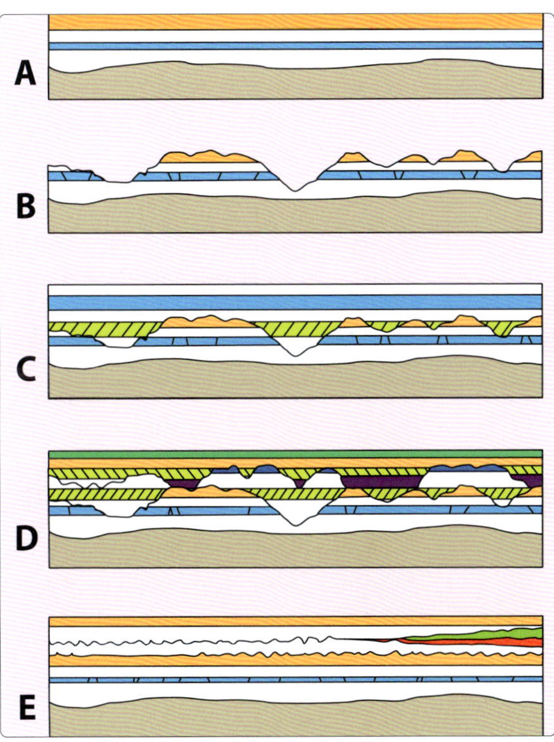

Abb. 10-9 Stark vereinfachte Darstellung, wie sich im Laufe großer Zeiträume Landschaften und komplexe Schichtfolgen bilden sollten (**A-D**) und – im Gegensatz dazu – die häufig anzutreffende Situation (**E**). Ein eindrucksvolles Beispiel liefern die Schichten im Grand Canyon (Abb. 10-10). In vielen Fällen sind die Verhältnisse z. B. durch Hebungen und Senkungen komplizierter.

Wenn es um die für die Bildung von Gesteinsschichten nötigen Zeiträume geht, zeigen diese und andere Befunde aus der Geologie: Oft ist eine Deutung naheliegend, die den radiometrisch bestimmten Zeiträumen widerspricht. Das be-

Aus Befunden der Sedimentologie ergeben sich zahlreiche deutliche Hinweise auf eine sehr schnelle Entstehung mächtiger Sedimentpakete.

Abb. 10-10 Grand Canyon mit sehr regelmäßigen Schichtfolgen.

trifft auch manche systematische Befunde. Es handelt sich nicht nur um seltene Ausnahmen. Daher ist es gerechtfertigt, die radiometrischen Altersbestimmungen nicht absolut zu setzen. Das gilt auch für die Größenordnungen der so ermittelten Alter. Aus Befunden der Sedimentologie ergeben sich zahlreiche deutliche Hinweise auf eine sehr schnelle Entstehung mächtiger Sedimentpakete und eine entsprechend geringe Bildungsdauer.

Abb. 10-11 *Tyrannosaurus rex.*

Alte Moleküle und wiederbelebbare uralte Organismen

In den letzten Jahrzehnten wurden auch Entdeckungen auf dem Gebiet der Paläontologie gemacht, die im Rahmen großer Zeiträume nicht zu erwarten sind.[11] Dazu gehört der Nachweis von Makromolekülen und sogar Geweberesten in Fossilien. So wurden im Jahr 2005 in einem versteinerten Oberschenkelknochen eines auf 68 Millionen Jahre datierten *Tyrannosaurus rex* elastisches Gewebe und verzweigte Kanäle von Blutgefäßen nachgewiesen (Abb. 10-12). Vier Jahre später wurde über proteinhaltiges Material in Knochenfragmenten und Weichgeweben eines 80 Millionen radiometrische Jahre alten Hadrosauriers *Brachylophosaurus canadensis* berichtet.[12]

Bis dahin war es als völlig unmöglich angesehen worden, dass Proteinmaterial und sogar flexibles Gewebe über so große Zeiträume erhalten bleiben könnten. Makromoleküle zerfallen in toten Organismen sehr schnell. Bis heute weiß niemand, wie dieser Zerfall über einen so langen Zeitraum verhindert werden könnte. Die Funde waren daher anfangs sehr umstritten. Man vermutete zunächst eine Kontamination mit heutigem Material. Das konnte jedoch ausgeschlossen werden, da weitere sorgfältige

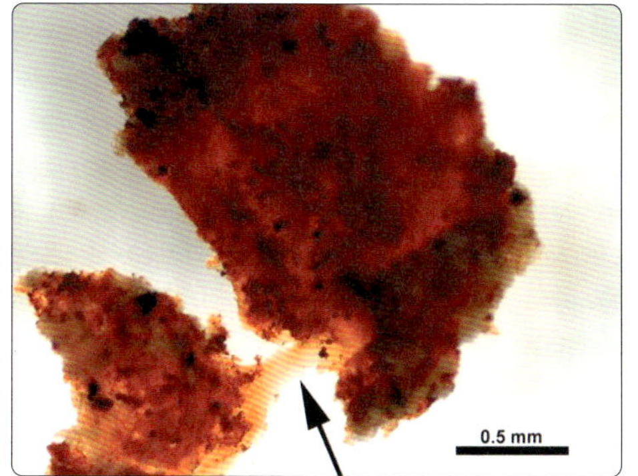

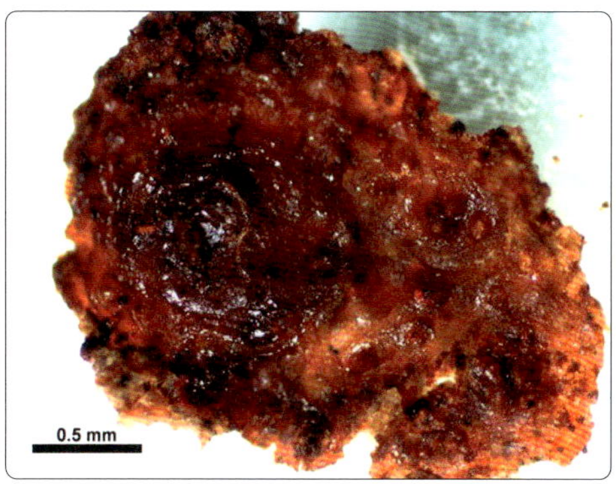

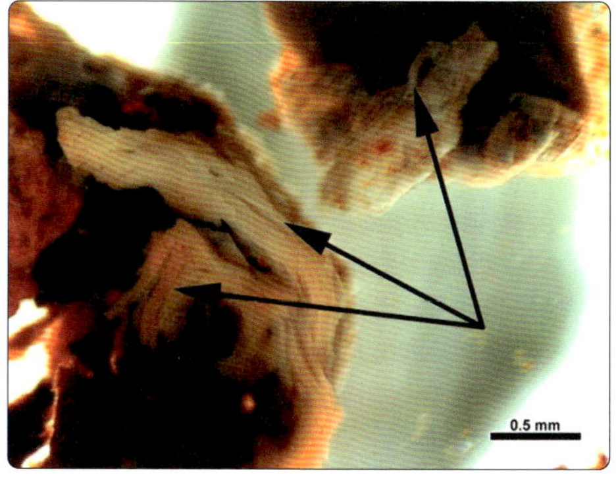

Abb. 10-12 Flexible und elastische Gewebepartikel aus dem Schienbein eines *Tyrannosaurus rex*, nachdem Proben aus dem Bereich des Knochenmarks demineralisiert worden waren.

Studien – die darauf ausgelegt waren, jede Kontamination zu vermeiden – die Funde bestätigten. Mittlerweile wurden weitere ähnliche Funde gemacht und ihre Anzahl nimmt zu. Es bleiben zwei naheliegende Möglichkeiten zur Erklärung dieser Funde: unbekannte Konservierungsprozesse oder ein viel jüngeres Alter. Dass eine Konservierung über mehrere zehn Millionen Jahre möglich sein könnte, ist eine spekulative Annahme. Unsere Erfahrungen im Labor sprechen dagegen. So bleibt als Erklärungsansatz ein sehr viel geringeres Alter – unabhängig davon, welches Gewicht ihm in der wissenschaftlichen Diskussion beigemessen wird. Die Funde von „alten" Makromolekülen in Fossilien und die radiometrischen Altersbestimmungen passen – nach heutigem Wissensstand – nicht zusammen. Das kann als weiterer Hinweis auf einen bisher unerkannten systematischen Fehler bei den radiometrischen Altersbestimmungen gewertet werden.

Schon deutlich früher wurden noch erstaunlichere Befunde publiziert. Sie betreffen die Lebensfähigkeit von Mikroorganismen über geologische Zeiträume hinweg. In den 1960er-Jahren wurden in Salzlagerstätten des Oberperm (ca. 250 Millionen radiometrische Jahre) Mikroorganismen entdeckt. Diese waren reaktivierbar, sie konnten also sozusagen „wiederbelebt" werden. Es handelte sich dabei um stabförmige, begeißelte Mikroorganismen. Im Jahr 2000 konnte eine Forschergruppe einen solchen „Dornröschenschlaf" von Mikroorganismen in einer permischen Salzlagerstätte bestätigen.[13] Wie die Lebensfähigkeit dieser Mikroorganismen über derart große Zeiträume erhalten werden konnte, ist völlig unklar. Auch hier wird eingewendet, dass es sich um Kontamination mit heutigen

Bakterien handeln könnte. Doch die Untersuchungen wurden sehr sorgfältig durchgeführt. Daher gibt es keine Anhaltspunkte für eine Kontamination. Das plausible Alter der konservierten Mikroorganismen ist nur ein winziger Bruchteil ihres radiometrisch bestimmten Alters. Auch hier liegt also nach heutigem Wissensstand ein enormer Widerspruch zu den radiometrischen Altersbestimmungen vor.

Bevölkerungswachstum und Steinwerkzeuge

Ein drittes Beispiel betrifft speziell das Alter der Menschheit. Auch hier liegen radiometrische Altersbestimmungen und andere Datensätze weit auseinander. Aus evolutionstheoretischer Sicht gibt es den Menschen seit etwa 2 Millionen (radiometrischen) Jahren (vgl. Kapitel 9). Die meiste Zeit der Menschheitsgeschichte fällt dabei in die sogenannte Altsteinzeit. Sie

Steinwerkzeuge, die viel zu alt sind

In Schichten des Tertiärs wurden bis ins 20. Jahrhundert hinein zahlreiche verschiedenartige gut gearbeitete Werkzeuge gefunden, die nur auf die Tätigkeit von Menschen zurückgeführt werden können (Beispiel: Abb. 10-13).[16] Ihr Alter wird mit bis zu 56 Millionen radiometrischen Jahren angegeben. Menschen soll es aber nach evolutionstheoretischer Lesart erst seit 2 Millionen Jahren gegeben haben. Damit widerspricht die Existenz dieser Werkzeuge einer Evolution des Menschen aus affenartigen Vorfahren, da sie (im Rahmen des Evolutionsmodells) auf die Existenz des Menschen *vor* der Existenz seiner evolutionstheoretisch vermuteten Vorfahren hinweisen.
Diese Steinwerkzeuge verschärfen zudem das Problem der viel zu geringen Anzahlen solcher Werkzeuge bei Annahme einer langen Menschheitsgeschichte (siehe Text). Das auf viele Millionen Jahre bestimmte Alter der tertiären Schichten, aus denen die Werkzeuge stammen, muss ebenfalls stark verringert werden. Die Zeiträume des Tertiärs müssen wesentlich kürzer gewesen sein, als sie herkömmlich bestimmt werden.

Abb. 10-13
Spitze aus einem Abschlag mit Schlagnarbe, geringen Retuschen und Abschlagsnegativen. Fundort: Boncelles, Belgien. Geologische Epoche: Oberoligozän (23-28 Millionen radiometrische Jahre).

endet erst vor etwa 11.600 radiometrischen Jahren. Die vorliegenden Daten zum Bevölkerungswachstum passen aber überhaupt nicht zu einer so enormen Zeitspanne. Während der gesamten Altsteinzeit hätte es praktisch kaum Bevölkerungszuwächse geben dürfen. Aber alles, was man über die Vermehrungs- und Ausbreitungsgeschwindigkeit des Menschen weiß, lässt rasch zunehmende Bevölkerungszahlen erwarten. Es gibt Hypothesen, mit denen versucht wird, diesen Widerspruch aufzulösen. Dazu zählen z. B. regelmäßige Dezimierungen der Bevölkerung durch Krankheiten, schlechte Versorgungslage oder anderes. Aber diese Hypothesen sind nicht haltbar.[14] Die Problematik des zu geringen Bevölkerungszuwachses in der Altsteinzeit ist in der Fachwelt bekannt. Die Anthropologin Pennington drückt es so aus: „In Anbetracht unserer Reproduktionsmöglichkeit und Überlebensfähigkeit unter schlechten Bedingungen ist es rätselhaft, dass wir (Menschen) so wenige (an Zahl) während einer so langen Zeit unserer Geschichte waren."[15] Die einfachste zu den Daten passende Lösung wäre, den Zeitraum der Altsteinzeit von 2 Millionen Jahre drastisch auf unter 10.000 Jahre zu verkürzen.

Bevölkerungswachstum und Steinwerkzeuge passen zu einem Alter der Menschheit von unter 10.000 Jahren.

Ein solch geringes Alter wird auch durch die geringe Anzahl an archäologischen Funden von Artefakten aus diesem Zeitraum bestätigt. Trotz intensiver Suche findet man nämlich viel zu wenige Steinwerkzeuge und Besiedlungsspuren – gemessen an einer 2 Millionen Jahre dauernden Menschheitsgeschichte. Hätten Menschen wirklich so lange Zeit die Erde bewohnt, müssten sehr viel mehr Zeugnisse ihrer Existenz zu finden sein.

Michael Brandt, der die Fachliteratur zu diesen Themen intensiv bearbeitet hat, gelangt zu folgendem Schluss: „Die heute verfügbaren empirischen Daten aus Demographie (Daten zum Bevölkerungswachstum) und Mengenabschätzungen von Hinterlassenschaften des Menschen fordern eine drastische Verkürzung des Zeitrahmens der Menschheitsgeschichte gegenüber konventionellen Vorstellungen. Statt der radiometrisch datierten 2 Millionen Jahre dürfte diese Geschichte nur einige tausend Jahre gedauert haben."[17]

Fazit

Bei den genannten Beispielen aus Geologie und Paläontologie handelt es sich um gut untersuchte und zu einem großen Teil auch systematische Befunde – nicht nur um einzelne „Ausreißer". Sie weisen auf ein geringes Alter der Lebewesen hin. Dabei sind sie ebenso von Bedeutung wie die radiometrischen Altersbestimmungen, die eher auf größere Zeiträume hinweisen. Insgesamt passen die Deutungen der Daten aus den verschiedenen Gebieten nicht zusammen. Die aus ihnen geschlossenen Alter widersprechen einander häufig um mehrere Zehnerpotenzen. Aus diesem Grund sind Altersangaben in Größenordnungen von Hunderttausenden bis Hunderten von Millionen Jahren nicht gesichert. Für den Zeitrahmen der Frühgeschichte der Menschheit ist am ehesten eine kurze Spanne von nur Tausenden von Jahren anzunehmen. Die Daten zur Bevölkerungsentwicklung und zur Menge von Steinwerkzeugen sind kaum anders interpretierbar.

Grand Prismatic Spring: die größte Thermalquelle der USA und drittgrößte der Erde.

11. Der Anfang des Lebens – aus Nichtleben?

Nach dem Ausflug zu den Altersbestimmungen kehren wir zur Betrachtung des Lebens zurück. In den bisherigen Kapiteln haben wir uns mit Indizien befasst, die man an heutigen und fossilen Pflanzen, Tieren und Menschen entdecken kann. Nun geht es noch einmal zurück an den Anfang: Was wissen wir über die biochemischen Grundvoraussetzungen für die Existenz aller Lebewesen? Und was können wir daraus über die Entstehungsweise auch der „einfachsten" Lebewesen schließen?

Der Unterschied zwischen unbelebter Materie und lebendigen Organismen ist immens. Die Bibel bezeugt Gott als den Schöpfer allen Lebens. Die meisten Naturwissenschaftler hingegen glauben heute, dass Lebewesen von alleine aus unbelebten Stoffen entstanden sind. Es steht also Aussage gegen Aussage. Wie kann dieser Fall mithilfe von wissenschaftlicher Forschung gelöst werden? Erinnern wir uns an die Vorgehensweise der Naturwissenschaft, die wir in Kapitel 1 kennengelernt haben: Zuerst benötigen wir aussagekräftige Indizien. Als nächstes müssen alle Deutungsmöglichkeiten geprüft werden. In Kapitel 1 war schon die Rede davon, dass in der Frage nach Schöpfung oder Evolution meistens nur evolutionäre Lösungsansätze verfolgt werden. Bei der Erforschung der Entstehung des Lebens ist diese Situation nicht anders. Es wird nur nach Möglichkeiten gesucht, wie erste Lebewesen auf natürlichem Weg – ohne einen schöpferischen Eingriff – entstanden sein könnten. Man müsste aber zuerst einmal die

Frage stellen, ob die Entstehung von Lebewesen durch bloße physikalisch-chemische Vorgänge überhaupt möglich ist. Diese Frage auszuklammern wäre unwissenschaftlich. Denn wer mithilfe von Wissenschaft herausfinden will, wie es wirklich war, wird sich weder von vornherein auf eine bestimmte Antwort festlegen noch bestimmte Antworten von vornherein ausschließen.

Wir können Leben nicht exakt definieren, kennen aber einige notwendige Voraussetzungen für die Existenz von Leben.

Was muss überhaupt erklärt werden?

Wenn man als *Naturwissenschaftler* herausfinden will, wie Leben entstanden ist, muss man sich zuerst im Klaren darüber sein, was Leben überhaupt ausmacht. Was muss erklärt werden?[1] Das ist in diesem Fall gar nicht so einfach, wie man meinen könnte. Wir haben zwar alle eine intuitive Vorstellung davon, was lebendig ist und was nicht – aber eine allgemeingültige Definition von Leben ist noch niemandem geglückt. Trotzdem können wir sagen, was für Leben typisch ist, was also zum Leben dazugehört (Abb. 11-1). Auch für die einfachsten Lebewesen – einzellige Formen – gilt: Gegen ihre Umgebung sind sie durch eine Zellhülle abgegrenzt. Dabei lassen sie aber nützliche Stoffe in die Zelle hinein und geben „Abfall" ab. Sie können sich vermehren. Weiterhin können sie ihre Umgebung wahrnehmen.

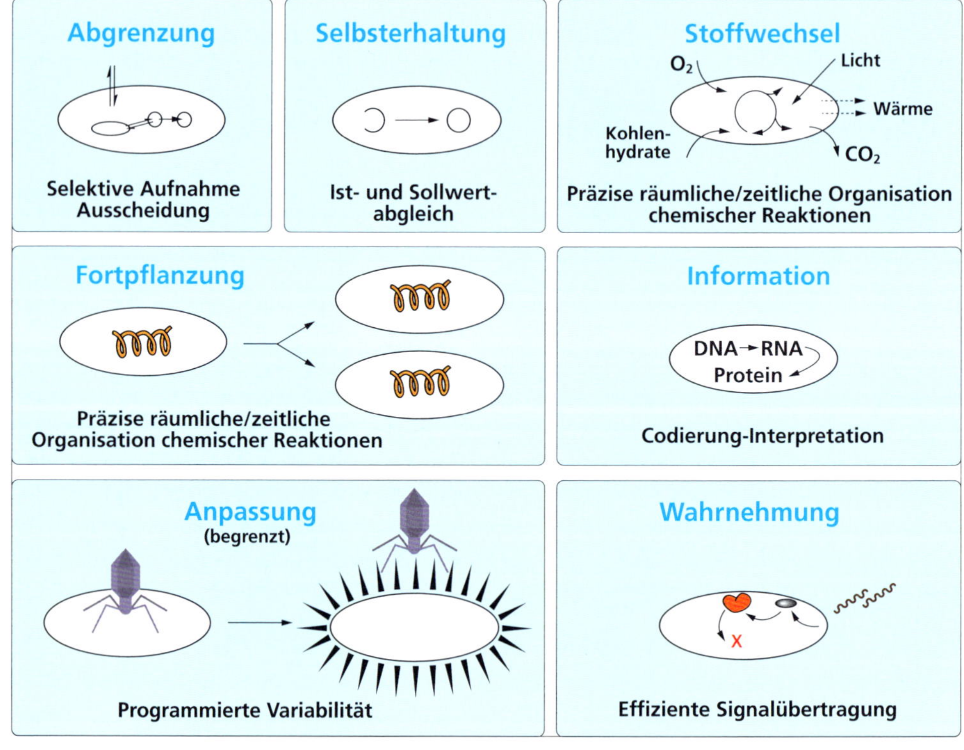

Abb. 11-1 Eine Auswahl von sieben grundlegenden Eigenschaften der Lebewesen. Die Eigenschaft ist als Überschrift über dem jeweiligen Symbol notiert. Unter dem Symbol befindet sich die für die Eigenschaft erforderliche Voraussetzung bzw. Leistung.

Im Inneren ihrer Zellen beinhalten sie ein hochgradig effizientes System der Informationsverarbeitung. Außerdem können sie viele Störungen ausgleichen – sie sind robust und haben Mechanismen der Selbstreparatur.

Das alles ist nur möglich, weil die Lebewesen aus ganz bestimmten molekularen Bausteinen bestehen. Ihr Zusammenwirken ist überaus fein abgestimmt und präzise reguliert.

Wenn man erklären will, wie erste einfache Lebewesen entstanden sein könnten, muss man berücksichtigen, was wir über die einfachsten, heute existierenden Lebewesen wissen. So „einfach" sind sie nämlich gar nicht. Nach heutigem Wissen sind mindestens 300 Gene für einen Mikroorganismus zum Überleben nötig. Die Information dieser Gene wird in Proteine übersetzt, die den Grundbetrieb der Zelle ermöglichen: Aufbau des genetischen Materials, Energiestoffwechsel, Aufbau der Zellwand, Aufbau verschiedener lebensnotwendiger Stoffe und anderes. Dabei ist die Zelle nicht nur ein Sack, in dem diese verschiedenen Stoffe einfach aufbewahrt werden. Alles das muss aufeinander abgestimmt sein und auch auf ein Ziel hin zusammenwirken können. Dazu sind vielfältige Steuermechanismen nötig. Selbst einfachste Zellen kann man daher als eine Art „chemischen Computer" betrachten. In der Zellhülle müssen spezielle Kanäle und Transportsysteme eingebaut sein, damit der Einlass von nützlichen Stoffen und die Abgabe schädlicher Stoffe korrekt erfolgen können. Diese „Schleusen" müssen daher auch in der Lage sein, nützliche und schädliche Stoffe als solche zu erkennen. Ganz wichtig: Alles das ist nicht „einfach", sondern sehr anspruchsvoll. Außerdem müssen *alle* diese Dinge *von Anfang an* vorhanden sein. Andernfalls wäre die Zelle nicht lebensfähig. Vorstufen würden zugrunde gehen und die Zellen könnten sich auch nicht vermehren.

Auch die „einfachsten" Lebewesen sind alles andere als einfach.

Welche aussagekräftigen Indizien gibt es?

Wenn ein Kommissar die Ursache eines Todesfalls aufklären will, wird die Bevölkerung manchmal um „sachdienliche Hinweise" gebeten. Das sind Beobachtungen, die zur Klärung des Falles beitragen können. Welche sachdienlichen Hinweise stehen nun Naturwissenschaftlern zur Verfügung, die die Frage nach der Entstehung des Lebens klären wollen? Ein wichtiges Indiz ist die Beobachtung, dass Leben nur aus Leben entsteht. Der Satz „**Leben kommt nur aus Leben**" ist eine der bestbegründeten Aussagen in der Naturwissenschaft. Dass es so ist, wird immer wieder beobachtet, und es ist kein einziges Gegenbeispiel bekannt. Seit Louis Pasteur durch kluge Versuche den Beweis dafür erbracht hat, wird dieser Satz allgemein anerkannt – für die heutige Situation. Das ist ein starkes Indiz für Schöpfung: Leben kommt ursprünglich von dem lebendigen Gott.

Präbiotische Chemie: Wissenschaftsdisziplin, die sich mit den Bedingungen für die Entstehung des Lebens befasst.

Allerdings wird häufig eingewendet: Vielleicht war es früher anders – ja, es „müsse" anders gewesen sein! Seit Beginn des 20. Jahrhunderts werden Bemühungen unternommen, die Möglichkeit einer Entstehung des Lebens aus Nichtleben ohne einen Schöpfer glaubhaft zu machen. Es gibt dafür sogar eine eigene Wissenschaftsdisziplin, die sogenannte „**präbiotische Chemie**". „Präbiotisch" bedeutet hier „vor der Existenz der ersten Lebe-

12. Schöpfung oder Evolution – was steht auf dem Spiel?

Die Auseinandersetzung um Schöpfung und Evolution auf den Gebieten der Naturwissenschaften ist nicht einfach. Dazu ist Sachkenntnis in unterschiedlichsten Wissensgebieten nötig. Da die Forschung nicht stehen bleibt, muss man ständig „am Ball bleiben". Weshalb sollten Christen überhaupt die damit verbundenen Mühen auf sich nehmen? Besteht keine Möglichkeit, eine Erschaffung durch Gottes Wort irgendwie mit dem Evolutionsgedanken zu verbinden?

„Theistische Evolution"

Versuche, Gottes Schöpfung mit dem Vorgang der Evolution zu harmonisieren, nennen wir „theistische Evolution". „Theistisch" bedeutet „göttlich" und meint hier „von Gott bewirkt". Theistische Evolution geht von der Annahme aus, dass Makroevolution – eine Evolution der Lebewesen einschließlich des Menschen ausgehend von einzelligen Lebewesen – stattgefunden hat. Das soll aber nur deshalb funktioniert haben, weil Gott diesen Vorgang durch sein Wirken ermöglicht oder irgendwie gesteuert hat. Das steht im Gegensatz zur atheistischen Vorstellung von Evolution, bei der Gott keine Rolle spielt.

Kann es eine zielgerichtete Evolution geben?

Könnte es sein, dass Mutationen – das „Rohmaterial" evolutiver Veränderungen (vgl. Kapitel 3) – nicht „blind" erfolgen? Könnte Gott die Lebewesen durch gezielte Mutationen in andere Lebewesen umgebaut haben? Könnte Evolution somit doch zielorientiert und auch weniger grausam sein? Eine solche Vorstellung widerspricht dem evolutionstheoretischen Grundansatz völlig. Sie steht auch im Widerspruch zu unzähligen Beobachtungen. Außerdem passt sie nicht zu einem planvoll handelnden Gott, der Himmel und Erde mit „Weisheit" und „Einsicht" (Jeremia 10,12) geschaffen hat. Denn es gibt – abgesehen von den mutmaßlich gezielten Mutationen – eine große Mehrzahl schädlicher Mutationen. Welche Rolle könnten diese dauernd auftretenden Mutationen spielen, wenn doch Gott der Schöpfer ist? Warum verhindert er diese schädlichen Mutationen nicht? Außerdem widerspricht auch die Vorstellung einer gelenkten Evolution der Bibel in einem entscheidenden Punkt – der Rolle des Todes (siehe weiter unten). Die Idee von Evolution durch gezielt hervorgebrachte Mutationen ist also weder biblisch noch naturwissenschaftlich haltbar.

Denn er sprach: da geschah's; er gebot: da stand es da. Psalm 33,9

Die „Schöpfungsmethode" Gottes

Schöpfung durch Evolution bedeutet Schöpfung durch blinde Mutationen und durch Auslese der am besten Angepassten (Kapitel 3). Denn ohne diese Mechanismen kann Evolution nicht ablaufen, auch eine theistische Evolution nicht. Wäre Gottes Schöpfungsmethode die stammesgeschichtliche Evolution gewesen, hätte Gott beispielsweise auf der frühen Erde für Hunderte von Millionen Jahren eine „Ursuppe" existieren lassen, um ein erstes Bakterium zu erschaffen. Er hätte gewaltsame Konkurrenz benutzt, um affenähnliche Wesen in Menschen zu transformieren. Gott hätte sich der Selektion (Auslese) bedient, um alle Arten von Lebewesen – auch den Menschen – ins Dasein zu bringen. Selektion bedeutet, dass Evolution nur durch den Tod unzähliger nicht so gut angepasster Individuen und das Aussterben vieler Arten möglich war.

Die Bibel betont Gottes Weisheit, Einsicht, Kraft in der Schöpfung.

Biblische Charakterisierungen des Schöpfungshandelns Gottes hingegen betonen Gottes Weisheit, Einsicht, Kraft und Größe sowie sein machtvolles schöpferisches Wort (z. B. Sprüche 3,19; Jeremia 10,12; Römer 1,19f.; vgl. Tab. 12-1). Zufällige Mutationen und Selektion – Änderungen durch blinden Versuch und Irrtum – passen nicht zu diesen Beschreibungen. Außerdem erkennen wir an Jesu Handeln, dass die Schwachen und Verachteten seine besondere Zuwendung erhielten. Das steht in scharfem Gegensatz zu den Gesetzen der Selektion. Selektion passt daher nicht als Methode der Schöpfung im biblischen Sinne.

Um einem Missverständnis vorzubeugen: In Kapitel 3 haben wir Beispiele von Selektion beschrieben. Selektion gibt es tatsächlich, sie ist aber nur ein regulierender, kein kreativer Faktor (vgl. Abb. 3-5, S. 43) – kein Mechanismus, durch den neue Baupläne entstehen.

> *Der HERR hat durch Weisheit die Erde gegründet und den Himmel durch Einsicht festgestellt.*
>
> Sprüche 3,19
>
> *Der HERR ist es, der die Erde durch seine Kraft geschaffen, den Erdkreis durch seine Weisheit fest gegründet und durch seine Einsicht den Himmel ausgespannt hat.*
>
> Jeremia 10,12
>
> *Denn was man von Gott erkennen kann, das ist in (oder: unter) ihnen wohlbekannt; Gott selbst hat es ihnen ja kundgetan.*
>
> Römer 1,19

An den Wundern Jesu, des Sohnes Gottes, ist Schöpfung durch das Wort beispielhaft erkennbar.

Die Schöpfungsakte Gottes sind nicht erforschbar. Man kann sich sein schaffendes Handeln auch nicht anschaulich vorstellen. Aber an den Wundern Jesu, des Sohnes Gottes, ist Schöpfung durch das Wort dennoch beispielhaft erkennbar. So z. B. an der im 1. Kapitel des Markusevangeliums berichteten Heilung eines Aussätzigen: Die Wiederherstellung von Gliedern und die Neuschaffung einer gesunden Haut ist genauso ein Wunder wie die Erschaffung der Sterne. An diesem Handeln erkennt man auch, dass Schöpfung durch das Wort keine evolutiven Zeitspannen erfordert. Außerdem ist Gott in seinem Wirken nicht auf die biologischen, chemischen oder physikalischen Gesetzmäßigkeiten beschränkt, auch wenn er sich ihrer bedienen kann.

Wäre die Evolutionslehre wahr, dann hätte Gott z. B. Tausende von Parasiten *von vornherein* gewollt. Ebenso wären die auf Fressen und Gefressen-Werden angelegten ökologischen Zusammenhänge sein ursprünglicher Plan gewesen. Gemäß der Bibel hingegen hat Gott dem Menschen und den Tieren zunächst ausdrücklich nur pflanzliche Nahrung zugewiesen (1. Mose 1,29f.). Der heute zu beobachtende Daseinskampf zwischen den Organismen („Fressen und Gefressen-Werden") ist Kennzeichen einer von Gott abgefallenen Schöpfung (vgl. Abb. 12-1). Die biblischen Schil-

SCHÖPFUNG	EVOLUTION atheistisch	EVOLUTION theistisch
nicht aus dem Vorhandenen	aus vorhandener Materie	aus vorhandener Materie
augenblicklich	in sehr langer Zeit	in sehr langer Zeit
durch das Wort	durch Zufall	scheinbar durch Zufall, aber doch göttlich gesteuert
durch Geist	durch Mutation (richtungslos)	durch Mutation (richtungslos)
durch Wille	durch Selektion (mit „Ausschuss")	durch Selektion (mit „Ausschuss")
durch Weisheit	durch weitere Faktoren	durch weitere Faktoren
„in Jesus Christus"	durch Selbstorganisation	(auch) durch Selbstorganisation
geplant gewollt zielorientiert sinngebend	**ungeplant ohne Wille ziellos sinnlos**	**Zielorientierung und Sinngebung nicht erkennbar, fragwürdige „Methode"**

Tab. 12-1 Gegenüberstellung der Evolutionsmechanismen und der biblischen Charakterisierungen des Schöpfungshandelns Gottes. Beides lässt sich nicht miteinander harmonisieren.

Dann fuhr Gott fort: „Hiermit übergebe ich euch alle samentragenden Pflanzen auf der ganzen Erde und alle Bäume mit samentragenden Früchten: Die sollen euch zur Nahrung dienen! Aber allen Tieren der Erde und allen Vögeln des Himmels und allem, was auf der Erde kriecht, was Lebensodem in sich hat, weise ich alles grüne Kraut der Pflanzen zur Nahrung an." Und es geschah so.

1. Mose 1,29f

Abb. 12-1 Der Konkurrenzkampf der Lebewesen hat im Rahmen der Evolutionslehre eine ganz andere Bedeutung als im Rahmen der Schöpfungslehre.

derungen der ursprünglichen Schöpfung deuten an, dass sich mit dem Sündenfall – und später auch mit der Sintflut – die gesamten Ökosysteme und Lebensbedingungen auf der Erde verändert haben. Der Wechsel von rein pflanzlicher Nahrung zu Fleischkonsum ist nur *eine* der Folgen dieser Änderungen in der Ökologie.

Abb. 12-2 Ein zerbissener Seeigel – Gehört der Tod in der Schöpfung zu den „Schöpfungsmethoden" Gottes?

Die Bedeutung des Todes

Ohne Tod wäre Evolution nicht möglich. Denn eine Auslese der am besten Angepassten erfordert das Sterben von weniger angepassten Formen – bis hin zum Aussterben ganzer Arten. In der Evolution ist der Tod also eine absolut notwendige Voraussetzung, um das Leben in seiner ganzen Vielfalt hervorzubringen (vgl. Abb. 12-2). Das steht im völligen Gegensatz zur biblischen Sicht des Todes (Römer 6,23; 1. Korinther 15,26). Die Bibel sieht den Tod als Feind des Lebens an – der von Jesus am Kreuz und durch seine Auferstehung besiegt wurde – und nicht als einen lebensspendenden Faktor. Das ist ein zentraler Grundwiderspruch zwischen theistischen Evolutionsvorstellungen und der Bibel. Nach dem biblischem Zeugnis ist der Tod eine Folge der Sünde (Römer 5,12ff.) und keinesfalls Mittel zur Schöpfung. Dieser Widerspruch lässt sich auch nicht auflösen, indem man zwischen geistlichem Tod (die Beziehung zu Gott betreffend) und physischem (körperlichem) Tod unterscheidet. Beides gehört biblischen gesehen nämlich zusammen und ist somit in gleicher Weise Konsequenz der Sünde (vgl. dazu den Kastentext „Tod aufgrund der Sünde = „geistlicher Tod"?").

Theistische Evolution

- Kein erstes Menschenpaar
- kein Sündenfall
- Sünde = Folge der Evolution (d. h. Folge der Schöpfung)
- Tod = „Schöpfungsmechanismus"

Tab. 12-2 Einige Konsequenzen der „theistischen Evolution".

Besonders Römer 8,19ff. macht deutlich, dass die *gesamte Schöpfung* vom Tod als Folge der Sünde betroffen ist. Es heißt dort, die ganze Schöpfung „wurde der Vergänglichkeit unterworfen". Dabei wird angedeutet, dass dies mit der Abwendung des Menschen von Gott (Sünde) zusammenhängt. Darunter seufzt die ganze Schöpfung (vgl. Abb. 12-3) und wartet wie die Christen auf Erlösung. Theistische Evolution beinhaltet also eine Vorstellung vom Tod, die im Gegensatz zur biblischen Lehre steht (vgl. Tab. 12-2).

Abb. 12-3 Geniale Fangmethode bei der Gottesanbeterin – Hat Gott die Schöpfung am Anfang grausam erschaffen?

Wie es Jesus sah

Die Evangelien berichten davon, dass sich Jesus Christus selbst zu den Anfängen der Menschheit geäußert hat. So bestätigt er in einem Streitgespräch mit den Pharisäern die Erschaffung des Menschen – genau wie sie in den ersten Kapiteln der Bibel beschrieben wird. Was darin über den Menschen gesagt wird, ist für Jesus bindend: „Habt ihr nicht gelesen, dass der Schöpfer die Menschen von Anfang an als Mann und Frau geschaffen hat?" (Matthäus 19,4). Die Schöpfungstexte versteht Jesus als Schilderungen tatsächlicher Geschehnisse am Beginn der Menschheitsgeschichte. Diese werden weder relativiert noch neu gedeutet. In diesem Gespräch kommt auch die Hartherzigkeit des Menschen zur Sprache. Jesus macht hier klar: „Von Anfang an ist es nicht so gewesen" (Matthäus 19,8) – eine Anspielung auf den Sündenfall (s. u.). Die Hartherzigkeit ist kein Schöpfungsmerkmal des Menschen, sondern erst später hinzugekommen. All dies passt nicht zu einer allmählichen evolutionären Entstehung des Menschen aus dem Tierreich.

Die Hartherzigkeit ist kein Schöpfungsmerkmal des Menschen, sondern erst später hinzugekommen.

Paulus stimmte Jesus zu. Auch der Apostel Paulus nimmt Bezug auf die Schöpfung. Den gebildeten Athenern erklärt er, dass die ganze Menschheit von einem einzigen Menschen abstammt (Apostelgeschichte 17,26). In einer Gesellschaft, die das biblische Schöpfungszeugnis nicht kannte, hebt er gerade diesen Punkt hervor. Im Römerbrief stellt Paulus einen Zusammenhang zwischen Adam – dem ersten von Gott geschaffenen Men-

> *„Darum, gleichwie durch einen Menschen die Sünde in die Welt hineingekommen ist, und durch die Sünde der Tod …*
>
> *Wie es durch eine einzige Übertretung für alle Menschen zum Verdammungsurteil gekommen ist, so kommt es auch durch eine einzige Rechttat für alle Menschen zur lebenwirkenden Rechtfertigung."*
>
> Römer 5,12.18
>
> **Adam – Jesus**
> **Sünde – Rechtfertigung**
> **Tod – Leben**

Abb. 12-4 Die Gegenüberstellung von Adam und Jesus Christus, von Sünde und Freispruch (Rechtfertigung), von Tod und Leben nach dem Römerbrief.

schen – und Jesus Christus her (Römer 5,12ff.). Der eine brachte Sünde und Tod, der andere Rechtfertigung (das heißt: einen Freispruch trotz Sünde) und Leben (Abb. 12-4). Paulus spricht von zwei realen Personen, deren Handeln Auswirkungen für alle Menschen hatte: Das Verlorensein auf der einen Seite und die Möglichkeit der Errettung von Sünde und Tod auf der anderen Seite. Damit wird klar: Das Evangelium ist mit dem biblischen Zeugnis über den Anfang untrennbar verknüpft. Der Bericht von Schöpfung und Sündenfall im Alten Testament ist das Fundament für alles, was das Neue Testament über das stellvertretende Leiden und Sterben Jesu sagt. Nur ausgehend von der Erschaffung des Menschen und seiner Abkehr vom Schöpfer (Sündenfall und in dessen Folge der Tod) kann man das Erlösungswerk Jesu verstehen.

> „Er hat auch gemacht, dass das ganze Menschengeschlecht von einem einzigen (Stammvater) her auf der ganzen Oberfläche der Erde wohnt, und hat für sie bestimmte Zeiten ihres Bestehens und auch die Grenzen ihrer Wohnsitze festgesetzt."
> Apostelgeschichte 17,26

Tod aufgrund der Sünde = „geistlicher Tod"?

Häufig wird so argumentiert: Wenn die Bibel davon spricht, dass durch die Sünde Adams der Tod in die Welt hineinkam (Römer 5,12ff.; Abb. 12-4), ist damit der *„geistliche Tod"* gemeint – also die Trennung des Menschen von Gott. Z. B. bezeichnet Paulus die Christen in Ephesus als ehemals *„tot in den Sünden und Übertretungen"* (Epheser 2,1), obwohl sie doch körperlich und seelisch lebten. In Römer 5,12ff. kann dennoch nur gemeint sein, dass (auch) der körperliche Tod Folge der Sünde ist. Dafür sprechen folgende Gründe: An anderen Stellen bezeichnet Paulus den *„geistlichen Tod"* als *„Sünde"*. Hier in Römer 5,12 wird der Tod aber der Sünde *gegenübergestellt*. Der Tod ist die *Folge* der Sünde – er kann nicht gleichzeitig dasselbe wie die Sünde sein. Zu argumentieren, dass durch die Sünde nur der geistliche Tod in die Welt kam, ist also schon alleine logisch nicht schlüssig. Darüber hinaus ist im Zusammenhang von Römer 5,12 ständig vom körperlichen Sterben die Rede: unmittelbar davor vom Sterben Jesu am Kreuz – hier ist ohne Zweifel physisches Sterben gemeint – und danach vom Sterben der Väter von Adam bis Mose (Römer 5,14). Jesu körperliches Sterben entspricht auch dem physischen Tod als Folge der Sünde des Menschen.
Schließlich wird in Römer 5,13 gesagt, dass *„der Tod herrschte von Adam bis Mose auch über die, welche nicht wie Adam durch Übertreten eines Gebots gesündigt hatten"*. Es wird also ein Unterschied zwischen der ursprünglichen Sünde Adams und dem späteren Sündigen der Menschen gemacht, aber der Tod trifft alle gleichermaßen. Mit dem Tod kann auch hier nur der körperliche bzw. ganzheitliche Tod gemeint sein.

Der Sündenfall und heilsgeschichtliche Zusammenhänge. Die Vorstellung, dass sich der Mensch langsam aus dem Tierreich emporentwickelt hat, ist mit dem biblischen Zeugnis vom Sündenfall des Menschen unvereinbar. Worin sollte dieser Sündenfall im Laufe der Evolution bestanden haben? Alles, was der Mensch – und seine angenommenen Vorfahren – getan haben, war gut und notwendig für ihre evolutive Entwicklung. Sünde und Schuld im biblischen Sinne kann es im Rahmen einer Evolution des Menschen nicht geben. Damit kann der Mensch aber auch nicht für seine Sünde zur Rechenschaft gezogen werden. In letzter Konsequenz wird dadurch die Erlösung durch das stellvertretende Leiden und Sterben Jesu am Kreuz unnötig, ja, geradezu sinnlos. Das zentrale Thema der Bibel, Gottes Heilsgeschichte mit den Menschen, verlöre jeglichen Bezug zur Wirklichkeit.[1]

Die Bibel und das Alter der Welt

Die Frage nach dem Alter der Welt aus biblischer Sicht lässt sich nicht direkt beantworten. Denn die Bibel nennt das exakte Datum der Schöpfung nicht. Dennoch lässt sich die Größenordnung des Alters aus den biblischen Texten erschließen. Dazu müssen wir zunächst ein wenig ausholen. Wie oben dargelegt, kam der Tod (auch der leibliche Tod) erst durch die Sünde Adams in die Schöpfung (Römer 5,12ff.). Das gilt auch für die Tierwelt (Römer 8,19ff.). Die Tierwelt früherer Zeiten ist uns durch Fossilien bekannt (vgl. Kapitel 8). Mit den Fossilien ist aber nicht nur vergangenes Leben, sondern auch der Tod in der Schöpfung dokumentiert. Da der erst durch den Sündenfall des Menschen in die Schöpfung hineinkam, gehören die Fossilien in die Zeit nach dem Sündenfall. Sie passen nicht in die Schöpfungswoche, in der es noch keinen Tod gab. Für die in den geologischen Schichten eingeschlossenen Fossilien folgt daraus, dass sie nicht älter als die Menschheit sein können.

Außerdem ist von der Bibel her klar, dass zwischen Adam und Jesus Christus keine Zeiträume von Hunderttausenden oder gar Millionen Jahren liegen. Vielmehr überliefert die Bibel in 1. Mose 5 und 11 sowie im 1. Chronikbuch die Abfolgen der Generationen von Adam bis in die Zeit der biblischen Könige. Im Matthäus- und Lukasevangelium wird die Abstammungsfolge bis zu Jesus Christus weitergeführt. Auch wenn diese Chronologien teilweise Lücken enthalten können (was in der Matthäus-Chronologie offensichtlich ist), lassen sie sich nicht beliebig weit dehnen.[2] Damit beträgt das Alter der Menschheit nur tausende oder allenfalls 10.000–15.000 Jahre. Dieser Zeitrahmen gilt auch für die Tierwelt (siehe oben – das Geschick der Tierwelt ist mit dem Schicksal des Menschen verbunden, auch im zeitlichen Sinne). Außerdem ist durch das Sechstagewerk die Erschaffung des Kosmos zeitlich mit der Erschaffung der Lebewesen gekoppelt. Deshalb gilt dieser knappe Zeitrahmen auch für die Welt als Ganzes. Es ist jedenfalls nicht ersichtlich, an welcher Stelle der Menschheitsgeschichte, wie sie die Bibel schildert, größere Zeiträume Platz finden könnten. Die damit verbundenen wissenschaftlichen Fragen sind nicht leicht zu beantworten (vgl. Kapitel 8–10), aber die Auslegung der Bibel muss von den biblischen Texten ausgehen, nicht von wissenschaftlichen Hypothesen.

Zusammenfassung

Die Evolutionslehre kann nicht überzeugend mit der biblischen Urgeschichte harmonisiert werden. Auch eine theistische Interpretation – „Schöpfung durch Evolution" – führt zu schwerwiegenden Widersprüchen mit den biblischen Texten (Abb. 12-1, 12-5). Denn die Erschaffung des Menschen und der anderen Lebewesen passt so, wie sie die Bibel schildert, nicht zum Zufalls- und Ausleseprozess der Evolution. Im Rahmen einer evolutionären Weltgeschichte kann es kein erstes Menschenpaar und keinen Sündenfall gegeben haben. Der Tod wäre aber von Anfang an Teil der Schöpfung gewesen – lange bevor es Menschen gegeben hätte. Somit könnte er nicht die Folge der Sünde des Menschen sein, wie es die Bibel lehrt. Sünde und Tod bilden aber den Hintergrund für das Leiden und Sterben Jesu Christi. Ohne dieses Fundament werden wesentliche Aussagen des Neuen Testaments sinnlos: Denn das stellvertretende Leiden und Sterben Jesu macht keinen Sinn, wenn Sünde die Folge von Evolution ist. Wird Evolution als Schöpfung Gottes verstanden, dann hätte Gott selbst den Menschen schon durch die Schöpfung zum Sünder gemacht. Somit kann der Mensch nicht für seine Sünde zur Rechenschaft gezogen werden. In diesem Fall braucht er auch keinen Retter, der stellvertretend für ihn die Strafe für die Sünde auf sich nimmt. Aus Sicht der Evolutionstheorie wäre also Gott selbst der Urheber der Sünde. Er hätte den Tod von vornherein in die Schöpfung hineingelegt, um durch ihn das Leben überhaupt erst hervorzubringen. Theistische Evolution widerspricht somit klar dem biblischen Verständnis.

Im Rahmen einer Evolution kann es kein erstes Menschenpaar und keinen Sündenfall gegeben haben.

Aus biblischer Sicht ist das Schicksal der gesamten Schöpfung mit dem des Menschen gekoppelt – auch zeitlich. Daraus ergibt sich, dass die Geschichte des Lebens aus biblischer Perspektive kurz ist. Denn die Menschheitsgeschichte ist Jahrtausende – nicht Jahrmillionen – lang.

Ausblick

Die Vorstellungen von einer einige Milliarden Jahre langen Erdgeschichte und einer Menschheitsgeschichte, die etwa zwei Millionen Jahre dauert, sind in unserer Zeit und Kultur so weit verbreitet und geläufig, dass sie allgemein als Tatsachen akzeptiert werden. Außerdem wirken die evolutionstheoretische Sicht und ihr Langzeitkonzept auf den ersten Blick

Schöpfung durch Evolution?

Wesentliche Inhalte der Evolutionslehre stehen im Widerspruch zur Bibel:

- Sünde wäre nicht die Folge von Ungehorsam gegenüber Gott, sondern ein Produkt der (Verhaltens-)Evolution.
- Der Tod wäre nicht die Folge der Sünde, sondern der Motor der Evolution.
- Jesus Christus, als Retter von Sünde und Tod, passt nicht ins evolutionäre Weltbild.

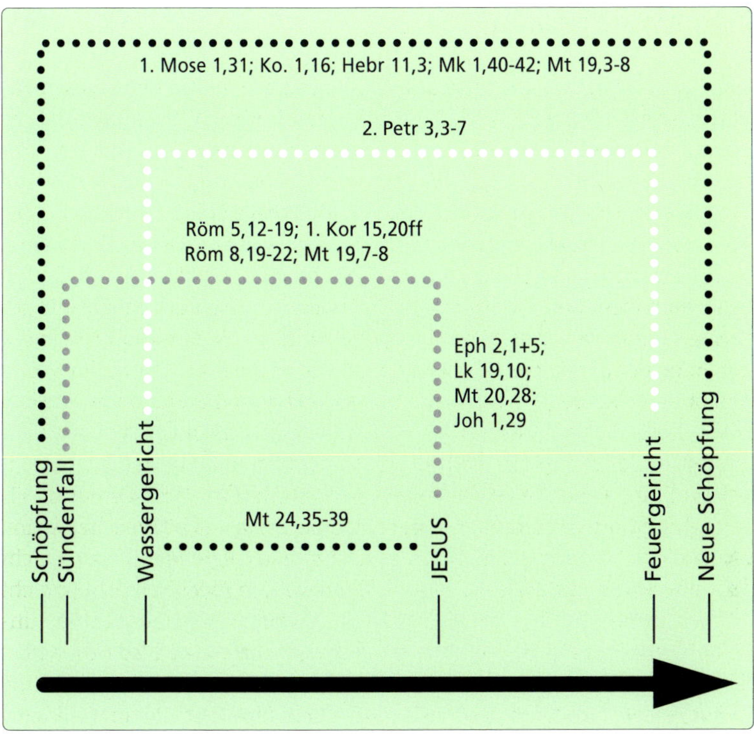

Abb. 12-5 Zwischen den Ereignissen der biblischen Urgeschichte und dem Neuen Testament bestehen vielfältige Beziehungen. Insbesondere das Kommen und Wirken Jesu Christi ist nur vor dem Hintergrund der biblischen Urgeschichte als wirklicher Geschichte verstehbar.

schlüssig und solide – wie eine unbezwingbare Festung. Die biblische Sicht einer kurzen Geschichte des Menschen und der Erde wirft daher zwangsläufig Fragen auf – vor allem aus dem Gebiet der Naturwissenschaften. Teilweise gibt es bis heute keine schlüssigen Antworten, wie in Kapitel 10 gezeigt wurde. Das lässt viele hinterfragen, ob man – unter Berufung auf das biblische Zeugnis – die evolutionstheoretische Sicht wirklich ablehnen muss. Sie übersehen dabei, dass es hier nicht um Randfragen des christlichen Glaubens geht. Es geht um Jesus Christus: um den Hintergrund seines Kommens auf unsere Erde und um die Bedeutung seines Leidens, seines Sterbens und seiner Auferstehung. Die Spannungen, die sich aus den derzeitigen Widersprüchen ergeben, sind eine Herausforderung. Aber der christliche Glaube fußt auf dem Wort Gottes – nicht darauf, dass alle wissenschaftlichen Fragen gelöst sind. Ein solcher Glaube kann offene Fragen mit einiger Gelassenheit stehen lassen.

Der christliche Glaube fußt auf dem Wort Gottes – nicht darauf, dass alle wissenschaftlichen Fragen gelöst sind.

In der Bibel hat Gott sich selber klar als Schöpfer bezeugt und er hat in Seinem Wort auch in wichtigen Punkten mitgeteilt, wie er geschaffen hat. Diese Mitteilungen Gottes haben größeres Gewicht als jede wissenschaftliche Theorie, denn er als Schöpfer weiß am besten Bescheid. Nicht umsonst stellt er dem leidgeprüften Hiob am Beginn seiner persönlichen Antwort die Frage (Hiob 38,4): „Wo warst Du, als ich die Erde gründete?" Der Blick auf die Schöpfermacht Gottes soll auch Ihnen, liebe Leserinnen und Leser, helfen, in Ihrem Leben ganz auf Gott und seine Zusagen zu vertrauen.

Anmerkungen, Quellen und weiterführende Literatur

Weiterführende Literatur ist bei den Anmerkungen und ggf. am Schluss der jeweiligen Kapitel angegeben. Zur Vertiefung der meisten Teile dieses Buches sei empfohlen: Junker R & Scherer S (Hg., 2013) Evolution. Ein kritisches Lehrbuch. Gießen: Weyel, 7. Auflage.

Vorwort

1 „Darwin machte es möglich, ein intellektuell erfüllter Atheist zu werden" (R. Dawkins (1986) Der blinde Uhrmacher. München).

Kapitel 1

1 Eine Vereinbarkeit wäre nur dann gegeben, wenn Evolution in irgendeiner Weise als programmiert verstanden würde. Das würde heißen, dass die Materie und ihre Gesetzmäßigkeiten gerade so gestaltet wären, dass sie sich sozusagen automatisch zu komplexen Gebilden zusammenfügen würde, irgendwann auch zu ersten Lebewesen. Und die entstandenen ersten Lebewesen müssten gerade so gestaltet sein, dass sich automatisch (aufgrund der wirkenden Naturgesetze) eine biologische Evolution anschließen würde, die zur Formenvielfalt aller heutigen und ausgestorbenen Arten geführt haben müsste. Für eine solche extrem weitgehende Programmierung gibt es allerdings keine Hinweise und ein solches Konzept ist daher spekulativ. Und eine Programmierung würde einen Schöpfungsakt bei der Entstehung der passend gestalteten Materie erfordern. Sonst würde es keinen Sinn machen, überhaupt von „Schöpfung" zu sprechen.
2 Todd SC (1999) A view from Kansas on that evolution debate. Nature *401*, 423.
3 Lewontin R (1997) Billions and billions for demons. The New York Review, January 9, S. 31. www.nybooks.com/articles/1997/01/09/billions-and-billions-of-demons/
4 Es mag sein, dass eine endgültige Antwort nicht gelingt; es geht hier darum, alle denkbaren Antwortmöglichkeiten einzubeziehen.

Zur Vertiefung:
Widenmeyer M (2018) Welt ohne Gott? Eine kritische Analyse des Naturalismus. Studium Integrale. Holzgerlingen, 3. Auflage.
Widenmeyer M & Junker R (2016) Der Kern des Design-Arguments in der Biologie und warum die Kritiker daran scheitern. https://www.wort-und-wissen.org/wp-content/uploads/a22.pdf

Kapitel 2

1 Unklare Fälle gibt es, wenn die Indizien schwach sind. Beispielsweise gibt es Seen, die einen herzförmigen Umriss haben. Die ungefähre Form eines Herzens ist zu wenig spezifisch, um einen sicheren Schluss auf die Entstehungsweise machen zu können (anders als beim Beispiel der Figuren auf der Osterinsel). Hier könnten zusätzliche Indizien für Klarheit sorgen: Wenn es außer der Form des Sees deutliche Spuren einer Baggertätigkeit gäbe, würden die Begleitumstände für Design sprechen.
2 Ausführliche Erläuterungen zu diesem Sachverhalt und Auseinandersetzung mit Kritik: Junker R & Widenmeyer M (Hrsg., 2021) Schöpfung ohne Schöpfer? Eine Verteidigung des Design-Arguments in der Biologie. Studium Integrale. Holzgerlingen.
3 Ein ganz einfaches Beispiel dazu: Der Stiel als Teil eines Hammers ist nicht funktionslos, aber die Funktion eines Hammers kann er alleine nicht erfüllen.
4 Bild und Video unter https://www.nature.com/news/insect-leg-cogs-a-first-in-animal-kingdom-1.13723
5 Mehr zum Thema „Nichtreduzierbare Komplexität" unter https://www.genesisnet.info/schoepfung_evolution/i1624.php
6 Mehr zum Thema Plastizität der Lebewesen: https://www.wort-und-wissen.org/artikel/plastizitaet-der-lebewesen-baustein-der-makroevolution/
7 Whitman DW & Agrawal AA (2009) What is phenotypic plasticity and why is it important? In: Whitman DW & Ananthakrishnan TN (eds) Phenotypic plasticity of insects: Mechanisms and consequences. Science Publishers, S. 20.

8 Mehr über Konvergenz bei Ölkörperchen und extraflorale Nektarien bei: Kutzelnigg H (2013) Rekordverdächtige Konvergenzen. Beziehungen zwischen Pflanzen und Ameisen. Stud. Integr. J. *20*, 76–83.
9 Montealegre-Zapata F, Jonsson T, Robson-Brown KA, Postles M & Robert D (2012) Convergent evolution between insect and mammalian audition. Science *338*, 968–971.
10 Wiegmann BM, Trautwein MD et al. (2011) Episodic radiations in the fly tree of life. Proc. Natl. Acad. Sci. *108*, 5690–5695.
11 Thomas JH (1993) Thinking about genetic redundancy. Trends Genet. *9*, 395–399; Pickett FB & Meeks-Wagner DR (1995) Seeing double: appreciating genetic redundancy. Plant Cell *7*, 1347-1356; Wagner A (1999) Redundant gene functions and natural selection. J. Evol. Biol. *12*, 1–16; Sommer R (2008) Homology and the hierarchy of biological systems. BioEssays *30*, 653–658.
12 Ausführlich bei: Junker R & Scherer S (2013) Evolution. Ein kritisches Lehrbuch. Gießen, 7. Auflage, IV.8.
13 „Der Spiegel" 11/1998, S. 181.
14 Gerd Binnig, in: Blüchel KG & Malik F (Hrsg., 2006) Faszination Bionik. Die Intelligenz der Schöpfung. München, S. 14.
15 Mutschler HD (2002) Naturphilosophie. Stuttgart, S. 124.
16 Aus einem Vortrag von Winfried Borlinghaus; ein weiteres Zitat daraus: „Wie kann es sein, dass etliche hochintelligente Menschen Jahre zusammenarbeiten müssen, um nur nachzubauen, was in der Natur bereits vorhanden ist, um dann ein Ergebnis zu erzielen, welches um Größenordnungen schlechter ist als das natürliche Vorbild?"
17 Simulationen von Evolutionsvorgängen im Sinne von Optimierungen, die sehr erfolgreich sein können, schwächen das Bionik-Argument nicht. Denn dabei muss immer von einem funktionsfähigen System ausgegangen werden, das anschließend über zufällige Variation der Systemparameter an vorgegebene Kriterien (z. B. geringster Strömungswiderstand) angepasst wird.

Zur Vertiefung:
Junker R & Widenmeyer M (Hrsg., 2021) Schöpfung ohne Schöpfer? Eine Verteidigung des Design-Arguments in der Biologie. Studium Integrale. Holzgerlingen.

Kapitel 3

1 Grant BR & Grant PR (1993) Evolution of Darwin's finches caused by a rare climatic event. Proc. R. Soc. Lond. *251B*, 111–117; vgl. Abzhanov A, Protas M, Grant BR, Grant PR & Tabin CJ (2004) Bmp4 and morphological variations of beaks in Darwin's finches. Science *305*, 1462–1465.
2 Es gibt auch neutrale oder fast neutrale Mutationen. Diese können sich zufällig durchsetzen und dadurch in der Population verankert werden. Genauere Informationen: Junker R & Scherer S (Hrsg., 2013) Evolution. Ein kritisches Lehrbuch. Gießen, 7. Auflage, IV.9.9.
3 Der Entwicklungsbiologe Eric Davidson stellt fest: „Es gibt immer eine beobachtbare Auswirkung, wenn ein Teil eines Entwicklungs-Netzwerks unterbrochen wird. Da die Folgen immer katastrophal schlecht sind, ist ihre Flexibilität minimal, und da alle Teile miteinander verbunden sind, hat das ganze Netzwerk daran Anteil, dass es nur einen Weg gibt, wie die Sache funktioniert" (Davidson EH (2011) Evolutionary bioscience as regulatory systems biology. Dev. Biol. *357*, 35–40; Zitat S. 40)
4 Die Situation ist nur dann anders gelagert, wenn Konvergenzen entweder bloße Spezialisierungen sind (also keine neue Konstruktion) oder wenn es sich um eine Art Freischaltung latenter Anlagen handeln könnte.
5 „Die Konvergenzen erschöpfen sich nicht in solchen Anpassungsmerkmalen. Die pflanzlichen Gestaltungsverhältnisse weisen vielmehr ... unverkennbare Züge nicht adaptiver Natur auf und es sind gerade diese, welche sich an Formen verschiedener Organisation wiederholen. Wir stehen also vor der Tatsache, daß die als Konvergenzen bezeichneten Ähnlichkeiten nicht von außen bedingt und deshalb auch nicht aus konvergenter Anpassung zu erklären sind" (Troll W [1937] Vergleichende Morphologie der höheren Pflanzen, Erster Band, Erster Teil. Berlin, S. 24).
„Die Merkmale, anhand derer Familien und Ordnungen der Bedecktsamigen Blütenpflanzen (Angiospermen) unterschieden werden, sind zum großen Teil solche, die schwerlich mit Anpassung und Überlebensvorteil in Verbindung zu bringen sind: die Position des Fruchtknotens; die Form der Kronblätter; die Ausprägung von

Früchten; die Stellung der Samenanlage im Fruchtknoten; Anzahl der Blütenteile von jeder Art; Anwesenheit oder Abwesenheit von Endosperm oder Perisperm im Samen; die Abfolge der Entwicklung der Staubblätter und so weiter“ (Arthur Cronquist (1969), S. 188; zit. in: Minelli A (1993) Biological systematics. The state of the art. London).
Zur Vertiefung: Braun HB (2012) Warten auf einen neuen Einstein. Stud. Integr. J. *19*, 12–19.

6 Alberts B (1998) The cell as a collection of protein machines: Preparing the next generation of molecular biologists. Cell *92*, 291–294.

7 Borger P (2019) Artübergreifende wiederkehrende Mutationen. Oder: Die Illusion der Verwandtschaft. Stud. Integr. J. *26*, 77–85.

8 Junker R (2008) Nichtreduzierbare Komplexität. https://www.genesisnet.info/pdfs/Irreduzible_Komplexitaet.pdf

9 Vedder D (2014) 25 Jahre Evolution in vitro. Stud. Integr. J. *21*, 36–38; Vedder D (2020) Citratnutzung bei *Escherichia coli:* Kein evolutionäres Sprungbrett. Stud. Integr. J. *27*, 117–118.

10 Detaillierte Begründung: Junker R (2017) Dino-Federvieh. Zum Ursprung von Vogelfeder und Vogelflug. https://www.wort-und-wissen.org/wp-content/uploads/b-17-1_feder-und-flug.pdf

Kapitel 4

1 Zu diesen programmierten Anpassungsmöglichkeiten kann man heute aus biologischer Sicht sehr viel sagen. Siehe dazu: Crompton N (2019) Mendel'sche Artbildung und die Entstehung der Arten. https://www.wort-und-wissen.org/wp-content/uploads/b-19-3_mendel.pdf; Crompton N (2020) Die Paradiesvögel, ihre Hybriden und die Rolle der sexuellen Selektion. https://www.wort-und-wissen.org/wp-content/uploads/b-20-4_paradiesvoegel.pdf

2 Whiting MF, Bradler S & Maxwell T (2003) Loss and recovery of wings in stick insects. Nature *421*, 264–267.

3 Colosimo PF, Hosemann KE et al. (2005) Widespread parallel evolution in sticklebacks by repeated fixation of Ectodysplasin alleles. Science *307*, 1928–1933; Lescak EA, Bassham SL et al. (2015) Evolution of stickleback in 50 years on earthquake-uplifted islands. Proc. Natl. Acad. Sci. *112*, E7204–E7212.

4 Crompton N (2019) Mendel'sche Artbildung und die Entstehung der Arten. https://www.wort-und-wissen.org/wp-content/uploads/b-19-3_mendel.pdf

5 „Bei mittelgroßen Säugetieren dauert eine vollständige Fortpflanzungsisolation im Allgemeinen mindestens 1,4 Millionen Jahre.“ (Hublin JJ [2014] How to build a Neanderthal. Science *44*, 1338–1339)

6 Scherer S & Hilsberg T (1982) Hybridisierung und Verwandtschaftsgrade innerhalb der Anatidae – eine systematische und evolutionstheoretische Betrachtung. J. Ornithol. *123*, 357–380.

7 Kobayashi S, Goto-Yamamoto N & Hirochika H (2004) Retrotransposon-induced mutations in grape skin color. Science *304*, 982.

8 Nach Pfennig DW & Murphy PJ (2000) Character displacement in polyphenic tadpoles. Evolution *54*, 1738–1749.

9 Mehrere Beispiele und Belege für diese These unter https://www.wort-und-wissen.org/artikel/plastizitaet-der-lebewesen-baustein-der-makroevolution/

Zur Vertiefung:
Crompton N (2019) Mendel'sche Artbildung und die Entstehung der Arten. https://www.wort-und-wissen.org/wp-content/uploads/b-19-3_mendel.pdf

Kapitel 5

1 Junker R (2002) Ähnlichkeiten, Rudimente, Atavismen. Holzgerlingen.

2 Wägele JW (2001) Grundlagen der Phylogenetischen Systematik. München (2. Aufl.).

3 Britten RJ (2002) Divergence between samples of chimpanzee and human DNA sequences is 5 %, counting indels. Proc. Natl. Acad. Sci. *99*, 13633–13635.

4 Dabei handelt es sich um miRNA-Gene und lncRNA-Gene. Dagegen sind „nur“ ca. 20.000 protein-codierende Gene bekannt.

5 Siehe z. B.: Binder H (2007) Über den genetischen Unterschied zwischen Mensch und Schimpanse – der „1 %-Mythos“. http://www.genesisnet.info/schoepfung_evolution/n87.php.

6 Terborg P (2019) Das Erbgut von Mensch und Schimpanse. Wie groß ist die genetische Verwandtschaft wirklich? Stud. Integr J. *26*, 4–10.

7 The Chimpanzee Sequencing and Analysis Consortium (2005) Nature *437*, 50–51; Britten RJ (2002) Proc. Natl. Acad. Sci. USA *99*, 13633–13635; Pollard K (2015) Bioessays *37*, 1054–1061; Ruiz-Orera J et al. (2015) PLoS Genet. 11: e1005721; Berezikov E et al. (2006) Nature Genetics *38*, 1375–1377; Tomkins JG (2018) Answers Research J. *11*, 205–209.

8 Sanford J et al. (2015) The waiting time problem in a model hominin population. Theor. Biol. Med. Model 12:18; https://www.ncbi.nlm.nih.gov/pubmed/26376851

9 Borger P (2019) Artübergreifende wiederkehrende Mutationen. Oder: Die Illusion der Verwandtschaft. Stud. Integr. J. *26*, 77–85.

10 Richter S & Sudhaus W (Hg, 2004) Kontroversen in der Phylogenetischen Systematik der Metazoa. Sitzungsbericht der Gesellschaft Naturforschender Freunde zu Berlin. N.F. *43*, 1–221.

11 Losos JB, Hillis DM & Greene HW (2012) Who speaks with a forked tongue? Science *338*, 1428–1429.

12 Nach *Springer* MS et al. (2004) Molecules consolidate the placental mammal tree. Trends Ecol. Evol. *19*, 430–438.

13 Scholl B (2018) Affe = Mensch? Ein Überblick über verhaltensbiologische Unterschiede zwischen Affen und Menschen. W+W Special Paper B-18-1, https://www.wort-und-wissen.org/wp-content/uploads/b-18-1_affe-mensch.pdf.

Zur Vertiefung:
Junker R (2002) Ähnlichkeiten, Rudimente, Atavismen. Holzgerlingen.
Terborg P (2019) Das Erbgut von Mensch und Schimpanse. Wie groß ist die genetische Verwandtschaft wirklich? Stud. Integr J. *26*, 4–10.

Kapitel 6

1 Nesse RM & Williams GC (1997) Warum wir krank werden. Die Antworten der Evolutionsmedizin. München.

2 Junker R (2008) Der Wurmfortsatz als Rettungsstation. Stud. Integr. J. *15*, 31–32.

3 Ullrich H (2013) Der Wurmfortsatz: Vom Nichtsnutz zum Mysterium. Stud. Integr. J. *20*, 111–115.

4 Ullrich H, Winkler N & Junker R (2006) Zankapfel Auge. Stud. Integr. J. *13*, 1–14.

5 Franze K et al. (2007) Müller cells are living optical fibers in the vertebrate retina. Proc. Natl. Acad. Sci. *104*, 8287–8292; Labin AM, Safuri SK, Ribak EN & Perlman I (2014) Müller cells separate between wavelengths to improve day vision with minimal effect upon night vision. Nat. Comm. 5: 4319, doi:10.1038/ncomms5319; Ullrich H (2014) „Fehlkonstruktion Auge“: Am Ende nur ein Scherz? Stud. Integr. J. *21*, 114–115.

6 Detaillierte Informationen: Junker R (2002) Ähnlichkeiten, Rudimente, Atavismen. Holzgerlingen.

7 Ullrich H (2004) „The human tail“. Entwicklungsstörung oder Hinweis auf geschwänzte Vorfahren des Menschen? Stud. Integr. J. *11*, 51–58. Weitere Infos zu Atavismen: Junker R (2002) Ähnlichkeiten, Rudimente, Atavismen. Holzgerlingen.

8 Pennisi E (2010) Shining a light on the genome's 'Dark Matter'. Science *330*, 1614; Binder H (2011) Dunkle Seiten des Genoms beleuchtet. https://www.genesisnet.info/schoepfung_evolution/n160.php

9 The ENCODE Project Consortium (2007) Identification and analysis of functional elements in 1 % of the human genome by the ENCODE pilot project. Nature *447*, 799–816.

10 The ENCODE Project Consortium (2012) An integrated encyclopedia of DNA elements in the human genome. Nature *489*, 57–74.

Zur Vertiefung:
Junker R (2002) Ähnlichkeiten, Rudimente, Atavismen. Holzgerlingen.

Kapitel 7

1 Proctor NS & Lynch PJ (1993) Manual of ornithology. Avian structure & function. Yale Univ. Press.

2 Prum RO & Brush AH (2003) Zuerst kam die Feder. Spektr. Wiss. 10/03, 32–41; Zitat S. 35.

3 Hunter S (o.J.) Feathers: What's flight got to do – got to do with it? http://ncsce.org/pages/feathers.html

4 O'Rahilly R & Müller F (2001) Human Embryology & Teratology. John Wiley & Sons. 3rd edition. Rezension von Henrik Ullrich in: Studium Integrale Journal *10*, 46–48.

5 Genauere Erläuterungen dazu in Junker R & Scherer S (Hrsg., 2013) Evolution. Ein kritisches Lehrbuch. Gießen, 7. Auflage.

6 Es handelt sich ohnehin nicht um ein

statisches Ablesen eines Bauplans, sondern um ein vom Ziel her bestimmtes und auf das Ziel hin ausgerichtetes dynamisches Programm mit Regulation und Interaktionen verschiedener biologischer Organisationsebenen (Gene – Makromoleküle – Zellen – Gewebe – Organe – Organismus). Nur bei bekanntem Ziel ergeben die Wege und Zwischenschritte der ontogenetischen Entwicklung Sinn. Gene sind nur eine von vielen Informationsquellen und definieren einige Rahmenbedingungen der Entwicklung. In ihnen ist definitiv das Ziel der Entwicklung nicht allein zu finden bzw. vorgegeben. Eine evolutionäre Entwicklung und damit auch eine Rekapitulation in der Ontogenese geht dagegen davon aus, dass ein statisches Programm um eine Komponente am Anfang, in der Mitte oder am Ende des Entwicklungsganges erweitert oder verringert wird. Hier wird fälschlicherweise angenommen, dass das Ziel in den Genen vorliege oder von diesen vorgegeben werde.

Zur Vertiefung:
Junker R & Scherer S (Hrsg., 2013) Evolution. Ein kritisches Lehrbuch. Gießen: 7. Auflage, Kapitel V.11.

Kapitel 8

1 Wenn sprunghafte Änderungen funktional sind, liegt das daran, dass präexistente Programme abgerufen werden (vgl. Kapitel 4).

2 Detaillierte Darstellung in: Junker R (1996) Evolution früher Landpflanzen. Studium Integrale. Holzgerlingen.

3 Detaillierte Darstellung: Junker R (2019) Sind Vögel Dinosaurier? Internetartikel unter https://www.wort-und-wissen.org/wp-content/uploads/b-19-4_dinos-voegel.pdf

4 Dies wird ausführlich erörtert in: Stephan M (2002) Der Mensch und die geologische Zeittafel. Holzgerlingen; sowie in: Stephan M (Hg., 2015) Sintflut und Geologie. Holzgerlingen, 4. Auflage.

5 Erwin D & Valentine JW (2013) The Cambrian Explosion. Bedford. Zitat Seite v.

7 Meyer S (2013) Darwins Doubt. Harper One; Junker R (2010) Kambrische Explosion. https://www.genesisnet.info/pdfs/Kambrische_Explosion.pdf.

7 Beznosov PA, Clack JA, Lukševics E, Ruta M & Ahlberg PD (2019) Morphology of the earliest reconstructable tetrapod *Parmastega aelidae*. Nature *574*, 527–531; Junker R (2020) *Parmastega* – neuer erster Vierbeiner? Stud. Integr. J. *27*, 39–42.

8 Knoll AH, Niklas KJ, Gensel PG & Tiffney BH (1984) Character diversification and patterns of evolution in early vascular plants. Paleobiology *10*, 34–47; Zitat S. 41.

9 Eine solche Passung ist in keinem Fall und für kein Modell ein Beweis.

10 Siehe dazu: Stephan M (Hg., 2015) Sintflut und Geologie. Holzgerlingen, 4. Auflage; Stephan M (2002) Der Mensch und die geologische Zeittafel. Holzgerlingen; Brandt M (2020) Wie alt ist die Menschheit? Studium Integrale. Holzgerlingen, 6. Auflage; sowie die Online-Loseblattsammlung „Gültigkeit und Grenzen geologischer Zeitbestimmung" unter https://www.wort-und-wissen.org/publikationen/geologie-loseblattsammlung/

Kapitel 9

1 Brandt M (2012) *„Homo" habilis* war kein Mensch. Kluft zwischen fossilen Menschen und Menschenaffen größer geworden. Stud. Integr. J. *19*, 4–11; Hartwig-Scherer S & Brandt M (2007) KNM-ER 1470 kein Vorfahr des Menschen – Aufstieg und Fall eines Stars. Stud. Integr. J. *14*, 74–76.

2 Unter www.si-journal.de ist dazu eine ganze Reihe von Artikeln veröffentlicht.

3 Hartwig-Scherer S (2001) Haben die Australopithecinen ausgedient? *Kenyanthropus* und *Orrorin* rütteln am Stammbaum. Stud. Integr. J. *8*, 85–88.

4 Hartwig-Scherer S (2001), a. a. O.

5 Hartwig-Scherer S (2002) *Sahelanthropus* – ein neuer Adam oder ein Affe? Fossil aus Tschad löst heftigen Disput aus Stud. Integr. J. *9*, 91–93.

6 Brandt M (2016) *Homo naledi* – Neuer Hominine mit vielen Fragezeichen. W+W Special Paper, https://www.wort-und-wissen.org/wp-content/uploads/b-16-1_homo_naledi.pdf

7 Brandt M (2017) *„Homo" habilis* war kein Mensch. Kluft zwischen fossilen Menschen und Menschenaffen größer geworden. In: Brandt M (2017) Frühe Homininen. Studium Integrale Special. Holzgerlingen, S. 83–92; und nach Wood B & Baker L (2011) Evolution in the genus Homo. Ann. Rev. Ecol. Evol. Syst. *42*, 47–69.

8 *Australopithecus („Homo") habilis* und *A. africanus* sind in diesem Bereich groß-

affenähnlicher als *A. afarensis*; *A. sediba* besitzt einen relativ *Homo*-ähnlichen Schädel; beim restlichen Skelett ist es umgekehrt. Es gibt beim Skelett unterhalb des Schädels einen klaren Schnitt zwischen *Homo erectus* (grundsätzlich „modern") und allen Nicht-*Homo*-Formen und speziell zu A. *(„Homo") habilis*.

9 Brandt M (2018) Merkmalsnetz statt Stammbaum. Neues Vernetzungsmodell in der Paläanthropologie ähnelt Verwandtschaftsverhältnissen im Grundtyp Mensch. Stud. Integr. J. *25*, 47–51.

10 In Südostasien lebten *Homo erectus* von 1,9 Millionen bis 108.000 radiometrische Jahre und sein möglicher Nachfahre *H. floresiensis* (s. o.) von 100.000 bis 12.000 radiometrische Jahre.

11 Hartwig-Scherer S (1999) *„Homo" habilis* ab jetzt kein Mensch mehr. Stud. Integr. J. 6, 85–87.

Zur Vertiefung:

Brandt M (2017) Frühe Homininen. Studium Integrale Special. Holzgerlingen.

Kapitel 10

1 Kotulla M (2019) Ausbruch des Laacher-See-Vulkans. Zwei neue Radiokarbon-Alter eines verschütteten Baumes. Stud. Integr. J. *26*, 19–26.

2 Einige Fachartikel zum Thema Warvenchronologie finden sich unter https://www.wort-und-wissen.org/publikationen/geologie-loseblattsammlung/; zu Eisbohrkernen siehe: Kotulla M (2018) Grönländische Eiskerndaten und ihre Interpretation: Absolute Datierung durch Zählung der Jahresschichten? https://www.wort-und-wissen.org/wp-content/uploads/g-13-1_kotulla2013_groenlaendische_eiskerndaten.pdf

3 Kurzübersicht: Kotulla M (2014) Radiometrische Methode – Übersichtsblatt. https://www.wort-und-wissen.org/wp-content/uploads/4-01_Radiometrische_Methode_Uebersichtsblatt_v1403.pdf

4 Uran-Radium-Reihe: Von Uran ^{238}U über mehrere Zwischenstufen zu Blei ^{206}Pb (Halbwertszeit: 4,5 Milliarden Jahre) oder Uran-Actinium-Reihe: Von Uran ^{235}U über mehrere Zwischenstufen zu Blei ^{207}Pb (Halbwertszeit: 704 Millionen Jahre)

5 Siehe dazu beispielhaft: Kotulla M (2019) Verkohlte Baumstämme in Tephra-Ablagerungen des Laacher-See-Vulkans: Neue Radiokarbon-Bestimmungen und ihre Altersinterpretation. https://www.wort-und-wissen.org/artikel/baumstaemme-tephra-radiokarbon-altersinterpretation/

6 Gradstein FM et al. (2012) The Geological Time Scale. Elsevier.

7 Das gilt auch für die Spaltspurmethode. Spaltspuren sind winzige Linien in der Kristallstruktur von Mineralen, die beim radioaktiven Zerfall von Uran-238 entstehen. Die Anzahl der Spaltspuren ist proportional zum Urangehalt und Alter des untersuchten Kristalls. Um den Anteil der zerfallenen Atome von ^{238}U zu bestimmen, wird die Anzahl von Spaltspuren gemessen.

8 Stephan M (2012) 20 Millionen Jahre geologischer Dauerstillstand. Studium Integrale. Holzgerlingen. Kurzüberblick dazu: Kotulla M (2014) Geologische Zeitskala im Test: Die Schmiedefeld-Formation. https://www.wort-und-wissen.org/wp-content/uploads/a16.pdf. Zahlreiche weitere Beispiele dieser Art diskutiert: Kotulla M (2020) Bentonit-Horizonte in paläozoischen Sedimentfolgen: Tephrostratigraphie und U-Pb-Altersbestimmungen mit magmatogenen Zirkonen. https://www.wort-und-wissen.org/wp-content/uploads/Bentonit-Horizonte_G-20-1.pdf

9 Garner P (2019) 99 % missing. Or where on earth did the time go? Biblical Creation Trust. Dort weitere Quellenangaben zu Ausführungen dieses Abschnitts; insbesondere: Sadler PM (1981) Sediment accumulation rates and the completeness of stratigraphic sections. J. Geol. *78*, 569–584.

10 „This may be called the phenomenon of the gap being more important than the record" (Ager DJ (1981) The nature of the stratigraphical record. Macmillan, 2nd ed., S. 35).

11 Einen Überblick dazu gibt: Binder H (2020) Elastische Gewebereste, Zellbausteine und Proteinfragmente in Dinosaurier-Fossilien. https://www.wort-und-wissen.org/wp-content/uploads/b-20-2_dinosaurier.pdf

12 Schweitzer MH et al. (2009) Biomolecular characterization and protein sequences of the Campanian hadrosaur *B. canadensis*. Science *324*, 626–631.

13 Binder H (2001) Dornröschenschlaf bei Mikroorganismen? Stud. Integr. J. *8*, 51–55.

14 Detaillierte Begründungen und weiterführende Informationen bietet: Brandt M (2020) Wie alt ist die Menschheit? Holzgerlingen, 6. Auflage.

15 zit. in Brandt (Anm. 14), S. 31.
16 Brandt M (2019) Vergessene Archäologie. Steinwerkzeuge fast so alt wie Dinosaurier. Holzgerlingen, 2. Auflage.
17 Brandt (Anm. 14), S. 192.

Zur Vertiefung:
Kotulla M (2020) Geologie-Loseblattsammlung; https://www.wort-und-wissen.org/publikationen/geologie-loseblattsammlung/

Kapitel 11

1 Vgl. Schmidtgall B (2020) Leben aus Nichtleben – was sagen die wissenschaftlichen Befunde?, https://www.wort-und-wissen.org/wp-content/uploads/b-20-3_Lebensentstehung.pdf
2 Miller SL & Urey HC (1959) Organic compound synthesis on the primitive earth. Science *130*, 245-251; Ilardo M et al. (2015) Extraordinarily adaptive properties of the genetically encoded amino acids. Sci. Rep. 5: 9414; Schmidtgall B (2015) Ist das Alphabet der Aminosäuren perfekt? Stud. Integr. J. *22*, 118.
3 Horgan J (2000) An den Grenzen des Wissens – Siegeszug und Dilemma der Naturwissenschaften.
4 Ilardo M et al. (2015) Extraordinarily Adaptive Properties of the Genetically Encoded Amino Acids. Sci. Rep. 5: 9414.
5 Benner SA et. al. (2012) Asphalt, water and the prebiotic synthesis of ribose, ribonucleosides and RNA. Acc. Chem. Res. *45*, 2025–2034.
6 Joyce GF & Szostak JW (2018) Protocells and RNA self-replication. Cold Spring Harb. Perspect. Biol. 10:a034801.
7 Die genauen Details wären für diese Darstellung zu anspruchsvoll. Interessenten finden nähere Erläuterungen und Begründungen in: Junker R & Scherer S (Hrsg, 2013) Evolution. Ein kritisches Lehrbuch. Gießen, 7. Auflage, Kap. IV.7 und IV.8.
8 s. z. B. Schmidtgall B (2013) Enzymfreie Replikation im Labor – ein plausibles Modell für erste Replikationssysteme? Stud. Integr. J. *20*, 44-47; Schmidtgall B (2014) RNA-Welt: Krise überwunden? Stud. Integr. J. *21*, 22-28.
9 Shepherd J & Ibba M (2015) Bacterial transfer RNAs. FEMS Microbiology Reviews, fuv004, *39*, 280-300.

Kapitel 12

1 Diese Zusammenhänge werden ausführlich dargelegt in: Junker R (Hg., 2018) Genesis, Schöpfung und Evolution. Holzgerlingen, 3. Auflage.
2 Wiskin R (1996) Die Bibel und das Alter der Erde. Holzgerlingen.

Zur Vertiefung:
Junker R (Hg., 2018) Genesis, Schöpfung und Evolution. Holzgerlingen, 3. Auflage. Beiträge zur Auslegung und Bedeutung des ersten Buches der Bibel.

Hinweise zur Vertiefung

Auf dem Internetportal ***www.genesisnet.info*** gibt es eine Rubrik „Fragen und Antworten", unter der zahlreiche vertiefende Fragen zu verschiedenen Teilgebieten zusammengestellt sind: ***https://www.genesisnet.info/fragen/fragen_u.php***

Viele Themen dieses Buches werden detaillierter behandelt in: Reinhard Junker & Siegfried Scherer (Hg., 2013) Evolution. Ein kritisches Lehrbuch. Gießen: Weyel, 7. Auflage

Die Zeitschrift **Studium Integrale Journal** bietet zu zahlreichen in diesem Buch behandelten Beispielen ebenfalls vertiefende Informationen: www.si-journal.de

Einige Themen des Buches werden auch auf dem **YouTube-Kanal von Wort und Wissen** in Form von Vorträgen präsentiert.

Bildquellennachweis

Wenn nichts angegeben ist, handelt es sich um eigene Werke und eigene Fotos.

Kapitel 1

Intro Johannes Weiss • **1-2** Solnhofener Plattenkalk: Guido Radig, CC BY-SA 4.0; Fisch *Thrissops* cf. *formosus*: H. Zell, CC BY-SA 3.0; Libelle *Cymatophlebia*: Dr. Alexander Mayer, CC BY-SA 3.0 • **S. 13** Sherlock Holmes: Pixabay

Kapitel 2

2-1 Modell: stock.adobe.com; Plan: alamy stock photo • **2-2** Bryan Busovicki, stock.adobe.com • **2-3** Lokomotive: Creative Collection, D-79111 Freiburg; Geröllhalde: Johannes Weiss • **2-4** Käferzikade *Issus coleoptratus*: Imago: Fritz Geller-Grimm, CC BY-SA 2.5; Larve: © pjt56, CC BY 3.0; Zahnräder: University of Cambridge, Profs. Malcolm Burrows & Gregory Sutton, CC BY-SA 3.0 • **S. 22** Biene an Salbei: Richard Wiskin • **S. 25** Blüte Wald-Veilchen: Richard Wiskin • **2-6** Richard Wiskin • **2-8** *Paradisaea decora*: J. G. Keulemanns, Gemeinfrei • **2-9** stock.adobe.com • **2-11** Erick Greene • **2-12** *Daphnia*: Science Photo Library / Laforsch, Christian • **2-13** Landkärtchen: Didier Descouens, CC BY-SA 4.0 • **2-14** CC BY-SA 3.0 • **2-15A** Schöllkraut: Erutuon, CC-BY-SA-2.0, **B** Winfried Borlinghaus, **C, D, H** Kutzelnigg, E R. Junker • **2-16** Staudenknöterich: H. Kutzelnigg • **2-18** Westfälisches Museum für Naturkunde Münster • **2-19** Heuschrecke *Scudderia*: Bruce Marlin, CC BY-SA 3.0; Grafik nach Montealagre-Zapata et al. (2012) Convergent Evolution Between Insect and Mammalian Audition. Science *338*, 968–971 • **2-20** Indische Lotusblume: H. Zell CC BY-SA 3.0; Computergrafik des Lotos-Effekts: William Thielicke, CC BY-SA 4.0 • **2-21** Gefleckte Heidelibelle: André Karwath, CC BY-SA 2.5; Modell: Johannes Weiss

Kapitel 3

3-2 Westfälisches Museum für Naturkunde Münster • **3-4** antennapedia: toony, CC BY-SA 3.0; Acker-Schmalwand-Mutante: https://doi.org/10.1371/journal.pone.0053924.g004, Creative Commons Attribution License; Blüte: Alberto Salguero, CC BY-SA 3.0 • **3-5** Mäuse: Nachman MW et al. (2003) The genetic basis of adaptive melanism in pocket mice. PNAS *100*, 5268-5273, Copyright (2003) National Academy of Sciences, U.S.A. • **3-8** Creative Collection, D-79111 Freiburg • **3-10** stock.adobe.com • **3-11** Gemeinfrei • **3-12** Triosephosphatisomerase: Jane Richardson, CC BY 3.0 • **3-13** Animation: Discovery Institute Seattle • **S. 53** Feder Eichelhäher: stock.adobe.com • **3-15** Nach Burckhardt et al.

Kapitel 4

Intro Johannes Weiss • **4-4** Grauspecht: Francesco Veronesi CC BY-SA 2.0; Grünspecht: Hans-Jörg Hellwig; CC BY-SA 3.0 • **4-6** Zesel: sannse, Colchester Zoo, CC BY-SA 3.0 • **4-8** Stabschrecken: Insect Molecular Genomics Lab, Brigham Young University; photo by Allison Whiting/BYU • **4-9** Cresko WA (2004) Parallel genetic basis for repeated evolution of armor loss in Alaskan threespine stickleback populations PNAS *101*, 6050-6055. Copyright (2004) National Academy of Sciences, U.S.A. • **4-11** Universität Kiel • **4-13** Nach infodiaktik.ch • **4-14** Mendel: Abtei St. Thomas, Brno; Erbse: Pixabay; Darwin: George Richmond, Gemeinfrei • **4-16** Zeichnung: Thomas Hilsberg • **4-18** Trauben: Gemeinfrei • **4-19** Nach Pfennig DW & Murphy PJ (2000) Character displacement in polyphenic tadpoles. Evolution *54*, 1738–1749.

Kapitel 5

Intro Wikimedia Commons, Insects collage, CC BY-SA 3.0 • **5-1** Schimpanse: stock.adobe.com; Mädchen: unsplash • **5-6** Selbstbildnis Van Gogh: Gemeinfrei • **5-9** Nach: Wägele JW (2001) Grundlagen der Phylogenetischen Systematik. München (2. Aufl.) • **5-10** Klavierspieler: https://www.peakpx.com; Schimpanse. Pixabay • **S. 79** Kabir, CC BY-SA 2,5 • **5-12** Nach Losos JB, Hillis DM & Greene HW (2012) Who speaks with a forked tongue? Science *338*, 1428-1429 • **5-13** Nach Springer MS et al. (2004) Molecules consolidate the placental mammal tree. Trends Ecol. Evol. *19*, 430-438.

Kapitel 6

Intro stock.adobe.com • **6-1** Nach Henry Gray (1918) Anatomy of the Human Body • **6-2** Nach Dines JP, Otárola-Castillo E et al. (2014) Sexual selection targets cetacean pelvic bones. Evolution, doi: 10.1111/evo.12516 • **6-3** Nach Nesse RM & Williams GC (1997) Warum wir krank werden. Die Antworten der Evolutionsmedizin. München • **6-4/6-5** Nach Smith HF et al. (2013) Multiple independent appearances of the cecal appendix in mammalian evolution and an investigation of related ecological and anatomical factors. C. R. Palevol., doi:10.1016/j.crpv.2012.12.001 • **6-6** Nach Adler R & Farber D (1986) The Retina. New York • **6-7** Höhlensalmler: H.Zell, CC BY-SA 3.0 • **6-8** Nach Meyer H & Daumer K (1981) Evolution. München • **6-9** Quelle nicht mehr auffindbar • **6-10** stock.adobe.com • **S. 96** stock.adobe.com

Kapitel 7

Intro Wei Hsu & Shang-Yi Chiu, PLoS Biology 6:12, e312, doi:10.1371/journal.pbio.006032, CC BY 2.5 • **7-1** Nach Zephyris, CC BY-SA 3.0 • **7-2** Insertbilder: Aus Proctor NS & Lynch PJ (1993) Manual of ornithology. Avian structure & function. Yale Univ. Press, S. 86; Skulptur: Florenz, Galleria dell' Accademia • **S. 103** (Haeckel) Nicola Perscheid; gemeinfrei • **7-3** Embryonen: Michael K. Richardson; Zeichnung: George Romanes (1892), gemeinfrei • **7-4** Sammlung Blechschmidt • **7-5** Sammlung Blechschmidt • **7-6** Aus: Walter HE & Sayles LP (1949) Biology of the vertebrates: a comparative study of man and his animal allies. New York, S. 280 • **7-7** Sammlung Blechschmidt

Kapitel 8

Intro Marion Bernhardt • **8-3** Flugsaurier: *Pterodactylus*: Staatliches Museum für Naturkunde Karlsruhe; Libelle: Ruhrmuseum Essen, Ammonit *Quenstedtoceras* (Polen): Lecjh Darski, CC BY-SA 4.0; Trauermücke *Muchowka sciaridae*: Astrum, CC BY-SA 2.5 • **8-4** Nach Junker R (1996) Evolution früher Landpflanzen. Holzgerlingen • **8-5** *Caudipteryx*: James Reece © Australian Museum, *Rahonavis*: Nobu Tamura, CC BY 2.5; *Mononykus*: CC BY 2.5; *Iberomesornis*: Gemeinfrei; *Archaeopteryx*: Nobu Tamura, CC BY-SA 3.0; *Compsognathus*: Nobu Tamura, CC BY 2.5; *Microraptor*: Durbed, CC BY-SA 3.0 • **8-6** *Archaeopteryx*: Nobu Tamura, CC BY-SA 3.0; *Microraptor*: Durbed, CC BY-SA 3.0 • **8-8** Fische: Nach Kuhn O (1967) Die vorzeitlichen Fischartigen und Fische, Wittenberg; Gliederfüßer: Quelle nicht mehr auffindbar; Säugetiere: Nach Romer AS (1968) Vertebrate paleontology. Chicago, Amphibien/Reptilien: Nach Carroll RL (1993) Paläontologie und Evolution der Wirbeltiere. Stuttgart. Neuere Entwicklungen haben die grundsätzliche Form der Abstammungsverhältnisse bestätigt • **8-9** Nach Romer AS (1968) Vertebrate paleontology. Chicago • **8-10** Z. H. Yao & D. J. Fu, Science *363*, 1238 • **8-11** *Anomalocaris, Dinomischus, Hallucigenia, Wiwaxia*: Nach Gould 1991 und Marianne Collins; *Aysheaia*: CC BY-SA 3.0; *Eognathacantha*: Apokryltaros, CC SA 3.0; *Cotyledion*: CC BY 3.0, *Haikouichthys*: Nobi Tamura, CC BY-SA 3.0; *Lingulella*: C.D. Walcott, Gemeinfrei: *Leanchoilia*: CC BY-SA 3.0, *Camptostroma*: palaios.com; *Stromatocystites*: www.echinologia.com • **8-13** Johannes Weiss • **8-14** Mikhail Shekhanov, Ukhta Local Museum • **8-15** Ginkgo rezent: THOR, CC BY 2.0, fossil: Kevmin, CC BY-SA 3.0 • **8-16** CC BY-SA 3.0

Kapitel 9

Intro Rosino, CC BY-SA 2.0 • **9-2, 9-3, 9-5, 9-6, 9-12, 9-13** Aus Junker R & Scherer S (Hg., 2013) Evolution. Ein kritisches Lehrbuch. Gießen • **9-7** Berger LR, Hawks J et al. (2015) *Homo naledi*, a new species of the genus *Homo* from the Dinaledi Chamber, South Africa. eLife 4:e09560; CC BY 4.0 • **9-8** Nach Wood B & Baker J (2011) Evolution in the genus Homo. Annu. Rev. Ecol. Evol. Syst. *42*, 47–69; geringfügig verändert • **9-9** Flores-Mensch und Heidelberger: Gerbil, CC BY-SA 3.0; *H. sapiens*: Staatliches Museum für Naturkunde, Karlsruhe; andere Schädel: eigene Abgüsse • **S. 135** Oben: Neanderthal Museum Mettmann, CC BY-SA 4.0; Mitte: Fährtenleser, CC BY-SA 4.0 • **9-11** Inuit: Gemeinfrei; Maasai-Frau: William Warby, CC BY 2.0 • **9-14** Staatliches Museum für Naturkunde, Karlsruhe

Kapitel 10

Intro Ryan Somma, CC BY-SA 2.0 • **10-1** Nach http://lap.unige.ch/plonjon/dendro.html; Baumquerschnitt; Pixabay • **10-2**

Grabenstedt, CC BY-SA 3.0 • **10-3** Gemeinfrei • **10-7** Foto: Manfred Stephan • **10-8** Wuselwurm, CC BY-SA 3.0 • **10-9** Nach Garner (2019) 99% missing, or where on earth did the time go? Biblical Creation Trust • **10-10** Dr. Martin Ernst • **10-11** stock.adobe.com • **10-12** Schweitzer MH et al. (2005) Soft-tissue vessels and cellular preservation in *Tyrannosaurus rex*. Science *307*, 1952–1955 • **10-13** Sammlung M. Verworn, Seminar für Ur- und Frühgeschichte und Vorderasiatische Archäologie, Ruprecht-Karls-Universität Heidelberg. (Aus Brandt [2019] Vergessene Archäologie. Holzgerlingen.)

Kapitel 11

Intro Jim Peaco, National Park Service, Gemeinfrei • **11-7** CC BY-SA 3.0 • Alle anderen Abbildungen sind eigene Werke.

Kapitel 12

Intro stock.adobe.com • **12-2** Marion Bernhardt • **12-3** Johannes Weiss

Informationen zum Autor

Reinhard Junker, Jahrgang 1956, studierte Biologie und Mathematik für das Lehramt an Gymnasien in Freiburg und Theologie in Leuven/Belgien. Seit 1985 arbeitet er als wissenschaftlicher Mitarbeiter bei der Studiengemeinschaft Wort und Wissen e. V. in Baiersbronn (Schwarzwald). 1992 promovierte er in Interdisziplinärer Theologie an der Evangelischen Theologischen Fakultät Leuven/Belgien. Er ist Mitautor von „Evolution – ein kritisches Lehrbuch“ und Autor weiterer Publikationen zu biologischen und theologischen Themen.